Vocabulário *teológico*

Antônio Sagrado Bogaz

Vocabulário teológico

Teologia Patrística

Dados Internacionais de Catalogação na Publicação (CIP)
Angélica Ilacqua CRB-8/7057

Bogaz, Antonio Sagrado
Vocabulário teológico: teologia patrística / Antonio Sagrado Bogaz. – São Paulo: Paulinas, 2022.
352 p. (Vocabulário Teológico)

ISBN 978-65-5808-106-7

1. Teologia patrística – Dicionários 2. Teologia 3. Bíblia. A.T. – Dicionários I. Título II. Série

21-4788 CDD 221.3

Índice para catálogo sistemático:
1. Teologia patrística – Dicionários

1ª edição – 2022

Direção-geral:	*Flávia Reginatto*
Conselho Editorial:	*Andreia Schweitzer*
	Antônio Francisco Lelo
	Fabíola Medeiros
	João Décio Passos
	Marina Mendonça
	Matthias Grenzer
	Vera Bombonatto
Editores responsáveis:	*Vera Ivanise Bombonatto e*
	João Décio Passos
Copidesque:	*Mônica Elaine G. S. da Costa*
Coordenação de Revisão:	*Marina Mendonça*
Revisão:	*Sandra Sinzato*
Gerente de produção:	*Felício Calegaro Neto*
Capa e projeto gráfico:	*Tiago Filu*

Nenhuma parte desta obra poderá ser reproduzida ou transmitida por qualquer forma e/ou quaisquer meios (eletrônico ou mecânico, incluindo fotocópia e gravação) ou arquivada em qualquer sistema ou banco de dados sem permissão escrita da Editora. Direitos reservados.

Paulinas
Rua Dona Inácia Uchoa, 62
04110-020 – São Paulo – SP (Brasil)
Tel.: (11) 2125-3500
http://www.paulinas.com.br – editora@paulinas.com.br
Telemarketing e SAC: 0800-7010081
© Pia Sociedade Filhas de São Paulo – São Paulo, 2022

SIGLAS E ABREVIATURAS

CaIC   Catecismo da Igreja Católica
Cân.   Cânone
CDC   Código de Direito Canônico
CSCO   *Corpus Scriptorum Christianorum Orientalium*
CSEL   *Corpus Scriptorum Ecclesiasticorum Latinorum*
DL   *Dicionário de Liturgia*
DPAC   *Dicionário Patrístico e de Antiguidades Cristãs*
DS   *Denzinger-Schönmetzer Enchiridion Symbolorum, definitionum et declarationum de rebus fidei et morum*
DV   *Dei Verbum*
LG   *Lumen Gentium*
OE   *Orientalium Ecclesiarum*
PC   *Perfectae Caritatis*
PG   Patrologia Grega
PL   Patrologia Latina
UR   *Unitatis Redintegratio*

APRESENTAÇÃO

A longa temporalidade da teologia cristã compõe um acervo rico e complexo que desafia a apreensão e a compreensão do estudioso atual. A pluralidade de contextos, modelos teórico-metodológicos e de autores que escreveram essa história oferece as matrizes do que foi sendo institucionalizado como doutrina das tradições cristãs, como referência de reflexão teológica e como prática curricular nas escolas dedicadas à questão. Como é próprio das ciências hermenêuticas, os acervos históricos de uma área de conhecimento ou de uma disciplina disponibilizam paradigmas diversos que permanecem em pleno uso no decorrer do tempo. Longe de compor com um único paradigma, essas ciências preservam seus clássicos na mesma grandeza daqueles construídos na contemporaneidade.

No caso da gramática teológica, a circularidade hermenêutica entre passado e presente adquire dinâmicas particulares, na medida em que a tradição se mostra como normatividade, o que exige, de uma parte, a consideração de seus valores e, de outra, a retomada permanente das fontes de onde ela nasce e a relevância dos contextos onde é transmitida. A tradição viva não significa um depósito fixo do passado reproduzido de modo intacto no presente, mas, antes, uma realidade que se vivencia como experiência de fé em uma comunidade concreta que busca compreender sua natureza e missão em cada contexto presente. A teologia insere-se nessa dinâmica como reflexão que faz o discernimento do passado a partir do presente e do presente a partir do passado; é serva dos sinais dos tempos, onde e quando a Palavra se faz presente como verdade que julga a história. Como bem expressou o Papa Francisco, o *depósito da fé* dialoga sempre com o *depósito da vida*. Um sem o outro torna a reflexão da fé sem a seiva de suas fontes e sem o solo fecundo do presente.

As abordagens milenares da teologia a coloca em um lugar epistemológico tão complexo quanto legítimo no fluxo da temporalidade que compôs o cristianismo com suas variadas feições, as tradições teóricas e escolares do Ocidente e com as próprias instituições ocidentais. Assim enraizada, a teologia, com suas teologias, expressa o que as Igrejas e a própria sociedade pensaram sobre si mesmas, sobre a sociedade, sobre os conhecimentos e sobre os destinos dos seres humanos. Assim recebida em nossos dias, permanece pensando as Igrejas, a sociedade e as ciências, e, ao mesmo tempo, pensando em diálogo com cada uma dessas realidades.

O conjunto de Vocabulários Teológicos que compõe a presente Coleção quer ser uma ferramenta básica que permita aos estudantes e estudiosos apreender o que cada época e modelos teológicos ofereceram e oferecem como modo distinto de pensar a fé. A cada volume os autores disponibilizam o que consideram essencial para entender os referidos paradigmas (escola ou autor), em verbetes sucintos e didáticos. Como todo elenco vocabular, este traz a marca dos limites das escolhas sempre feitas a partir de pressupostos epistemológicos, assim como da provisoriedade inerente a toda formulação. Paulinas Editora agradece os colaboradores e celebra a maturidade acadêmica de suas composições. Com medo e fascínio, adentra na longa temporalidade das formulações teológicas e arrisca mapeá-la conceitual e didaticamente.

O presente volume, composto pelo dinâmico professor Antônio Sagrado Bogaz, inaugura a Coleção Vocabulário Teológico, com os verbetes referentes à era Patrística. Os Padres da Igreja, autênticos inventores da teologia e das fontes da tradição cristã, podem ser acessados por meio de verbetes que jamais sintetizam e esgotam o vasto universo, mas, antes de tudo, abrem as janelas para as questões axiais e convidam cada usuário a dar os primeiros passos na direção desses pilares do cristianismo.

João Décio Passos

UM SIMPLES VOCABULÁRIO PARA MERGULHAR NO UNIVERSO ECLESIAL

Estamos diante da era mais fecunda da vida do cristianismo, em que seus protagonistas edificaram os pilares da fé cristã, sua doutrina, vida litúrgica, estruturação eclesial e os caminhos da salvação. Essa é a identidade da Patrística: a tradição bíblica formulando a tradição histórica. Mesmo assim, o cristianismo é o encontro de três universos: a tradição hebraica, o pensamento grego e a estruturação social romana. Nesse terreno dinâmico é fecundada a mensagem evangélica, pela fé dos seguidores do Nazareno que evangelizam em terrenos diversificados, no que tange à simbologia, religiosidade, mentalidades, culturas e valores. Um encontro na pluralidade de povos, com o grande desafio da unidade de uma grande família.

Ao longo de vários séculos, é formulada a tradição cristã, conjugando conceitos para elaborar o seu patrimônio doutrinal. Um esforço delicado de séculos, integrando dinamicamente em mutirão as forças vivas e sábias dos que fizeram da opção por Jesus Cristo sua razão de viver, entendendo um Deus Triuno, criador, na missão do Pai, salvador, o Filho e o Espírito Santo iluminador. Não simplesmente dogmas transcendentais, mas formas celebrativas e normas para a vida, dentro de uma vida religiosa: tudo para que o Reino de Deus se concretizasse na história e na humanidade.

Na elaboração secular, tendo como protagonistas grandes e sábios escritos, como embaixadores de comunidades vivas e dinâmicas, foram necessárias a composição, a criação e a ressignificação de conceitos que explicassem plenamente a tradição em constante elaboração e evolução. Muitos conceitos foram buscados em outras culturas, sobretudo no helenismo, e muitas cosmovisões foram acolhidas de culturas milenares de todas as regiões que integraram as novas comunidades cristianizadas.

Em um período em que o diálogo tinha a primazia e a resposta não se impunha em função de poder e de autoridade, os temas e seus conteúdos puderam ser aprofundados, lapidados, corrigidos e aperfeiçoados, na edificação de orientações, doutrinas, normas e leis rigidamente lógicas e profundamente coerentes. A diversidade entre o período martirial e o imperial contribuiu para definir a mística dos cristãos, compor as bases espirituais e, na sequência, os fundamentos acadêmicos das decisões.

Neste vocabulário, que representa um mergulho extenso, profundo e intenso no oceano impressionante da Patrística, escolhemos os temas mais incisivos, mas, como se diz sobre o evento Jesus Cristo, "se fosse escrever todas as coisas, não bastariam todos os livros do mundo" (Jo 21,25). Os verbetes são entendidos dentro de um esquema dinâmico, seguindo a própria identidade: compreensão etimológica e filológica, contexto histórico, situação eclesial, protagonistas, evolução semântica e definições. A vasta bibliografia, os textos-fonte, as anotações dos grandes sábios das academias estão entre as pesquisas que serviram para dar luz a esta obra singela, a qual, queira Deus, possa servir para entendermos mais e mais nossa profissão de fé, iluminar nossa mística cristã, comprometer-nos com a comunidade eclesial e servir ao sonho divino de um mundo melhor: nossa história convertida em Reino de Deus.

Prof. Dr. Pe. Antônio Sagrado Bogaz, orionita

ELENCO DOS VERBETES

Adocionismo 19

Apolionarismo 22

Apologia 25

Arianismo 30

Cânon 33

Catecumenato 46

Catequeses mistagógicas 54

Cenobitas 64

Christotókos 72

Cisma 77

Collegium illicitum 87

Concílio 94

Consignatio 102

Controvérsia pascal 104

Cristandade 107

Docetismo 115

Dogma 117

15

Domus ecclesiae 122

Donatismo 128

Doutrina patrística social 130

Édito de Milão 144

Eremitas 147

Escola de Alexandria 156

Escola de Antioquia 163

Eutiquismo – monofisismo 169

Filioque 172

Fontes patrísticas 174

Gnosticismo 178

Heresia 185

Hipóstase 191

Homoousios 193

Iniciação cristã 197

Lapsos 203

Libelli 208

Línguas patrísticas 213

Lógos spermatikós 217

Macedonianismo 222

Maniqueísmo 224

Martírio 228

Modalismo 240

Monaquismo 241

Monarquianismo 250

Monoteletismo/monogertismo 256
Montanismo 258
Nestorianismo 261
Nicolaísmo 265
Ortodoxia 267
Padres da Igreja 271
Padres apologistas 276
Padres apostólicos 284
Patriarcado 290
Patrística 294
Patrologia 298
Patrologia Grega 299
Patrologia Latina 301
Pax Christiana 304
Pelagianismo 306
Pentarquia primitiva 309
Períodos patrísticos 315
Ressurrectio carnis 319
Sacramentário 322
Sínodo 326
Sol invictus 328
Theotókos 331
Traditio reditio symboli 334
Vulgata 339

17

Adocionismo

Nas primeiras décadas, as comunidades cristãs professavam a fé em Jesus Cristo, Filho de Deus vivo, seguindo as pregações dos apóstolos de Jesus e, na sequência, dos seus discípulos. A primeira geração de convertidos era composta de judeus cristãos, pouco preocupados em definir e conceituar a identidade do Mestre, seu poder e sua magnitude; bastava-lhes professar a fé e seguir seus ensinamentos. A missão de Jesus era pregar o Reino de Deus, e seus seguidores continuaram a missão. Sobretudo a partir da metade do século II, os escritores sagrados procuraram entender a pessoa de Jesus, Filho de Deus encarnado. Teódoto de Bizâncio definiu Jesus como "nascido naturalmente de Maria, no qual se implanta uma força divina especial". Esta foi a primeira tese adocionista, condenada pelo Papa Vitor I (aproximadamente em 190). Acreditavam que Melquisedec era o intermediário entre Deus e os anjos, e foram denominados "melquisedequianos".

A doutrina adocionista, conhecida por alguns autores como "monarquianismo dinâmico", acreditava que Jesus havia nascido humano e fora divinizado na recepção do seu batismo por João, quando Deus o adotou como Filho. São duas as concepções do adocionismo, próximas, mas distintas:

1) Na concepção judeo-cristã, Jesus, o Messias, é um ser humano escolhido por Deus para continuar sua missão de resgate do ser humano das forças do mal. O Messias não é filho de Deus, simplesmente um ser com poderes capazes de transformar a história;

2) Na concepção greco-cristã, Jesus é um herói elevado à condição divina, capaz de realizar proezas miraculosas.

Depois de sua morte, Deus o resgata da mansão dos mortos e o faz governar o mundo ao seu lado. Jesus é um grande herói, capaz de resgatar os pobres e sofredores de suas misérias e garantir-lhes milagres e vitórias. O Deus distante torna-se presente no seu servo escolhido e adotado como seu Filho.

Respostas eclesiais. Os textos bíblicos são fundamentais na superação desta heresia primitiva. A divindade de Jesus é confirmada pelo evangelista João, quando afirma: "Jesus fez, diante de seus discípulos, muitos outros milagres ainda, que não se acham escritos neste livro. Estes sinais, no entanto, foram escritos para crerdes que Jesus é o Cristo, o Filho de Deus, e para que, ao crerdes, tenhais a vida eterna" (Jo 20,30-31). Vários outros textos são importantes para provar que Jesus não é apenas um "filho adotivo de Deus Pai", como também o verdadeiro Filho de Deus, como é revelado por Marcos, o segundo evangelista: "Esta é a Boa-Nova de Jesus Cristo, Filho de Deus". Entre tantas passagens, encontramos ainda a proclamação do oficial romano, quando da expiração última de Jesus: "Verdadeiramente, este homem era Filho de Deus". Mesmo Lucas o confirma na pregação de Paulo, quando anuncia Jesus na sinagoga de Damasco: "Saulo esteve alguns dias com os discípulos em Damasco e nas sinagogas começou a anunciar Jesus, afirmando que ele é o Filho de Deus" (At 9,20-21).

Modalidades do adocionismo. Com diferenças substanciais, encontramos duas modalidades de adocionismo: de Hermas e o ebionitas.

O adocionismo de Hermas tem traços judaicos, pois identifica o Filho de Deus com o Espírito Santo, porque, o mesmo corpo que serviu para a encarnação do Verbo, serviu também como "lugar de repouso" do Espírito Santo (Hermas, *Parábola V,* 6-7). Hermas afirma que "o Filho é o Espírito Santo e o escravo é o Filho de Deus" (*Parábola V,* 5, 2-3). Sua tese é bem evidente quando afirma que "Jesus, durante sua vida terrena, ainda não é o Filho, mas adquire esta dignidade como recompensa por sua atuação fiel. Ele é constituído Filho, não no seu batismo, mas na ressurreição". Sobre a identidade do Logos, que se encontra no Prólogo de João, ele afirma que "não há nenhuma especulação em termos de equiparar Jesus Cristo como Logos divino".

O adocionismo ebionita, de tendência judeo-cristã, não admitia que Jesus fosse um ser divino. Partindo da pregação de Pedro em Pentecostes, nega sua divindade e afirma sua dependência da vontade do Pai: "Jesus é o enviado por Deus que sofreu o martírio ignominioso da cruz por instigação dos chefes judeus; tudo isso aconteceu conforme desígnio estabelecido por Deus e revelado nas Escrituras. Deus, porém, o ressuscitou e o constituiu Messias e Senhor" (At 2,14ss). Assim, os ebionitas negavam a divindade de Jesus e apenas o reconheciam como Messias anunciado pelos profetas. Jesus nasceu como todos os humanos, no lar de José e Maria, e é ungido por Deus com o Espírito Santo. Somente no batismo do Jordão recebe a filiação divina.

Irineu de Lião, em sua obra *Contra as heresias*, condena esta doutrina, afirmando que estavam ainda acorrentados nos costumes e nas práticas judaicas (*Adversus Haeresis*, I, 26, 2). Jesus, nesta doutrina, é um judeu fiel, piedoso e grande mestre, mas não é filho de Deus, pois esta proposição rompe, segundo os judeo-cristãos, o monoteísmo de Israel. Outros opositores condenaram o adocionismo, especialmente Hipólito, nas obras *Syntagama* (*Compêndio das 32 heresias*) e *Phylosophumena* (*Rejeição de todas as heresias*), e

Tertuliano, na obra *Prescrição dos heréticos*. A trajetória desta doutrina é anotada por Eusébio de Cesareia, que recorda que o Papa Vitor I a condenou como heresia.

DROBNER, H. R. *Manual de Patrologia*. Petrópolis: Vozes, 2003. p. 111; EUSÉBIO DE CESAREIA. *História eclesiástica*. São Paulo: Novo Século, 1999. p. 237; FRANGIOTTI, R. *História das heresias*. São Paulo: Paulus, 1995. p. 17-26; MONDONI, D. *O cristianismo na Antiguidade*. São Paulo: Loyola, 2014. p. 26-30; PADOVESE, L. *Introdução à teologia patrística*. São Paulo: Loyola, 1999. p. 50-91.

Apolionarismo

Apolinário era defensor de uma heresia que recebe, como normalmente acontece, seu nome. No século IV, com muito entusiasmo para combater o arianismo que crescia entre o clero e os fiéis, surgiram alguns movimentos que se excederam na contraposição e promoveram heresias. O arianismo é uma heresia trinitária, pois nega a consubstancialidade de Cristo com o Pai, defendida pelos Concílios de Niceia (325) e Constantinopla (381), enquanto o apolinarismo é uma heresia cristológica, referindo-se à pessoa de Cristo e suas duas naturezas. Basicamente essa heresia defende que Jesus Cristo tem o corpo físico como os humanos e somente a mente divina.

Defensor de Niceia e adversário do arianismo, o apolinarismo desequilibra a unidade consubstancial e afirma que o Verbo, quando se encarna, ocupa a alma humana de Jesus. Afirma, assim, que a unidade de Cristo consiste na sua hipóstase, gerando assim o Verbo encarnado, mas sua alma racional é superior e Jesus não tem autonomia para agir. Em palavras mais simples, para enfatizar a divindade de Jesus Cristo e a unidade de sua pessoa, nega a alma racional (*nous*) na natureza humana de Cristo. Essa sua alma foi substituída pelo Logos e seu corpo assumiu uma forma espiritualizada humana, sem as características naturais da pessoa humana. Teoria muito próxima do docetismo, pois afasta a natureza divina da humanidade plena do Filho de Deus.

Contexto de Apolinário. Apolinário, o Jovem (310-390), foi bispo da Laodiceia, na Síria. Filho de Apolinário, o Velho, um bispo e educador cristão, viveu num ambiente de combates constantes entre as doutrinas de Ário e Atanásio. Com sua formação erudita, conviveu com grandes controvérsias cristológicas do século IV, entre elas o paganismo de Juliano Apóstata. Embora não se tenham notícias sobre suas obras, uma vez que seus seguidores assinaram muitas obras em seu nome, Apolinário teria escrito 30 livros para combater o filósofo pagão Porfírio e o próprio Juliano Apóstata. Lutou para substituir os textos pagãos das escolas pagãs por textos cristãos poéticos preparados por ele. Entre outras, suas obras dogmáticas *Quod unum sint Christus, De incarnatione Dei Verbi* (ao imperador Joviano) e *Carta ao Imperador Joviano* defendem que o Verbo, ao se encarnar, ocupou a alma humana de Jesus, dando-lhe prerrogativa de corpo espiritualizado, assim, consubstancial ao Pai. Fixando sua preocupação na comprovação da consubstancialidade com o Pai, defendida no primeiro Concílio (Niceia, 325), Apolinário defende que a alma humana espiritual de Jesus é tomada pelo Logos. Sua base filosófica é a antropologia platônica, pois concebe o ser humano em três dimensões: corpo material, alma sensitiva e alma espiritual-intelectual. Para ele, é necessário que o Logos assuma a alma espiritual para garantir nossa salvação, pois, por si mesma, a alma humana é mutável e deliberada ao mal. A única possibilidade de Cristo ser isento do pecado é que sua alma sensitiva e seu corpo material fossem assumidos e governados pelo Logos divino.

Respostas ao apolinarismo. A doutrina cristológica ensina que, para que Jesus Cristo possa operar em favor da redenção da humanidade, é preciso que ele assuma plenamente o ser humano. Se a alma espiritual de Jesus foi substituída pelo Verbo, este se torna parte da natureza humana e diminui sua própria divindade; assim, como ensina Gregório de Nazianzo, "o essencial do ser humano, que é sua razão e que o identifica com Deus, seria eliminado na pessoa do Verbo encarnado" (*Epístola CI*). Ainda afirma o bispo de Constantinopla que, "se alguém disser que em Cristo a divindade operou por graça e que não esteve unida a ele em essência ou que foi constituído Filho por adoção, e mais, [...] que sua carne desceu dos céus e não nasceu em nossa humanidade [...], é anátema". A doutrina foi condenada no Concílio (na verdade, em um Sínodo) de Alexandria, em 362. Apolinário segue sua missão na Igreja, com muitos adeptos e grande acolhida entre grandes teólogos, entre eles Jerônimo e Vitalis. Papa Dâmaso o anatematizou em Roma, depois dos sínodos de 374 e 376.

Sua doutrina reaparece e é defendida por grandes Padres da Igreja, entre os quais Monge Efrém, bem como Gregório de Nazianzo e Teodoro de Mopsuéstia. Estes defendem que o Pai realiza a graça no Filho, no qual *in-habita* (habita nele) o Logos divino. Nessa trilha, os macedonianos negam igualmente a consubstancialidade do Espírito Santo. Para resolver a questão, Teodósio I, imperador, e o Papa Dâmaso I convocam o Concílio de Constantinopla. Nesse grande Concílio, o segundo da Igreja, em 381, apesar das tentativas de macedonianos, semiarianos e apolinaristas, as proposições da doutrina nicena são retomadas, e é professada a consubstancialidade de Deus Pai com o Filho e com o Espírito Santo. De resto, na sequência, os seguidores de Apolinário foram reprimidos pelo Estado, que condenava os heréticos.

DROBNER, H. R. *Manual de Patrologia*. Petrópolis: Vozes, 2003. p. 272-274; EUSÉBIO DE CESAREIA. *História eclesiástica*. São Paulo: Novo Século, 1999. p. 181-182; FRANGIOTTI, R. *História das heresias*. São Paulo: Paulus, 1995. p. 99-106; PADOVESE, L. *Introdução à teologia patrística*. São Paulo: Loyola, 1999. p. 53-54.

Apologia

A apologia desenvolveu-se, sobretudo, no cristianismo para este defender-se de acusações de seguidores de outras doutrinas, servindo, assim, sempre para fundamentar e aprofundar as próprias crenças. Esta postura defensiva promoveu o movimento teológico definido como apologética. Assim, no cristianismo, apologia se refere a uma explanação e demonstração moral da fé, visando a sua defesa. Entre os elementos da apologia estão a origem, a credibilidade, a autenticidade e a convicção.

Muito presente entre os Padres da Igreja, este conceito é invocado quando se trata de confrontar doutrinas ou normas heréticas dentro da vida eclesial das comunidades, sobretudo nas discussões entre os patriarcados e seus teólogos. Filologicamente encontramos sua origem no latim (*apologeticus*), que é uma derivação do termo grego, representando uma defesa verbal. De fato, é um conceito usado na literatura pré-socrática, referindo-se à relação fundamental do enunciado com a causa deste mesmo enunciado, sua razão de ser. Antes do cristianismo, trata-se da defesa do deus grego Apolo, que se propõe a defender sua própria doutrina contra as investidas de seus opositores, referindo-se às coisas do mundo dos deuses. A apologia é um exercício dialogal no qual se realiza um falar diante de alguém, com o objetivo de justificar a própria conduta, para assim defender as próprias convicções espirituais, religiosas ou morais.

Nos textos bíblicos, encontramos passagens apologéticas importantes, as quais serviram de inspiração teórica e moral para os Padres da Igreja nos séculos posteriores. O profeta Jeremias (12,1) é um exemplo de apologia, quando descreve sua relação com Deus e sua disputa com ele, ao contestar a ação divina. Ele confiava em Deus e, quando seus perseguidores atentaram contra sua vida, defendeu-se argumentando que sua principal defesa vinha da sua confiança plena em Deus, sua verdadeira proteção. De fato, a apologia dos seguidores da Aliança vem da sabedoria divina. Deixar-se ensinar pela sabedoria divina e guardar as coisas santas garante a própria defesa. Nas argumentações petrinas, importantes na formação do pensamento apologético patrístico, supera-se a mera proposição defensiva e atinge-se a dimensão missionária. Uma vez que alguém se deixa questionar pelos adversários, sente a necessidade de convencer e converter, em uma atitude apologista positiva e missionária. É um argumento de sedução e esperança. Na discussão com os gentios, Paulo serve-se dessa metodologia de defesa helenística e, no contexto missionário, argumenta os conflitos sociais, culturais e religiosos. Será este o campo mais extenso da apologia patrística, na qual o cristianismo nascente se depara com ambientes hostis e pagãos. É bem menos presente a apologia diante dos chefes das sinagogas, como encontramos nas contendas petrinas e paulinas (Lc 12,11;

21,14; At 22,1; 24,10; 2Tm 4,16, entre outras), ainda que não ignoremos toda apologia diante do judaísmo presente na obra *Diálogo com Trifão* de Justino de Roma. Os cristãos devem ter convicção de suas doutrinas para não se deixarem convencer pelos adversários nem serem vencidos pelo temor que lhes é incutido maliciosamente. Na Patrística, os cristãos são admoestados a entender sempre melhor a própria fé e seus ensinamentos para não sucumbir a críticas e hostilidades, mas sim sustentar-se com coragem e discrição, dando sempre bom testemunho diante dos irmãos e da sociedade, para envolver outros neófitos na sua religião. O cristão deve estar sempre disposto a explicar e justificar sua fé expressa em doutrinas, que é um dos objetos da apologia, não com arrogância e prepotência, mas com mansidão, respeito e consciência iluminada. Mas a apologia serve também para desacreditar as calúnias dos opositores, que pretendem deteriorar a imagem dos seguidores do Nazareno.

Traços da apologia. Nos textos patrísticos, "apologistas" tornou-se um substantivo atribuído no século II aos escritores que se serviam de temas e argumentos filosóficos para demonstrar a revelação cristã. Nesta apologia, seus exponentes recorriam a alegações e fundamentações platônicas e estoicas para contrapor seus adversários na fé. Nas argumentações apologéticas encontramos finalmente as bases teóricas (filosóficas, teológicas, antropológicas e filológicas) de toda a teologia sistemática posterior. Na apologia, nos deparamos com a defesa argumentativa da fé, comprovando seus ensinamentos pela lógica da razão, sendo, assim, uma defesa fundamentada da fé e da religião cristã.

Por ser uma defesa consistente e ativa da doutrina cristã, os Padres da Igreja atuaram, nas discussões orais e escritas, como mediadores das tensões intelectuais entre os próprios cristãos e, sobretudo, diante de outras religiões e sistemas filosóficos, teológicos ou políticos. As discrepâncias entre escolas teológicas e posições referentes à espiritualidade e compreensão do *mysterium fidei* foram confrontadas e assimiladas pela apologia cristã. Mais que sistemas estruturais de pensamentos ou argumentações, a apologia se refere à elucidação da fé e da doutrina cristãs, sob a iluminação divina, diante da consciência pessoal dos fiéis, mas sob a tutela das autoridades eclesiásticas.

A apologia, de forma geral, entre os Padres da Igreja se caracteriza por uma série de argumentos em defesa da religião, diante dos ataques sofridos pelos integrantes dos cultos do paganismo e de tantas acusações tão presentes entre os movimentos populares, que queriam convencer as multidões e prejudicar os cristãos, tornando-os vulneráveis diante do império político de Roma e de todas as sociedades a este submetidas. Como força espiritual mais significativa, encontramos a inspiração da própria fé e a entrega total a Jesus Cristo. A apologia assume com coragem e devoção a defesa dos cristãos caluniados, para que, diante do martírio, sejam apresentadas não acusações morais que os desprezem, mas sim virtudes nobres que os engrandeçam.

Obras patrísticas apologéticas. Algumas obras notadamente importantes representam a necessidade da apologia durante o período patrístico. Atanásio escreveu uma importante obra denominada *Apologia da fuga*, em que se defendia de seus inimigos diante de seu desaparecimento e mostrou a importância de sua ausência, que não ocorreu por medo ou covardia, mas sim com o propósito de se proteger das atrocidades dos inimigos. Na obra *Contra os pagãos* refutou os erros dos pagãos diante das verdades cristãs reveladas. De fato, ele precisava se defender das acusações proferidas pelos judeus e pagãos.

São Jerônimo, grande personagem eclesiástico, recordado pela vida austera e virtuosa, bem como pela tradução da Bíblia para o latim, enfrentou controvérsias importantes servindo-se da apologia para fundamentar sua argumentação. Na apologia contra Rufino, amigo da juventude, o qual o acusava de erros na tradução das obras de Orígenes, Jerônimo denunciou a falsidade deste amigo para incriminá-lo. Assim, defendeu-se da grave acusação de heresia. Os Padres da Igreja acreditavam que a apologia é a defesa da verdade, seguindo a admoestação de Paulo a Timóteo, quando aquele afirmou que "virá o tempo em que os homens já não suportarão a sã doutrina da salvação. Tendo nos ouvidos o desejo de ouvir novidades, escolherão para si, ao capricho de suas paixões, uma multidão de mestres. Afastarão os ouvidos da verdade e se atirarão às fábulas" (2Tm 4,3-4). Afinal, em todos os tempos encontramos falsas doutrinas e falsos profetas, que são como lobos em pele de cordeiro, o que nos exige grande discernimento para que a apologia seja a expressão mais elevada da doutrina cristã.

DROBNER, H. R. *Manual de Patrologia*. Petrópolis: Vozes, 2003. p. 74-94; EUSÉBIO DE CESAREIA, *História eclesiástica*. São Paulo: Novo Século, 1999. p. 126-139; FRANGIOTTI, R. *História das heresias*. São Paulo: Paulus, 1995. p. 11-12; LIÉBAERT, J. *Os Padres da Igreja*. São Paulo: Loyola, 2004; LOPES, G. *Patrística pré-nicena*. São Paulo: Paulinas, 2014. p. 110-140; MONDONI, D. *O cristianismo na Antiguidade*. São Paulo: Loyola, 2014. p. 31-44; PELLEGRINO, M. Apologia. In: DPAC, p. 134-135.

Arianismo

O conceito "arianismo" é o título de uma heresia cristológica antitrinitária sustentada por Ário e seus seguidores e certamente a discussão mais duradoura e abrangente da Igreja primitiva. Negando a consubstancialidade entre Jesus e Deus Pai, concebe o Filho de Deus encarnado como criado e preexistente, ainda que a mais elevada de todas as criaturas da criação divina. Para o arianismo, Deus é um eterno mistério, insondável, e Jesus é um ser criado por Deus, mas não é Deus em si mesmo.

O personagem e a doutrina. No contexto filosófico, em que o Logos, particularmente o *lógos spermatikós*, define a pessoa de Jesus Cristo como Filho adotivo do Pai (adocionismo) e a ele subordinado (subordinacionismo de Luciano de Antioquia), desenvolve-se a doutrina de Ário. Nascido na Líbia (entre 256 e 260), foi discípulo de Luciano de Antioquia e admitido no clero de Alexandria, onde se dedicou à Igreja de Baucalis. Reconhecido como santo e iluminado pelos fiéis, buscou uma vida de sacrifícios, jejuns e mortificações, que se revelava em suas famosas pregações. Escreveu uma carta a Eusébio de Nicomédia na qual defendia as suas teses. É ainda o autor de duas profissões de fé, que encaminha ao bispo Alexandre e ao imperador Constantino, o qual o readmite na Igreja (336). Sua grande obra, muito popular, foi *Banquete* (*Thalia*). Afirmava que, "se Deus Pai gerou um Filho, o que foi gerado teve um começo de sua existência, pois é evidente que houve um tempo em que o Filho não era. Conclui-se necessariamente que teve a existência a partir do não existente" (Sócrates, *História eclesiástica*, I, V). Desse modo, compreendemos que o arianismo é a doutrina que defende que "Deus não é corpo, não pode ser divisível e não pode gerar um filho, e tudo que existe fora dele é sua criação".

Para criar o mundo, Deus supremo criou um ser intermediário, o Logos, superior a todos os seres, mas não eterno; primogênito e excelso entre as criaturas, mas não igual a Deus. O Logos divino é a criatura mais elevada e se encarnou na alma de Jesus Cristo, adotado como Filho de Deus.

Sua fundamentação nas Escrituras professa a doxologia: Glória ao Pai, pelo Filho, no Espírito Santo. A doxologia antiariana professa: Glória ao Pai, glória ao Filho e glória ao Espírito Santo. No entanto, para o arianismo, o Pai é *aguénetos* (não criado, eterno), mas o Logos não é eterno.

Discussões, concílios e condenações. Depois de várias admoestações sem que Ário se retratasse, Alexandre, bispo de Alexandria, secretamente, convocou um Sínodo, quando ocorreu a condenação da doutrina ariana, fazendo com que Ário passasse a procurar apoio em outros bispos fora do Egito, especialmente em Eusébio de Cesareia, o qual buscava uma posição intermediária entre os dois opositores (Alexandre e Ário). O imperador Constantino tentou interceder, servindo-se de Ósio de Córdoba, mas sem resultado positivo. Ósio, após ter convocado um Sínodo em Antioquia, presidido por ele mesmo, condenou Eusébio de Cesareia e os fiéis de Ário. Diante da situação, pois a controvérsia dividia não apenas o clero, mas também os cristãos leigos de grande parte do Império, uma vez que a discussão se tornara muito popular, o mesmo imperador convocou um Concílio para Niceia (325). Alexandre envolveu os monarquianos e os origenianos, os quais em maioria condenaram as doutrinas de Ário. Na verdade, dos 250 bispos, a maioria era oriental, e poucos defendiam as doutrinas arianas. Com essa segunda condenação a Ário, agora em um Concílio, foi aprovada a doutrina da consubstancialidade do Filho com o Pai (*homoousios*). A preocupação com a doutrina do *homoousios*, que professa que o Filho é da mesma natureza do Pai, levou a afirmar que Pai e Filho são igualmente da mesma hipóstase, contrariando as três hipóstases. Ário e dois bispos líbios rejeitaram a decisão e foram condenados e exilados, bem como o bispo Eusébio e Eustácio, que, depois de um Concílio não aprovado pela Igreja em Antioquia (327), foram exilados na Trácia. Eusébio voltou, e a questão se reacendeu. Dentre os arianos, encontram-se duas posições distintas: o *anomeísmo*, que professa diferença radical entre o Pai e o Filho, e o *homeuisianos*, apenas defendendo uma substância semelhante, mas não idêntica, entre o Pai e o Filho.

Definições sinodais e conciliares. São muitas as discussões e confusões entre ortodoxia e heresia, até que os imperadores Graciano e Teodósio I, favoráveis à decisão de Niceia, sob o pontificado de Dâmaso I, convocaram um novo Concílio em Constantinopla (381). Partindo das afirmações bíblicas: "Eu e o Pai somos um" (Jo 10,30), declarou-se que o Filho é consubstancial ao Pai. Ele é o Logos eterno que se encarnou. Os padres conciliares professam uma "única essência divina em três hipóstases, entendida como uma substância em três pessoas". Em 380, o imperador decretou que todos os cristãos do Império eram obrigados a acolher a doutrina que seguia a tradição dos apóstolos e a confessar uma "única divindade do Pai, do Filho e do Espírito Santo, em igual majestade e santa Trindade". Foram denominados cristãos católicos, e, em um documento contra os heréticos (*Nullus haereticus*, 381 [*Cod. Theod.* XVI. V. 6]), determinou-se que estes fossem excluídos dos edifícios eclesiásticos. Oficialmente estava banido o arianismo, mas, com a invasão dos bárbaros, ele persistiria por vários séculos, até seu desaparecimento total no século VII.

BOGAZ, A. S.; COUTO, M. A.; HANSEN, J. H. *Patrística: caminhos da tradição cristã*. São Paulo: Paulus, 2014. p. 173-176; DROBNER, H. R. *Manual de Patrologia*. Petrópolis: Vozes, 2003. p. 248-260; FRANGIOTTI, R. *História das heresias*. São Paulo: Paulus, 1995. p. 85-98; MONDONI, D. *O cristianismo na Antiguidade*. São Paulo: Loyola, 2014. p. 135-139; SIMONETTI, M. Arianismo. In: DPAC, p. 149-153.

Cânon

Os Padres da Igreja serão os primeiros escritores cristãos a usar este conceito para definir listas importantes na doutrina e tradição da comunidade cristã, pois terão a missão de apresentar várias relações, por meio de inclusão ou exclusão dos vários quesitos, seja para a Bíblia, seja para as Igrejas, seja para os próprios líderes religiosos (teólogos, pastores, místicos e santos).

Nem sempre o termo apresenta o mesmo significado, uma vez que pode ter conotação espiritual, pois Paulo fala do cânon como "normas ou regras das virtudes dos governantes do povo de Deus": "Quanto a mim, que eu jamais me glorie, a não ser na cruz de nosso Senhor Jesus Cristo, por meio da qual o mundo foi crucificado para mim, e eu para o mundo. De nada vale ser circuncidado ou não. O que importa é ser uma nova criação. Paz e misericórdia estejam sobre todos os que andam conforme essa regra, e também sobre o Israel de Deus" (Gl 6,14-16). Nessa concepção originária, os Padres da Igreja compreendem como "cânon" as normas e critérios que identificam o falar e o agir cristão. Mais tarde, na literatura patrística, este termo serviu para indicar a lista oficial dos livros das Sagradas Escrituras, que envolveu uma grande discussão para ser definida, entre disputas teológicas e definições sinodais e conciliares. Passou a ser a lista oficial da Bíblia, excluindo os demais textos que circulavam nas comunidades.

Origem linguística. Na sua etimologia, a palavra *kanón*, de origem grega, é o nome de uma régua ou uma haste que o carpinteiro usava para seus cálculos geométricos nas suas obras, garantindo a precisão das medidas. Servia, assim, para garantir que os ângulos fossem bem definidos e as distâncias dos alicerces e paredes bem ajustadas, permitindo a segurança do edifício ou dos seus móveis. Nesse sentido, o termo "cânon" passa a ser empregado para determinar a precisão e a exatidão de um sistema de pensamentos, doutrinas ou organizações humanas. As escolas filosóficas, como os grupos de literatura e arte, elaboravam um cânon para compor catálogos ou listas de seus princípios e, como consequência, as obras ou textos que se ajustavam dentro dessas normativas. Os personagens e as obras que não correspondiam a essas exigências eram excluídos das listas. Compunha-se, assim, o cânon das escolas e dos grupos particulares, integrando-se aqueles que correspondiam às suas exigências.

Para além do sentido etimológico, compreendemos que o cânon é mais que o compêndio dos livros inspirados e inscritos nas Sagradas Escrituras ou nas demais listas de documentos. Os livros que não estão contidos nos livros também podem ser inspirados, mas não foram acolhidos com a determinação de pertencer à Bíblia. Por certo, conhecemos muitos outros livros que não estão nessas listas e que foram plenamente inspirados pela graça do Espírito Santo. De igual modo, muitos fiéis podem ser considerados santos, embora não estejam no elenco do cânon santoral da Igreja, aprovado eclesiasticamente. Temos de admitir, por outro lado, que a canonicidade de um livro não garante a sua autenticidade literária, pois pode simplesmente ter sido escrito por outro autor (pseudoepígrafos), mas o conteúdo foi apreciado e validado pela Igreja, de forma pontifícia ou nos concílios. Essa situação pode ser reconhecida em alguns textos anteriormente atribuídos ao apóstolo Paulo.

Compreensão conceitual. No período patrístico, cânon era um conceito muito utilizado e servia para delimitar a doutrina apostólica daqueles livros e padres que eram excluídos desta relação de textos e mesmo de teólogos cristãos. Os padres mais envolvidos com a formulação de cânones, entre os quais podemos citar Clemente de Alexandria e Orígenes, elaboraram critérios e normas para reflexões e estudos dos temas da doutrina referentes ao cristianismo. Estes princípios foram importantes para ordenar normas e serviram para eliminar do cânon da Patrística os gnósticos, como as obras de Marcião. A veracidade dos fatos e a distinção entre escolas filosóficas foram suficientes para excluir os textos dos autores e defensores do gnosticismo cristão, os quais eram considerados incoerentes com a doutrina dos apóstolos. A tarefa foi mais complexa e mais estrutural depois do Édito de Constantino, uma vez que o cristianismo adquiriu estatuto oficial, inclusive oficializado pelo próprio Estado. Os sínodos, os concílios e mesmo os patriarcas passaram a ter poder e condições de elaborar e aplicar as normas disciplinares para os cristãos, as limitações doutrinais para os teólogos e as regras específicas à vida litúrgica e sacramental.

Além das normas canônicas para os escritos dos Padres da Igreja, igualmente importante foi a elaboração do cânon referente às Escrituras Sagradas. Em um longo período em que pululavam textos bíblicos, a aplicação destas normas foi fundamental para discernir os verdadeiros e os textos imprecisos ou falsos, copiados e repetidos incessantemente. Os padres com maior autoridade moral e vinculados aos patriarcados e suas escolas teológicas apontavam os textos ortodoxos e criticavam os textos não corretos. Podemos citar como exemplo Atanásio de Alexandria, que apontou o texto apologético *Pastor de Hermas* como excluído do cânon bíblico (PG 25, 448). Ainda Atanásio, na obra *Carta festiva* (CSCO 151, 34-37), apresentou uma importante relação dos livros do Antigo e do Novo Testamento. Nessa relação, escrita no período constantiniano (357), este padre que lutou ferrenhamente contra heresias cristológicas separou o cânon bíblico dos textos considerados apócrifos. É bem coerente que os textos canônicos sejam incluídos nas Sagradas Escrituras e os textos apócrifos ou pseudoepígrafos sejam separados e excluídos, mas a problemática se coloca no critério usado para fazer tal distinção, pois os textos são parecidos e muitas vezes misturados em seus diversos capítulos. O cânon de Atanásio foi assumido pela Igreja cristã, incorporado pelos patriarcados mais importantes e oficializado pelos concílios, particularmente o de Constantinopla (381). Este é o cânon que serve à liturgia até nossos tempos, com grande precisão e aceitação por todas as Igrejas do Oriente e do Ocidente.

Cânon no apogeu da Patrística. Mais tarde, no apogeu da Patrística, o cânon tornou-se precioso, pois passou a se referir à lista dos textos da Sagrada Escritura que compreendem as "escrituras canônicas", que são a garantia da veracidade dos textos bíblicos, comprovados pelas autoridades eclesiásticas depois de cuidadosos estudos. De fato, é uma convicção que a fé cristã tem seus fundamentos na revelação contida nas escrituras canônicas. Muito mais importante é a separação entre os livros destas listas e aqueles que foram rejeitados pelos teólogos e pastores. Somente o cânon relacionou os textos sagrados que são normativos e autorizados para toda a Igreja. Seus autores, segundo Agostinho, nunca se desviaram da verdade, pois foram iluminados pelo Espírito Santo (*Ep. 82*, 3, in CSEL 34/2, 354).

O cânon torna-se o critério de apreciação de todas as discussões teológicas referentes aos temas morais e doutrinais. Estes textos podem ser usados nas celebrações litúrgicas e nos sacramentos, enquanto os demais textos são restritos às leituras e devoções particulares. Quando escreveu sua obra sobre a doutrina cristã, suas verdades e suas características (*De Doctrina christiana*, a. 428), Agostinho de Hipona enumerou os livros canônicos. Estes livros elencados no cânon são considerados fundamentos necessários e suficientes para a vida cristã de todos os fiéis. Eles bastam para motivar e orientar as virtudes cristãs: *"in his enim quae aperte in scripturis posita sunt, inveniuntur omnia quae continente fidem moresque vivendi, spem scilicet atque caritatem"* (CSEL 80, 42). Nesta posição, o cânon é a lista que legitima os livros que contêm as normas proféticas e os ensinamentos de Jesus Cristo inscritos nos Evangelhos e nas cartas e transmitidos pela tradição das gerações cristãs.

Legitimidade do cânon. O cânon em geral e particularmente o cânon das Escrituras servem para identificar e definir os livros considerados legítimos e aprovados pela Igreja. O cânon dá aos fiéis uma segurança em forma escrita de experiências, fatos históricos e conteúdos. Estes elementos dos textos sagrados foram escritos por mediadores eleitos por Deus e por ele inspirados, mas existem muitos textos que não foram legitimados pelas autoridades eclesiásticas e que exigem profundo discernimento. Para a Escritura, consideramos que a tradição de Moisés é fundamental para discernir o cânon veterotestamentário. A revelação do Sinai (Ex 34,28) é uma importante referência para o Pentateuco, e os textos proféticos são assinalados por vários profetas (Am 7,15; Is 6,8).

Para o Novo Testamento, o critério fundamental é o testemunho dos discípulos de Jesus, quer dizer, o que ouviram, testemunharam e, após Pentecostes, relataram aos demais seguidores do Nazareno. Como foram muitos os fatos e nem tudo pôde ser inscrito, pois não haveria tantos livros no mundo (Jo 21,25), houve necessidade de selecionar e eleger os textos verossímeis.

Em todos os grupos de textos (relação dos santos, livros bíblicos, Padres da Igreja, nomenclaturas eclesiásticas), os vários cânones garantem a padronização da doutrina e propiciam a estabilização das normas morais e orientações ritual-litúrgicas.

Na Patrística, sob o olhar dos teólogos e a autoridade dos patriarcas e bispos, sob a tutela dos concílios, o cânon tem o poder de delimitar uma linha precisa no conjunto de livros e nomes de suas listas, organizando a identidade da própria comunidade, na ordem da fundação e de sua dinâmica institucional. A restrição dos livros aceitos pelo cânon serve para evitar os livros ou autores intrusos, que não comungam com a identidade singular do grupo. Do ponto de vista das fronteiras, o cânon rabisca os limites da relação dos títulos, ao passo que, sob o olhar externo, anota a essência dos seus conteúdos, sendo, portanto, importante para entender os textos, livros ou personagens aprovados pela Igreja em suas instâncias de poder. A comunidade se reconhece no seu cânon e nele manifesta sua importância. Todos os cânones da Igreja servem para exprimir sua doutrina, seus textos, ritos, personagens e livros sagrados. Esses mesmos cânones são transmitidos para todas as gerações, garantindo a continuidade e harmonia de seus conteúdos. Tratando particularmente do cânon bíblico, o Concílio Vaticano II considera que sua lista aprovada e legitimada permite que "a Igreja, em sua doutrina, vida e culto, perpetua e transmite a todas as gerações tudo aquilo que ela é e tudo quanto acredita" (DV 8).

Parece simples, quando tomamos o cânon estabelecido e legitimado pelas autoridades eclesiásticas, mas, voltando ao tempo de sua formação, os padres tiveram de refletir, discutir e decidir sobre a formação do cânon nas suas diversas áreas, particularmente, como vimos, na lista concernente ao cânon bíblico.

Definição do cânon bíblico. Os Padres da Igreja dos primeiros séculos determinaram, depois de longas discussões e vários séculos, o cânon das Sagradas Escrituras. Nem sempre houve acordo entre os padres e as várias escolas teológicas, pois muitos textos definidos como apócrifos eram proclamados na liturgia, e alguns textos apresentados como canônicos não eram aceitos por todos os patriarcados. Esta é a questão fundamental do cânon, que, como vimos, vem do grego e tem semelhança com o termo hebraico *ganeh*. Esta medida anotada em um bastão consistente é o padrão para definir a fé e a fidelidade dos novos cristãos. O cânon regular e oficial é a medida para a fidelidade subjetiva dos fiéis.

Os padres determinaram três elementos para definir o cânon cristão dos textos bíblicos:

1) *Autor:* para o cânon bíblico, o autor deve pertencer ao grupo dos apóstolos de Jesus ou ter tido convivência e conhecimento dos acontecimentos e das pregações por meio deles;

2) *Público:* os textos devem ter sido escritos para os participantes das comunidades cristãs conhecidas e coordenadas pelos discípulos de Jesus. Por essa razão, Paulo insistiu em ser reconhecido como um dos discípulos de Jesus;

3) *Ensinamentos:* todas as passagens e ensinamentos devem estar em conformidade e interação lógica com as pregações do Senhor, sem influência de grupos religiosos, seitas ou escolas filosóficas proselitistas.

Por certo, o processo de julgamento destes dados se refere às realidades daquele período, contando com os conhecimentos arqueológicos e históricos à disposição dos Padres da Igreja, envolvidos nestas definições do cânon bíblico.

Para aprovação dos livros e textos, havia testes de canonicidade salvaguardando a mínima objetividade. Neles, a coerência dos conteúdos era fundamental para aprovação do cânon.

Uma das principais exigências para garantir a aprovação dos livros no cânon se refere à autoria, pois deveriam ter sido originalmente escritos (ou ditados) por um profeta, apóstolo ou seguidor. O reconhecimento de que as narrativas, sejam fatos, sejam ensinamentos, tenham sido escritas por autores que acolhiam a vontade de Deus e a iluminação do Espírito Santo era fundamental.

Considerou-se necessário que os escritos fossem coerentes com as revelações anteriores dentro da tradição judaica e da tradição oral dos evangelistas. Por certo, novas revelações poderiam trazer novas informações e acrescentar dados às anteriores, mas em hipótese alguma ter contradições ou desvios de seus princípios fundamentais. Todos os textos do cânon são escritos em continuidade com o passado do povo da Aliança, servem aos fiéis do presente e, ainda, se endereçam para as gerações vindouras.

Cânon bíblico veterotestamentário. Podemos ilustrar a importância do cânon a partir de alguns escritos que foram definindo o cânon bíblico. No segundo século, Melitão de Sardes († 177) manifesta preocupação com a quantidade de textos que narram os "últimos acontecimentos". São livros com grandes conteúdos, mas carregados de contradições e influências de filosofias e doutrinas incompatíveis com a doutrina cristã. Escrevendo a Onésimo, responde à sua preocupação dizendo que ele tem pedido "extratos da lei e dos profetas, sobre o Salvador e toda a nossa fé". Ele quer saber "com toda a exatidão quantos são em número e qual é sua ordem". Assim, segue seu relato: "Pus minha diligência em fazê-lo, sabendo de teu ardor pela fé e teu afã em saber sobre a doutrina, pois que, em tua luta pela salvação eterna e em tua ânsia por Deus, preferes isto mais do que tudo". Tendo retornado do Oriente, depois de estudos e convivência com os demais padres da região, ele ordena e apresenta uma lista destes livros: cinco de Moisés: Gênesis, Êxodo, Levítico, Números, Deuteronômio; Jesus de Navé, Juízes, Rute; quatro dos Reis, dois dos Paralipômenos; Salmos de Davi; Provérbios de Salomão, também chamado Sabedoria, Eclesiastes, Cântico dos Cantares, Jó; dos profetas, Isaías, Jeremias, os 12 em um só livro, Daniel, Ezequiel; Esdras. Testemunhamos uma relação ainda em processo de elaboração, mas importante para conhecer o cânon do Antigo Testamento (Eusébio de Cesareia, *História eclesiástica*, IV, 26, 12-14).

O grande Padre da Igreja, que se debruça sobre os textos bíblicos, na sua escola bíblica de Alexandria, Orígenes (185-254), apresenta um cânon das Sagradas Escrituras na tradição do povo da Antiga Aliança. Exibe o catálogo de 22 livros, que foram transmitidos pelos hebreus. Neste momento, o cânon bíblico é ainda muito incipiente no uso litúrgico das comunidades primitivas; devendo-se ao fato, também, que estavam acoplados dois ou três livros que mais tarde serão individualizados (Eusébio de Cesareia, *História eclesiástica*, VI, 25, 1-2). A canonicidade de alguns livros é debatida longamente nestes primeiros séculos, sobretudo a dos livros históricos, muitas vezes considerados como literatura teológica, ou dos apocalípticos, muitos textos insinuando gnosticismo.

Para o cânon são importantes as informações de Eusébio de Cesareia (265-339). Segundo ele, "existe entre nós milhares de livros em desacordo e em mútua contradição. Apenas 22 livros contêm a relação de todo o tempo e que com justiça são considerados divinos". Para esta finalização do cânon, Eusébio exclui os livros escritos depois de Artaxerxes (sucessor de Xerxes). Os livros canônicos, segundo sua descrição, foram escritos do período de Moisés até a morte deste rei persa, que é um longo período de vários séculos. São livros que narram histórias do povo, ensinamentos mosaicos, regras de vida e poemas de louvação a Deus. Afirma ainda que "ninguém jamais ousou acrescentar ou tirar nenhum texto, nem alterar neles qualquer coisa que seja" (Eusébio de Cesareia, *História eclesiástica*, III, 10, 1-6).

Para o cânon na sua composição jurídica, é importante a figura de Atanásio de Alexandria (295-373), uma vez que participa da edificação do catálogo e, ao mesmo tempo, de sua aprovação eclesiástica e definitiva. Faz uma relação completa, em que aos 22 livros aprovados anteriormente são acrescentados outros livros, sobretudo sapienciais e proféticos (Atanásio de Alexandria, *Epístola 39*, cc. 4. 9). Os concílios assumem essa divisão, que se torna legítima a partir do primeiro Concílio de Constantinopla.

Este cânon segue válido pelos séculos, e os livros são remanejados, divididos ou acoplados, mantendo sempre o conteúdo revelado. Cirilo de Jerusalém (315-386) considera que este número deve ser mantido, pois corresponde à tradução Septuaginta, realizada a pedido do Rei Alexandre Magno, na Pérsia, pelos 72 sábios judeus, convocados para a tarefa de traduzir e estabelecer o cânon, que atravessará os séculos até nossos dias. São suas palavras: "Leia as Divinas Escrituras, os 22 livros do Antigo Testamento, estes que foram traduzidos pelos setenta e dois intérpretes [...]. Destes leia os 22 livros, mas não tenha nada com os livros apócrifos. Estude seriamente apenas estes, os quais nós lemos abertamente na Igreja. Mais sábio e mais piedoso que a você mesmo foram os apóstolos, e os bispos dos tempos antigos, os presidentes da Igreja, que nos transmitiram estes livros. Sendo, então, um filho da Igreja, não falsifique seus estatutos" (Cirilo de Jerusalém, *Catechetical Lectures*, IV, 33-36).

Basílio de Cesareia (329-379) anota um dado simbólico. Para ele, "os livros canônicos são vinte e dois, de acordo com a tradição hebraica, o mesmo número das letras do alfabeto hebraico. Pois, como as vinte e duas letras podem ser consideradas uma introdução à sabedoria e às divinas doutrinas dadas aos homens naquelas letras, assim os vinte e dois livros inspirados são o alfabeto da sabedoria de Deus e uma introdução ao conhecimento das realidades" (Basílio de Cesareia, *Philocalia*, 3).

Cânon da Nova Aliança. Para a definição do cânon do Novo Testamento, a discussão foi igualmente fervorosa e delicada, considerando a quantidade de escritos que relatavam os acontecimentos dos "últimos tempos" e as cartas apostólicas e pastorais. O cânon será definido aos poucos, e já Irineu de Lião († 202) aprova em sua sede eclesiástica os quatro Evangelhos do cânon do Novo Testamento. Orígenes, no seu estudo sobre a canonicidade dos livros da Nova Aliança, apresenta 27 livros, que ele utilizava em suas homilias e estudos, seguindo o *Fragmento Muratori* (200). Mesmo havendo discussões específicas e pontuais, como, por exemplo, sobre o Livro do Apocalipse, os livros estavam já canonizados e os apócrifos excluídos do cânon oficial da Igreja cristã, vale dizer

Oriente e Ocidente. Existe um cânon definitivo e restritivo, mas as comunidades patriarcais serviam-se de outras narrativas dos eventos bíblicos para leituras devocionais e estudos particulares da revelação divina.

O cânon bíblico é um dos catálogos que mereceram discussões e definições entre os Padres da Igreja, considerando seus patriarcados e especialmente as Igrejas do Oriente e do Ocidente. Para cada patriarcado ou para a totalidade dos patriarcados, o cânon das listas das Igrejas patriarcais foi fundamental para convidar os participantes legítimos dos concílios e das decisões sinodais. Como ponto de partida, foram definidos os critérios da identidade de um patriarcado, para aprovar colegialmente sua inclusão no cânon dos patriarcados. A mesma concepção se refere aos santos das Igrejas e sua inclusão nas memórias e ladainha dos cultos. O cânon santoral é relevante porque suas figuras foram sempre importantes nas celebrações, sobretudo os mártires a partir do período constantiniano.

Cânon e ortodoxia. A definição do cânon passa por várias etapas de reflexão e estudos que podem demorar anos ou mesmo décadas. Alguns cânones estão fechados e não se admite, via de regra, nenhum acréscimo. Outros são dinâmicos e podem ser sempre atualizados. No primeiro caso, citamos o cânon bíblico e dos patriarcados. No segundo caso, falamos do cânon santoral e rituais. Nessas etapas, são ativos os homens da Igreja, entre os quais destacamos os pastores, os quais escolhem e decidem a legitimidade canônica; os teólogos, que, por sua vez, apreciam seu conteúdo; e, na maioria dos casos, os sínodos e concílios, que sempre foram a derradeira instância decisória.

Em linhas gerais, o cânon se aproxima da ortodoxia, pois contém em si o "depósito da fé", sobretudo nestes primeiros séculos patrísticos, cujo ministério apostólico foi fecundo e eficaz. São estes personagens e instituições que articulam, defendem e delimitam as fronteiras destes cânones, para, em seguida, elegerem os seus componentes, quer dizer, os livros, os santos ou as Igrejas que podem ser inseridos no seu cânon específico. Por certo, a revelação bíblica é a premissa fundamental na composição de qualquer cânon, mas mesmo esta revelação, quer dizer, seus livros, precisa ser notificada e inquirida quanto à sua legitimidade. Ela deve ter uma harmonia em si e não pode contradizer o ensinamento doutrinal e deve servir ao culto litúrgico comunitário. Todo cânon cristão depende de três fatores fundamentais: (1) a ortodoxia, entendida como regra da fé (*regula fidei*); (2) a Tradição apostólica; e (3) a integração no culto cristão. Em todos os casos, os padres e seus concílios consideraram a devoção das comunidades, a pureza da fé dos fiéis e a concretização na própria liturgia. Não se trata de condição indiscutível, mas o uso destes livros nos cultos ou a devoção dos santos serviram como critério para sua inclusão no cânon de forma decisiva. De fato, todo cânon cristão e seus componentes internos são alimentados e ordenados pela revelação divina, legitimada pelas autoridades eclesiásticas (DV 21).

AA.VV. *Pequeno dicionário de termos teológicos alemães, latinos e outros*. São Leopoldo: FTIECFB, 1967. p. 14; CHUPUNGCO, A. Cânon romano. In: DPAC, p. 249-250; DROBNER, H. R. *Manual de Patrologia*. Petrópolis: Vozes, 2003. p. 351-362; LACOSTE, J.-Y. *Dicionário crítico de teologia*. São Paulo: Paulinas/Loyola, 2004. p. 337-343; LATOURELLE, R.; FISICHELLA, R. *Dicionário de teologia fundamental*. Petrópolis/Aparecida: Vozes/Santuário, 1994. p. 122-129; MORESCHINI, C.; NORELLI, E. *História da literatura cristã antiga: grega e latina*. São Paulo: Loyola,

2000. p. 257-267; NAUTIN, P. Cânones de Hipólito. In: DPAC, p. 251; PETROSILLO, P. *O cristianismo de A a Z*. São Paulo: Paulus, 2012. p. 43; RAHNER, K.; VORGRIMLER, H. *Petit dictionnaire de théologie catholique*. Paris: Seuil, 1970. p. 337-343; TRIACCA, A. Bíblia e liturgia. In: DL, p. 135.

Catecumenato

O catecumenato é um importante processo de conversão e evangelização que incrementou a estrutura eclesial dos primeiros séculos da Igreja cristã e permaneceu por todos os séculos como um paradigma da iniciação cristã. Este caminho de evangelização pertence ao universo das religiões e pode ser encontrado nas cartas paulinas, significando "evangelizar a fé de viva voz". Paulo escreve aos cristãos de Corinto afirmando que tem dom de línguas, mas prefere "falar na assembleia de *viva voz* palavras que compreende e que servem para instruir todos os fiéis" (1Cor 14,19). Recorre ainda a este conceito quando escreve aos Gálatas, afirmando que "todo aquele que recebe a catequese de *viva voz* deve repartir os seus bens com quem o evangeliza, afinal não se zomba de Deus, pois, o que o homem semeia, ele colherá" (Gl 6,6-7).

Aos poucos, este termo torna-se mais frequente e modelar nas primeiras comunidades no período patrístico, e seus pastores servem-se de suas implicações como ensinamento para os cristãos. No período patrístico, o processo de preparação para ser batizado é elaborado como um período eficiente de amadurecimento da conversão, com orientações práticas e instruções sistemáticas. Tertuliano é o primeiro Padre da Igreja a chamar de "catecúmeno" o candidato ao ingresso na comunidade cristã. Segundo ele, os fiéis não devem conhecer apenas exteriormente a "coroa", mas todos devem conhecer os catecúmenos no período de provas (Tertuliano, *De corona militis*, 2, 1).

Esta preparação vai se tornando cada vez mais recorrente e estrutural, mas nem sempre é assumida como normativa, pois depende da espontaneidade dos neófitos. A conversão impulsiva, como no caso da rainha Candace, sugere um Batismo imediato, como encontramos na narrativa dos Atos dos Apóstolos: "O eunuco disse a Filipe: 'Rogo-te que me digas de quem disse isto o profeta: de si mesmo ou de outrem?' Começou, então, Filipe a falar, e, principiando por essa passagem da Escritura, anunciou-lhe Jesus. Continuando o caminho, encontraram água. Disse, então, o eunuco: 'Eis aí a água. Que impede que eu seja batizado?' Filipe respondeu: 'Se crês de todo o coração, podes sê-lo'. 'Eu creio', disse ele, 'que Jesus Cristo é o Filho de Deus'. E mandou parar o carro. Ambos desceram à água, e Filipe batizou o eunuco" (At 8,34-38). Mesmo sendo heroica e espontânea, a aproximação de novos adeptos da fé cristã exige preparação em um período catecumenal para que eles conheçam o conteúdo e assumam convictamente a doutrina, a vida comunitária e os ritos, além dos riscos da perseguição iminente.

Na metade do segundo século, Justino apresenta um esquema para este período de instrução e preparação. Mostrando a importância da solidez da conversão, afirma que, "depois de renovados por Jesus Cristo, nos consagramos a Deus, para que não aconteça que, omitindo este ponto, demos a impressão de proceder um pouco maliciosamente em nossa exposição. Todos os que se convencem e acreditam que são verdadeiras essas coisas que nós ensinamos e dizemos, e prometem que poderão viver de acordo com elas, são instruídos em primeiro lugar para que com jejum orem e peçam perdão a Deus por seus pecados anteriormente cometidos, e nós oramos e jejuamos juntamente com eles" (Justino de Roma, *Apologia I*, 61, 1-2). Este processo, com o passar das décadas, vai sendo edificado, com o grande acesso de candidatos ao Batismo e com a necessidade de consistência na conversão, para evitar debandadas de consagrados inseguros de sua opção radical por Jesus Cristo. Podemos colher o testemunho da obra *Paixão das Santas Perpétua e Felicidade*, que foram formadas no catecumenato desde sua tenra infância, como se testemunhava em Cartago, na África. Este testemunho se encontra em Tertuliano (*De Baptismo*, 2) e em Clemente de Alexandria, onde encontramos os primeiros indícios do catecumenato de três anos.

O catecumenato foi intensificado por algumas razões externas que influenciaram as autoridades eclesiásticas naquelas primeiras décadas do cristianismo. Um dos elementos mais incisivos foi o afluxo numeroso de candidatos que se aproximavam e, ao mesmo tempo, a influência e o proselitismo de correntes filosóficas e das doutrinas das religiões mistéricas. Este envolvimento provocou a invasão de grupos heréticos dentro da comunidade cristã, influenciando até mesmo teólogos e patriarcados. As perseguições dos imperadores romanos exigiram maior formação e convicção dos neófitos para não sucumbirem a elas, tão presentes e cruéis, particularmente de Décio, Valeriano e Diocleciano.

Etapas do catecumenato. O catecumenato primitivo, elemento fundamental na iniciação cristã nos tempos patrísticos, foi organizado em classes. Em um período mais longo, encontramos a preparação passiva dos candidatos (*catechumenus, audientes*). Depois deste longo período, os perseverantes seguem para a preparação imediata (*illuminati, electi*), onde a opção está definida e passa a ser aprofundada e testada com maior rigor.

Podemos considerar que esta passagem é importante, pois os escrutínios eram feitos diante dos testemunhos, acompanhados pelos catequistas, considerados como doutores doutrinais, perante os pastores, quer os epíscopos, quer os patriarcas, quer, nas comunidades menores, os presbíteros. Essa apreciação do candidato é testemunhada no mais expressivo texto que retrata o catecumenato primitivo. Assim, Hipólito de Roma, na obra *Tradição apostólica*, explica que "os catecúmenos devem escutar a Palavra por três anos. Se algum deles for dedicado e atencioso, não lhe será considerado o tempo: somente o seu caráter, e nada mais, será julgado. Cessando o catequista a instrução, rezarão os catecúmenos em particular, separados dos fiéis. As mulheres, sejam elas catecúmenas ou fiéis, permanecerão rezando em particular em qualquer parte da Igreja" (Hipólito de Roma, *Tradição apostólica*, 3, 3).

A opção catecumenal é bastante radical e representa um modelo e um setor da comunidade cristã primitiva, pois são consideradas as vivências pessoais, familiares e profissionais. Todos os elementos são importantes e apreciados com rigor, particularmente as profissões e condições de vida interditadas para integrar a comunidade dos cristãos.

A situação pessoal e familiar é premissa para a admissão dos aspirantes. Assim, serão interrogados sobre a vida que levam, como o casamento, a posse de escravos etc. Se for escravo, deve ter o consentimento do seu senhor, em um período em que este regime é considerado legítimo.

Sobre a situação matrimonial, "se um homem possui mulher ou se uma mulher possui marido, sejam ensinados a se suportarem, o homem com a mulher e a mulher com o marido. Porém, se um homem não vive com a mulher, seja ensinado a não fornicar, recebendo a mulher conforme a Lei ou permanecendo como está" (*Tradição apostólica*, 3, 1).

Exigências eclesiásticas. Entre os que não podiam ser catecúmenos, podemos citar o escultor, o pintor, o ator, o pedagogo, o cocheiro competidor e o frequentador de espetáculos de luta. Em alguns casos, deviam abandonar totalmente a profissão ou limitar sua prática, evitando exercer atividades contrárias à própria fé. Bem mais exigente era o catecumenato no tocante às lutas dos gladiadores, sacerdotes, guardiões de ídolos e soldados. Por certo, estes membros da sociedade não podiam exercer esta atividade, pois seriam obrigados pelo Estado a perseguir e torturar os próprios irmãos na fé. Na questão da moral sexual, as exigências são explícitas e citam a prostituta, o pervertido, o homossexual, o proprietário de prostíbulos e qualquer outro que praticasse atos indizíveis. Esta lista encontra inclusive fundamentação na Carta aos Gálatas (5,19). Estas exigências e proibições são fundamentais para compreender a identidade e a importância do catecumenato.

O ritual de abertura no processo de iniciação é o sinal da cruz, que se vai tornando uma chave de abertura para a vida cristã e, na simbologia do "sal da terra", recebe o *sacramentum salis*. Outros símbolos rituais incrementam aos poucos o catecumenato, dando maior intensidade ao seu processo. Como o catecúmeno é um candidato em fase de preparação, sua acolhida é paulatina, assim, não permanece na assembleia depois de ter ouvido a Palavra e a didascália. Este gesto, denominado *dimissio*, teve seu auge nos primeiros tempos depois do Édito de Milão (313), embora seja mais evidente a formação doutrinal que as exigências morais e vivenciais.

A segunda fase, mais intensa e exigente (*illuminati*), é o período quaresmal, na medida em que este período litúrgico é estruturado com maior precisão. Este período é decisivo, uma vez que os "eleitos" são inscritos em um cânon e acompanhados pessoalmente pelos bispos ou patriarcas. Muitas vezes, quando possível, são as próprias autoridades eclesiásticas que presidem estes escrutínios.

Para não ficar apenas nas questões morais pessoais, Justino de Roma e Hipólito elencam ainda atividades caritativas e práticas de misericórdia.

O tempo desta formação e "iluminação" é de três anos, dos quais, no testemunho de Egéria, o período mais intenso são as oito semanas antes da celebração da Páscoa, quando os sacramentos da iniciação cristã são ministrados na Vigília Pascal. O catecumenato se confirma em todas as instruções, deve integrar os ensinamentos, as orações e a mudança de vida, acompanhados de jejuns, vigílias, genuflexões e exorcismos, tanto dos candidatos quanto dos membros das comunidades. Normalmente caminham descalços, sobretudo nos testemunhos de Teodoro de Mopsuéstia (*Cat. Baptismal*, 2, 1).

Ensinamentos essenciais. Entre tantos ensinamentos da doutrina cristã, os neófitos são instruídos nas histórias bíblicas e nos acontecimentos referentes às pregações de Jesus e a seus milagres. Todos os símbolos batismais são ensinados, para que no momento do ritual não se perca a atenção em explicações, mas se viva o mistério dos rituais. Muito importante é a mistagogia, que faz parte da semana pascal, normalmente depois do próprio Batismo. Todos os sacramentos são estudados em todos os seus sentidos (bíblico, doutrinal, ritual e simbólico). Neste período quaresmal, Egéria relata que as catequeses diárias duram pelo menos três horas contínuas. Esta anotação se relaciona com as instruções trazidas na *Tradição apostólica* de Hipólito. Na semana próxima, quer dizer, os dias antecedentes ao Tríduo Pascal, são intensificados os escrutínios e os rituais de exorcismo, realizados com grande zelo pelos pastores. A imposição das mãos é um dos rituais mais considerados, dada a sua tradição desde os tempos dos apóstolos.

Em geral, podemos perceber uma sequência mais ou menos homogênea nas várias regiões do cristianismo antigo ocidental (África, Roma, Síria, Jerusalém e Cartago). Em primeiro lugar, a *traditio symboli*, depois de oito dias; a *redditio symboli*, segundo Agostinho no sábado da Vigília Pascal; e finalmente a *traditio orationis dominicae*, durante a própria Vigília.

Os escrutínios eram realizados durante as semanas da Quaresma e iam de três a sete exames *de fide*, conforme a região e o período. Outros lugares, como em Antioquia, por vezes, as renúncias a Satanás, que fazem parte da profissão *de fide,* eram realizadas na sexta-feira, ficando a profissão de fé para o Sábado Santo. Esta renúncia fazia referência à confissão e conversão do bom ladrão, convertido a Jesus na sua crucifixão.

Teologia do catecumenato. Se o catecumenato torna-se imperioso em tempos de cristianismo solidificado e culturalizado, maior sua importância no período em que os cristãos vinham de práticas religiosas variadíssimas, conforme suas origens e etnias. Sendo a modalidade regular para ingressar nas fileiras cristãs, seu caminho dinamiza e integra a vivência cristã. A preparação remota servia para modelar o comportamento e para criar vínculos fraternos entre os neófitos e os cristãos professos. Para o candidato ser efetivamente acolhido, imprescindível era o acompanhamento na vida cotidiana e o testemunho de seu estilo de vida. À base convivial se ordenava o conhecimento doutrinal. Os "eleitos", como se chamavam no Ocidente (no Oriente eram denominados "iluminados"), eram merecedores de atenção por parte dos pastores, catequistas e comunidades. A verdadeira profissão de fé se dava no encontro entre a doutrina e o modo de viver (*modus vivendi et modus credenti*).

No catecumenato, o conceito de "preparação" ou "caminho" é motivado pela superação e conversão das práticas religiosas dos judeus para as doutrinas cristãs e para a segurança do testemunho diante do martírio. Os lapsos incomodavam profundamente os pastores e as comunidades e fragilizavam os cristãos resistentes. Se pudesse haver evasão em tempos de perseguição, a profissão de fé tornava-se inócua ou superficial. O catecumenato integra em si a certeza da resistência e a não exasperação diante do horror da crueldade dos perseguidores. Além da importância da superação das marcas religiosas de suas origens e do perigo de perseguição, este caminho é tratado com rigor temático para, assim, proteger os novos cristãos das doutrinas heréticas que assolavam as comunidades e mesmo os grandes patriarcados. O perigo da fragmentação das comunidades era enfrentado com muita atenção pelos místicos, teólogos e patriarcas.

O rigor sem fanatismo e a radicalidade sem radicalismo são os caminhos catecumenais da verdadeira Igreja dos primeiros séculos, que quer ser, mais do que uma categoria de seres humanos em busca da perfeição, verdadeira seguidora de Jesus, o Nazareno. Por certo, a tríplice dimensão que caracteriza o catecumenato o define à perfeição: radicalidade na prática das virtudes cristãs, profissão de fé sem desvios e resistência na adversidade. Modelos destes ensinamentos como Hipólito em Roma, Tertuliano em Cartago e Orígenes em Alexandria registram a beleza do cristianismo primitivo, no qual os seguidores confirmam com grande zelo a resposta da fé, a integração comunitária e a transformação da própria forma de viver. Os rituais, descritos por Ambrósio de

Milão e João Crisóstomo em Jerusalém, entre tantos, tornam-se modelos de celebração e paradigmas das autênticas liturgias para todos os séculos em todos os povos. Por certo, a radicalidade dos convertidos e a coerência das comunidades são fundamentais para resgatar em qualquer situação a autenticidade do seguimento da fé cristã capaz de fecundar a história da humanidade com o fermento da presença divina.

CAVALLOTTO, G. *Catecumenato Antico*. Bologna: EDB, 1996; DROBNER, H. R. *Manual de Patrologia*. Petrópolis: Vozes, 2003. p. 160-171; HAMMAN, A. Catecumenato. In: DPAC, p. 271-272; LOPES, G. *Patrística pré-nicena*. São Paulo: Paulinas, 2014. p. 151-171; MONDONI, D. *O cristianismo na Antiguidade*. São Paulo: Loyola, 2014. p. 82-84; NOCENT, A. Batismo. In: DL, p. 109.

Catequeses mistagógicas

Seguindo um caminho preciso e bem delineado, mencionamos as catequeses mistagógicas como ápice da formação dos neófitos, agora integrantes e iniciados no cristianismo. Trata-se da consolidação da fé professada e da vida integrada na comunidade, como um direito conquistado e um dever a ser cumprido.

Depois do espaço temporal (normalmente de três anos), os cristãos têm o direito de conhecer todos os mistérios da fé que professaram, confirmando seu pertencimento à comunidade dos redimidos.

Se no início do período catecumenal o candidato recebia as Sagradas Escrituras, era assinalado com o sinal da cruz, ia se aprimorando na conversão pessoal e passava a entender o Credo como expressão de fé mais profunda, e no final do período tornava-se um mestre em potencial, verdadeiro evangelizador.

No processo preparatório, denominado "catecumenato", as catequeses começavam com os exorcismos menores e o processo de conversão testemunhado pelo padrinho, que tinha apresentado o candidato. As catequeses mistagógicas, das quais a mais importante é a de Cirilo de Jerusalém, eram antecipadas pela *Didaqué*, da Igreja da Síria, pela *Demonstração apostólica* de Irineu de Lião, pela *Tradição apostólica* de Hipólito de Roma, pelos *Sacramentos* de Ambrósio de Milão e pela *Catequese aos simples* de Agostinho de Hipona. A preparação imediata é, no catecumenato, mais que tudo a formação das virtudes, as orações, os jejuns e as obras de misericórdia, em rituais profundos e integrativos. Esta purificação espiritual conduz à iniciação cristã, depois da qual se realizam as catequeses aos mistérios.

No final da Vigília Pascal, os catecúmenos recebiam as vestes brancas, eram imergidos na piscina batismal, degustavam leite e mel e recebiam mais uma unção com o óleo crismal. Depois de participarem da Ceia Eucarística, estavam aptos a receber os ensinamentos sobre os mistérios do cristianismo. Neste seguimento, durante a Oitava de Páscoa, em vestes brancas, em sinal de purificação e santidade, eram introduzidos no significado da própria iniciação, que são as catequeses batismais. Os "epíscopos" eram os catequistas nesta fase tão delicada da formação cristã, sendo que, na sua ausência, os presbíteros ou diáconos os substituíam.

Objetivos das catequeses mistagógicas. As catequeses são relatadas por vários Padres da Igreja, particularmente por Cirilo de Jerusalém, que lhes deu todos os elementos formativos particulares. Segundo este Padre da Igreja, os novos cristãos são convidados a viverem perfeitamente na comunidade onde estavam integrados, a permanecerem firmes na fé e a promoverem a coerência entre aquilo em que criam e aquilo que viviam. Assim, "pela benignidade de Deus, ouvistes de maneira suficiente, nas reuniões precedentes, sobre o Batismo, a Crisma e a participação no corpo e sangue de Cristo. Mas agora é necessário ir adiante, para coroar o edifício espiritual de vossa instrução" (Cirilo de Jerusalém, *5ª Catequese Mistagógica*, 1). Todo cristão é um testemunho verdadeiro entre os irmãos, e esta catequese aprofunda seu sacerdócio universal, como parte do corpo místico de Cristo. O cristão reconhece a presença de Deus em sua vida e torna-se um *theóphoros* no meio do mundo afastado da graça divina. São Paulo (1Cor 12,27) ensina que cada cristão é parte integrante do corpo místico que é a Igreja. São as palavras do bispo de Hipona que ilustram este objetivo das catequeses pós-batismais: "Estas coisas se chamam 'sacramento' porque nelas a aparência corpórea expressa e promove um fruto espiritual [...]. Se sois o corpo de Cristo e seus membros, vós sois o mistério que foi colocado sobre a mesa do Senhor; o que recebeis é o mistério que sois vós mesmos" (Agostinho de Hipona, *Sermão 272*).

Dentre tantos objetivos destes dias de formação dos neocristãos, nenhum é mais imperioso que elevar a grandeza da Ceia Eucarística, que perpassa a vida de todos aqueles que se convertem ao Senhor. Todos os prefácios são solícitos em implorar de Deus a graça de comungar o Corpo do Senhor e se tornar participantes de sua glória.

Principais ensinamentos das catequeses mistagógicas. Considerando a variedade de textos, mas particularmente as catequeses de Cirilo de Jerusalém, anotamos seus principais itens, que constituem a unidade doutrinal dos cristãos, preservando a originalidade da revelação bíblica e sua hermenêutica histórica. É o melhor testemunho da formação cristã dos primeiros séculos, sobretudo o conteúdo da profissão de fé, professada a partir do Concílio de Niceia (325) e sua legitimação e explicitação em Constantinopla (381).

Cirilo foi consagrado bispo de Jerusalém (348) em meio a tantas contendas eclesiásticas e doutrinárias e testemunha a sua fé diante das tormentas. Sem maiores intervenções de conceitos técnicos de matriz filosófica grega, apresenta um sumário catequético para os neófitos. Esta preocupação está no coração dos pastores e é assumida pelos padres conciliares de Constantinopla, para garantir estabilidade e unidade nas comunidades esparsas no Oriente Médio, na África e em vários países da Europa cristã.

É necessário distinguir em Cirilo, o teólogo, o testemunho da fé e da tradição cristãs em geral, e da Igreja de Jerusalém em particular. Como teólogo, ele não apresenta a profundidade doutrinal dos padres da segunda metade do século IV, defensores da ortodoxia, como Atanásio e Hilário, ou teólogos como Basílio e os demais padres capadócios que marcarão o pensamento teológico das gerações futuras. Mas é uma valiosa testemunha da tradição antiga e eco da fé católica professada em Niceia e, mais tarde, no primeiro Concílio de Constantinopla. Como o período patrístico, a partir do século II, é cenário de várias correntes religiosas, particularmente o gnosticismo inserido na interpretação dos mistérios cristãos, as catequeses mistagógicas se fortalecem para combater a gnose cristã e as influências das religiões mistéricas e espiritualistas. Os autores cristãos combatem a crença defendida pelos gnósticos cristãos de que uma centelha divina desabou do céu e comanda o destino humano. Assim, eles propõem que o verdadeiro ensinamento é a herança de Jesus, comunicada à Igreja através dos seus discípulos. De igual modo, os escritores das catequeses mistagógicas combatem as doutrinas antitrinitárias, as quais não admitiam a triunicidade de pessoas divinas em uma mesma unidade, com natureza consubstancial. Combatem ainda os hereges que não admitem a divindade de Cristo e que o reduzem a simples ser humano, sem suas características divinas. Como uma corrente doutrinária consideravam Jesus como um ser humano com poderes excepcionais ou ainda como uma modalidade de Deus Pai (modalistas e patripassionistas), as catequeses insistem na plenitude humano-divina do Filho de Deus encarnado e a consubstancialidade das pessoas trinitárias. Muitos cristãos e teólogos sentiam-se envolvidos nestas intrigas eclesiásticas e complicações doutrinárias. No meio de tantos conflitos, os autores das catequeses mistagógicas seguem as iluminações cristãs a partir da profundidade e da coerência dos grandes Padres como Basílio Magno, Gregório de Nazianzo, Gregório de Nissa e Cirilo de Alexandria, entre outros. Cirilo de Jerusalém apresenta uma formação cristã capaz de contrapor as seduções doutrinárias anticristãs, dentro da própria formação do Credo Apostólico.

Ambiente eclesial. A Igreja de Jerusalém é o cenário prioritário das catequeses, mas estas respondem também a outras provocações vindas das discussões teológicas envolvendo os patriarcados de Alexandria, Antioquia e Cesareia. Como Cirilo está envolvido na realidade eclesial de Jerusalém, suas catequeses servem para todo o período quaresmal e pascal, mais que outros patriarcados em que os temas são mais restritivos a algumas catequeses. Portanto, estas catequeses apresentam um complexo sistema doutrinário sem perder a simplicidade da linguagem bíblica, como quando escreve que na ação catequética o neófito "aprende o que ouve e guarda para sempre". As verdades são boas e dignas de fé. Suas pregações escritas eram pronunciadas na Igreja da Ressurreição ou na Capela do Santo Sepulcro. As catequeses de Cirilo tocam também os dias quaresmais, assim que os integra aos rituais pré-batismais, entre eles as bênçãos, a imposição das mãos, os exorcismos e os sopros do Espírito. Anotamos que Cirilo de Jerusalém refere-se aos exorcismos quando descreve a base da oração sobre o neófito coberto de véu: "O teu rosto foi coberto com um véu, a fim de que todo o teu pensamento não estivesse disperso, e o olhar, divagando, não fizesse vagar também o coração" (*Catequeses*, 10).

Os ambientes para as catequeses são as próprias comunidades, privilegiando os tempos litúrgicos e, no caso de Jerusalém, os mesmos dos acontecimentos da última semana da vida terrena de Jesus. Nos séculos II e III, não excluindo o IV, as heresias e confusões doutrinais pululam nos vários patriarcados, envolvendo patriarcas e teólogos e carregando consigo multidões de fiéis. Estas catequeses são propícias e basilares para o amadurecimento do conteúdo da fé e para o seguimento coerente da mensagem evangélica.

Visão geral das catequeses mistagógicas. Para definir melhor o conceito de "catequese mistagógica", faz-se necessário destacar alguns elementos comuns compreendidos como aprofundamento das verdades e mistérios cristãos e considerados instrumento do combate às heresias. O cristão, uma vez consagrado a Deus em uma comunidade concreta, não pode mais vacilar e tem a responsabilidade de ser modelo para os novos adeptos do cristianismo. Entre os vários itens do conteúdo catequético, os autores comparam os heréticos como servidores dos deuses pagãos, incapazes de atingir a verdade cristã. Para ilustrar os conceitos e os personagens cristãos, buscam nos personagens e ensinamentos do Antigo Testamento sua similitude. Esta tipologia é bem descrita por Agostinho de

Hipona ao afirmar que "o Antigo Testamento é o véu do Novo Testamento, e no Novo Testamento manifesta-se no Antigo" (*De catechizandis rudibus*, 4, 8).

A tipologia veterotestamentária é marcante para melhor compreender a doutrina cristã. A unidade entre os dois testamentos serve para combater as heresias e Cirilo se torna uma referência fundamental no enfrentamento aos heréticos. Cirilo de Jerusalém particularmente, mas também os demais autores deste modelo de catequese, estão preocupados com explicações de simples assimilação, sem expressar-se com termos teológicos. Termos como *homoousios* jamais foram adotados por Cirilo. Seus fiéis eram pessoas simples em processo de aprofundamento da própria conversão. Servem-se de metáforas e orientações para evangelizar e, também, dos fundamentos bíblicos. O apelo à coerência dos cristãos é fundamental, quando repete: "Vê que, sendo chamado fiel, tua intenção não seja de um infiel".

Depois da preparação imediata, com suas duas partes fundamentais, são feitas as várias catequeses. À preparação ascética, descrita na Catequese Preliminar, tocam o jejum, a penitência e a confissão como caminho de comunhão com Jesus Cristo e de inserção na comunidade. Na comunidade de Jerusalém, o jejum é praticado por 40 dias, sem interrupção, expressos na abstinência de carne e bebidas alcoólicas. Nos dias pascais, entendidos posteriormente como Semana Santa, o jejum implica redução da quantidade de alimentos. Para a penitência, Cirilo insiste que os fiéis "preparem seus corações para receberem as doutrinas e participarem dos sagrados mistérios". O apelo de Cirilo é incisivo: "Vós que estais cobertos com o manto das transgressões e estais ligados com as cadeias dos vossos pecados, escutai a voz profética que diz: 'Lavai-vos, purificai-vos' [...]. Quão excelente é confessar-se" (*Catequeses mistagógicas*, 7). Confessar-se é bem mais que elencar os pecados e fazer sacrifícios, redescobrir caminhos de aperfeiçoamento pessoal.

Considerando a diversidade de modelos, percebemos que as catequeses de Cirilo são dedicadas à formação pré-batismal, em número de 18, e outras cinco dedicadas ao período depois da iniciação cristã. As primeiras comentam o Credo em todos os seus artigos, ao passo que as demais tratam de doutrinas, ritos e cerimoniais dos sacramentos recebidos.

Temas das catequeses de Cirilo. Os estudiosos afirmam que estas catequeses foram escritas pelo próprio autor em taquigrafia, mas não é consenso, pois outros estudos arriscam que os textos preservados foram escritos por ouvintes que anotavam as pregações. Antes de iniciar os primeiros 18 temas, Cirilo apresenta uma alocução preliminar, solicitando acolhida às verdades da fé, para que sejam fecundas na vida dos fiéis. São dedicadas aos iluminandos (*photizomenoi*). Nestas catequeses iniciais, Cirilo fala do pecado e da penitência, seguindo o significado e os efeitos do Batismo. Na quarta catequese, Cirilo elenca a doutrina sobre a fé. Neste elenco, aponta o caminho da salvação, como a profissão de fé trinitária e a doutrina sobre o ser humano na história e sobre seu destino final. A Sagrada Escritura é fundamental para estas catequeses, e nelas ele explica todos os pontos do Credo Apostólico, aproximando-se das afirmações do Concílio de Constantinopla (381).

Depois de conhecidos os fundamentos da fé cristã, refinados nas proposições do Símbolo Apostólico, os fiéis participam de mais cinco catequeses (de 19 a 23) para explicar os rituais da Vigília Pascal. Estes mistérios antes sigilosos para os catecúmenos e agora revelados justificam o título de "catequeses mistagógicas". As duas primeiras servem para explicar o Batismo, a terceira apresenta o sentido da confirmação, a quarta toca o sentido da Eucaristia e na última o ritual celebrativo da Ceia Eucarística.

Elencamos os itens do conteúdo doutrinário das catequeses, explicados cuidadosamente por Cirilo:

1) Cremos em um Deus, Pai Todo-Poderoso, Criador do céu e da terra, de todas as coisas visíveis e invisíveis;

2) E em um Senhor Jesus Cristo, Filho Unigênito de Deus, gerado do Pai, Deus verdadeiro, antes de todos os séculos, pelo qual foram feitas todas as coisas;

3) Que veio na carne e se fez homem (da Virgem e do Espírito Santo);

4) Foi crucificado e sepultado;

5) Ressuscitou ao terceiro dia;

6) E subiu aos céus e está sentado à direita do Pai;

7) E virá na glória para julgar os vivos e os mortos, cujo Reino não terá fim;

8) E em um Espírito Santo, o Paráclito que falou nos profetas;

9) E em um Batismo de penitência para remissão dos pecados;

10) E em uma santa católica Igreja;

11) E na ressurreição da carne;

12) E na vida eterna.

Estes são os temas fundamentais que o neófito deve aprender e conservar de forma sigilosa, pois é direcionado apenas para os cristãos. Cirilo exorta dizendo aos eleitos: "Oferecemos-vos em poucos versículos o dogma inteiro da fé. Quero que o fixeis com as próprias palavras e o repitais convosco mesmos com todo o cuidado, não o escrevendo em papel, mas gravando-o na memória de vosso coração". As fontes destes ensinamentos são a Sagrada Escritura e a tradição. As doutrinas se referem à Unidade e Triunicidade do Deus cristão, à natureza divina e consubstancialidade do Pai, do Filho e do Espírito Santo, à criação do mundo e do ser humano, à imortalidade da alma, ao livre-arbítrio, aos novíssimos, à vida eclesial e aos sacramentos. Sua rejeição ao arianismo se nota na afirmação que se segue: "Cristo é verdadeiramente Deus. Ele é um com o Pai. Eles são um pela dignidade da divindade, [...] porque não há entre eles discórdia ou separação, pois não são umas as obras criadas por Cristo, outras as criadas pelo Pai". Afirma que o Espírito Santo tem personalidade distinta do Pai e do Filho, possuindo a mesma divindade. Não há separação na Santíssima Trindade, como tinha sido professado no Concílio de Niceia (325).

Ao ensinar sobre os sacramentos, explica seus rituais, efeitos, eficácia e personagens (autor, sujeito e ministro). Sobre o Batismo, afirma que somos batizados em Cristo e somos conformados ao Filho de Deus, o que se plenifica na Confirmação, pela qual somos "ungidos com o óleo, participantes e companheiros de Cristo" (*Catequeses mistagógicas*, 2, 3). Cirilo entende que o renascimento do ser humano se concretiza pelo sacramento da iniciação, pois "caíste na rede da Igreja (Mt 13,47), então deixa-te, portanto, apanhar vivo; não fujas, porque é Jesus que te prende no seu anzol, para te dar não a morte mas a ressurreição depois da morte. De fato, deves morrer e ressurgir (Rm 6,11.14)" (*Procatechesi*, 5).

Ao tratar da Ceia Eucarística, afirma ser alimento espiritual, pois "em forma de pão nos é dado o corpo, e em forma de vinho o sangue, para que te tornes, tomando o corpo e o sangue de Cristo, cocorpóreo e consanguíneo com Cristo" (V, I). Está claro na sua explicação que o pão e o vinho são a presença real de Cristo, pois "são, conforme a afirmação do Mestre, corpo e sangue" (VI, 1). Toda catequese mistagógica tem um ápice fundamental, que é a celebração eucarística.

BOGAZ, A. S.; COUTO, M. A.; HANSEN, J. H. *Patrística:* caminhos da tradição cristã. São Paulo: Paulus, 2014. p. 103-116; CIRILO DE JERUSALÉM. *Catequeses mistagógicas.* Petrópolis: Vozes, 1977; DROBNER, H. R. *Manual de Patrologia.* Petrópolis: Vozes, 2003. p. 308-313; MORESCHINI, C.; NORELLI, E. *História da literatura cristã antiga:* grega e latina. São Paulo: Loyola, 2000. p. 75-78; NOCENT, A. Batismo. In: DL, p. 109; MARROU, H.; DANIÉLOU, J. *Nova História da Igreja:* dos primórdios a S. Gregório Magno. Petrópolis: Vozes, 1966.

Cenobitas

Desde os primeiros anos do cristianismo, homens e mulheres se devotaram à oração, contemplação, evangelização e serviços religiosos e caritativos dentro do cristianismo. Se a nova comunidade se apresenta como um caminho de santificação e salvação, é fundamental o seu seguimento com conversão ao Cristo e coerência de vida. Estes primeiros seguidores radicais se constituíram em comunidades de vida, com propósitos singulares, procurando viver na radicalidade as propostas de Jesus de Nazaré. Os cenobitas fazem parte destes movimentos cristãos que assumiram um modelo de vida para viverem mais próximos do Reino de Deus.

Cenobita quer dizer o indivíduo que "vive em comunidade", a qual evoluiu mais tarde para *cenobium*, referindo-se ao mosteiro.

Para o cristianismo primitivo, cenobita é o monge que vive em comunidades distantes das populações, vivendo comunitariamente e sustentando os mesmos princípios, organizados ao redor dos lugares e regras comuns. Este modelo de vida e de consagração está presente em várias regiões, tanto orientais quanto ocidentais, e é a forma de vida monástica mais comum nas religiões. No cristianismo, este modelo de seguimento de Jesus Cristo marcou em quantidade e qualidade os patriarcados e sempre se caracterizou como vivência compartilhada no trabalho, nas orações e nos rituais litúrgicos.

Mística dos cenobitas. Os cenobitas se caracterizam pela vivência em um mosteiro, obedecendo a uma regra e seu abade. São os consagrados que vivem juntos, com permanência estável, sempre regidos por uma regra e um superior (abade), ao qual devem obedecer com rígida fidelidade. A *koinonia*, compreendida como comunhão plena de vida, ordena o grupo como uma Igreja particular, inspirada no seguimento a Jesus Cristo, como obediência ao Pai e em solidariedade com os irmãos. Os cenobitas são preparados para viverem na austeridade e experimentarem as bem-aventuranças, suportando as adversidades com mansidão e serenidade de espírito, garantindo a paz entre todos os membros do cenóbio. Bento descreve os cenobitas como fortíssima estirpe de cristãos cuja virtude da mansidão implica serem violentos consigo mesmos para vencer os próprios instintos e fazer o bem. São considerados servos do poder da luz para vencer as armas das trevas. São considerados filhos da luz e devotos da bem-aventurança da mansidão. "Felizes os mansos" é sua mais forte inspiração. A vida comunitária dos cenobitas é uma força para vencer os poderes do mal, pois todos se fortalecem com as mesmas tentações do maligno. De fato, os estudiosos consideram que a vida cenobítica é propedêutica para a vida anacoreta, que é vida de solidão em silêncio e oração nos ermos mais distantes. As virtudes do cenobita são a humildade e a obediência que edificam no espírito humano a mansidão, onde está o segredo da sua força.

Bento contrapõe às virtudes dos cenobitas e anacoretas os grupos dos sarabaítas e dos giróvagos, os quais, segundo o santo de Subiaco, não vivem as regras e os sacrifícios, antes são dados às baixas inclinações e à hospitalidade comodista. São, na sua metáfora bíblica, como nuvens vulneráveis levadas pelos ventos de suas próprias paixões (2Pd 2,17).

Por sua vez, os cenobitas procuram constantemente corrigir seu próprio espírito e aperfeiçoá-lo para viver com a consciência reta e santificada no verdadeiro seguimento dos Evangelhos. A verdadeira liberdade destes consagrados consiste na acolhida do amor de Cristo obediente e manso, tornando-se fortalezas do Reino de Deus no mundo. A mansidão é o caminho da força e da coragem. Os cenobitas em geral, particularmente aqueles beneditinos, vivem com entusiasmo e rigidez os votos e os compromissos dos monges. São os verdadeiros membros das fileiras monásticas que santificam os muros e as celas dos seus mosteiros. O monge não foge do mundo, mas, vivendo no mundo em estruturas comunitárias, é soldado que combate as agressões do mal, tornando-se combatente da fé em um mundo longe de Deus.

Origens do monacato cenobítico. De fato, o cenobitismo é considerado um dos modelos de vida consagrada mais presentes nos primeiros tempos da vida primitiva da Igreja cristã. Ao longo da evolução deste modelo de vida, encontramos Basílio de Cesareia (330-379), que considera o cenóbio como seguimento radical e autêntico dos Evangelhos. Por ser comunitário, este modelo se distingue dos modelos eremíticos, que propõem o distanciamento da vida social e a busca de Deus na solidão e no silêncio. Desde o princípio, as regras foram basilares para a vida comunitária, tendo também em Bento de Núrsia sua mais bem elaborada organização.

Voltando aos primeiros tempos das várias experiências de consagração, encontramos em Pacômio um importante representante. Esta corrente, que teve grande acolhimento popular a partir do século III, é uma resposta profética contra a secularização da Igreja. Além da motivação espiritual, a formação dos cenóbios nos desertos do Egito tem a ver com as situações políticas, econômicas e culturais do período. Uma vez que as estruturas religiosas se tornavam sofisticadas, milhares de cristãos convertidos preferiam viver sua fé na austeridade e pobreza dentro dos mosteiros. Mesmo que irregular antes do Édito de Milão (313), a influência do poder do mundo imperial romano suscitava as práticas monásticas.

O monaquismo cenobítico tem sua origem mais significativa no Egito, e os fatores políticos e sociais são determinantes, destacando o descontentamento com a dominação imperial romana. Assim, esta opção pelos mosteiros serve para escapar de dívidas, impostos ou perseguições judiciais. Muitas vezes, os monges eram antigos camponeses endividados e mesmo impostores sociais que buscavam no deserto fuga e desabafo para encontrar um novo estilo de vida. No auge deste monaquismo, o Império Romano estava em crise e o Egito era um território promissor. O Império impunha ao povo altos impostos, inflação e desvalorização da moeda, sendo que a consequência era a miséria dos camponeses. A atitude de afastar-se da realidade, como forma de fugir da realidade vigente (*anakhoretai*), influenciou também os cristãos para fugir das perseguições, sustentar sua fé e sobreviver às perseguições. Muitas vocações à vida cenobítica no Egito são consequência da difusão do cristianismo nas grandes cidades como Corinto, Roma, Jerusalém e Alexandria. Com certeza, a realidade social e a exploração política e econômica do Império sobre o Egito provocaram e fortaleceram a vida eremítica.

Desde os primeiros tempos, a vida cenobítica foi resposta à radicalidade do cristianismo. Os *monachos*, compreendidos como "solitários", que viviam nos desertos (*eremos*), buscavam fora das estruturas eclesiásticas a relação espiritual com Deus, sem intermediações de hierarquias. Portanto, na origem dos cenóbios encontramos os "Padres do Deserto", incrementados pela vida ascética com profundo rigorismo. Neste modelo, Antônio, o Grande, inicia a vida ascética vivida em comunidade. Neste caso, como em tantos modelos de seguimento cenobítico, a conversão pessoal é radical, e Antônio, o Grande, renuncia à sua herança (Qeman, sul de Mênfis, 251). A renúncia é fundamental para a prática do ascetismo e não se refere apenas aos bens materiais, como também aos bens culturais, intelectuais e privilégios. Quando Atanásio de Alexandria divulga a vida, espiritualidade e obra monástica de Antônio, os mosteiros multiplicam-se e crescem no Egito, tornando-se referência para os fiéis buscarem conselhos, encomendarem orações e suplicarem bênçãos.

Pacômio promoveu a criação de nove mosteiros, entre masculinos e femininos, e para estes teve o apoio de Maria, sua irmã. Os mosteiros foram conduzidos por ele mesmo. Ele se reunia sempre com os seus representantes para resolver as dificuldades e orientar a administração econômica e a sobrevivência das casas.

Inspirações fundamentais. A proposta do cenóbio passa a multiplicar os grupos anacoréticos, que seguiam um modelo particular, normalmente com um padre espiritual como líder e referência. Este exemplo é encontrado entre os grandes patriarcas no Antigo Testamento, entre eles Abraão, Moisés, Elias, bem como mulheres como Ester, Débora, Noemi. Mais ainda no Novo Testamento, como as diaconisas, os primeiros convertidos (Tito, Timóteo e outros) e naturalmente os discípulos. A forma de viver, na renúncia e na dedicação profunda a Deus, com sinais concretos de auto-oferenda, torna-se elemento fundamental dos grandes mestres da vida consagrada radical. Em todos os casos, referimo-nos à luta constante para elevar a alma humana e vencer as tentações dos prazeres mundanos, uma vez que esta mística pertence à essência da consagração dos cristãos que vão ao deserto para viver plenamente sua conversão. Quando escreve aos cristãos gálatas (Gl 5,17), Paulo insiste nas práticas ascéticas como jejuns, vigílias e silêncio para viver plenamente a opção fundamental por Jesus Cristo.

A realidade dos grupos consagrados do deserto que provocava individualismo e rivalidade entre os grupos e vícios de convivência, causou a elaboração de normas mais envolventes e gerais, para ordenar o tempo e a convivência dos membros confinados em lugares comuns. Entre estes, destaca-se o pioneirismo de Pacômio. Como grande reformador, elaborou regras precisas para os monges que haviam deixado suas vidas seculares a fim de seguir seu carisma. Pacômio conheceu o cristianismo quando servira ao exército imperial e promulgou regras monasteriais que, segundo a tradição contada por certo Paládio, monge na Palestina no século IV, recebera das mãos de um anjo. Ao escrever as regras, grande é a preocupação de Pacômio em superar o individualismo e a ineficácia dos monges em atender às necessidades de todos na comunidade.

Características da vida cenobítica. A vida cenobítica originária tem em Antônio, o Grande, e Pacômio modelos exemplares, apresentando estrutura rígida, forte sentido de hierarquia e obediência profunda, provavelmente herança de seus longos anos no exército romano. Os mosteiros daquela região pioneira eram formados por inúmeras edificações, protegidas por muralhas, com celas individuais e refeitórios, igrejas, cozinhas e bibliotecas comuns. Cada mosteiro era composto de um superior responsável e de um grupo de 20 a 40 membros. Alguns mosteiros chegavam a ter até 40 casas, que se organizavam em grupos de três a quatro casas, com um representante. Também tinham uma organização econômica baseada na partilha e no bem comum, seguindo inicialmente o modelo das aldeias egípcias, que viviam como um clã familiar que promovia a vida comum e a união pessoal de todos os monges. Como a maioria conhecia o idioma copta, era essa a língua comum dos mosteiros. Neles havia reuniões públicas em quatro sessões diárias (três durante o dia e uma à noite). Estas sessões eram realizadas em meio aos momentos de oração e refeição, especialmente as celebrações dominicais.

Além da preocupação com a sobrevivência dos mosteiros, tornando-os prósperos e autossustentáveis, a vida cenobita se preocupava com a formação e instrução dos monges para que pudessem ler as Escrituras e também fazer cópias dos textos para os demais monges. Assim, foram organizadas importantes bibliotecas locais. Esta é a gênese concreta da tradição centenária dos mosteiros como fonte e centro da cultura e do conhecimento.

Este conceito implica uma vida saudável e partilhada, com sacrifícios relativos à própria saúde. Jamais o monge deve fazer mais jejuns que sua saúde suporta. Bem curiosa na vida cenobítica, especialmente nos mosteiros pacomianos, era a *koinonia*, com renúncia aos bens não necessários à sóbria convivência. Os monges eram classificados em 24 seções, seguindo o próprio comportamento. Seguiam como símbolo das seções as letras do alfabeto. Os melhores eram a primeira letra, e os menos virtuosos recebiam a última letra, convocados sempre a sacrifícios. Embora nos primeiros tempos os monges fossem respeitados em sua própria vontade e na sua personalidade, com o crescimento e a massificação dos mosteiros a figura do abade se tornou imperativa e passou a cobrar obediência plena e renúncia aos desejos pessoais. Esta mudança na vida cenobítica é bem evidente nas regras de Basílio (360). O monaquismo tornou-se fortemente comunitário. A inspiração deixou de ser a solidão do deserto, conforme o tempo de retiro desértico de Elias (1Rs 19), passando a ser o modelo de comunidade defendida pelos primeiros apóstolos (At 2).

A vida cenobítica no modelo de Pacômio não era apreciada pela Igreja, pois a multidão de monges anacoretas era muito livre, sem estruturas e pouca jurisdição, com vivência espontânea dos valores cristãos de austeridade e renúncia. Apesar da parca integração institucional, os anacoretas eram valorizados, pois gozavam de grande prestígio popular na região. Foi diferente com as regras de Bento de Núrsia e Basílio de Cesareia, mas por séculos os anacoretas pacomianos resistiram à elaboração e submissão a regras mais rígidas, pois acreditavam sempre na boa vontade e na conversão dos próprios monges. Ocorreu que, séculos mais tarde, foram obrigados a se integrarem aos demais mosteiros, particularmente os cistercienses. A vida cenobítica resistiu ainda ao ministério sacerdotal ordenado ao longo dos séculos, também porque os monges sempre preferiram maior liberdade em relação à hierarquia eclesiástica. Importa para a vida cenobítica a espiritualidade ascética, a vida solitária no deserto, vivida em solidariedade com os demais irmãos. Nos diversos modelos, sintetizados em duas linhas distintas (Pacômio e Basílio), viveram sempre como consagrados a Deus, imitando Jesus Cristo em oração, contemplação e santidade no deserto.

CÁNOPI, A. M. *Mansuetudine:* volto del Monaco. Noci: Scala, 2007. p. 23-25; FRIGHETTO, R. *Cultura e poder na Antiguidade tardia ocidental.* Curitiba: Juruá, 2000; GOMEZ, J. A. *Historia de la vida religiosa:* desde las orígenes hasta la reforma cluniacense. Madrid: Instituto Teológico de las Religiones, 1987; MONDONI, D. *O cristianismo na Antiguidade.* São Paulo: Loyola, 2014. p. 100-104.

Christotókos

Não podemos tocar este tema sem adentrar as contendas doutrinais e teológicas que contrapuseram as discussões sobre a pessoa humano-divina de Jesus e sua relação com Maria, a Mãe de Deus. *Christotókos* se aproxima de *Antropotókos* (*Jesustókos*) e *Theotókos*. Estamos diante da construção da compreensão da figura de Maria em uma longa discussão entre Nestório, do patriarcado de Constantinopla, e Cirilo, de Alexandria. Tais discussões perpassaram o século IV e adentraram o século V, finalizando parcialmente as discussões no Concílio de Éfeso (431).

Filho de persas, nascido em Germanícia – Ásia Menor (381), Nestório foi um importante monge e sacerdote em Antioquia, sob orientação de Teodoro de Mopsuéstia. Tornou-se bispo em Constantinopla sob o comando de Teodósio II (408-450), fascinado por sua grande reputação em razão de sua oratória eloquente. Lutou ardorosamente contra os heréticos arianos, pois era defensor incontestável do Credo de Niceia. Teodoro II o seguiu na condenação sumária aos cismáticos, especialmente aos arianos, mas também aos novacianos e pelagianos.

Desde seus primeiros sermões (a. 428), Nestório condenava claramente o título *Theotókos* para explicar a encarnação do Verbo divino. No entanto, Eusébio, ainda leigo, antes de se tornar o bispo de Dorileia (Ásia Menor), passou a criticá-lo por sua posição sobre a figura de Maria, assim como Filipe de Sidetes e Proclo, que o acusavam de herético. Portanto, como a discussão foi se tornando cada vez mais ampla e popular, Cirilo de Alexandria destacou-se como opositor voraz de Nestório. Por certo, em razão de o centro da discussão ter sido sempre cristológico, relacionando a pessoa de Cristo, sua unidade e sua filiação de Maria, a rivalidade entre os dois patriarcados fomentou a discussão doutrinária. Desse modo, a questão doutrinal animou a disputa entre Jerusalém e Alexandria. A força moral e política de Alexandria sobre o Egito e a Líbia, que dava poder às paróquias e mosteiros, concedeu mais poder ainda a Cirilo. Nessa situação, contou também a distribuição de alimentos que Alexandria fazia no Norte da África. Alexandria era o centro econômico na região naquele período, porém Constantinopla se converteu em residência imperial e, por ter sido a sede do Concílio (381), essa situação influenciou enormemente a discussão desse conceito e sua definição doutrinária.

Pelo fortalecimento eclesiástico de Constantinopla, que passou a ser uma sede de símbolos, Nestório sente-se fortalecido para contrapor-se ao patriarcado de Alexandria e às posições teológicas de Cirilo, seu principal representante. De sua parte, o patriarca de Alexandria desafia a soberania de Constantinopla, e assim a controvérsia doutrinal é influenciada pela disputa de poder nos campos político e eclesiástico. O confronto e a tentativa de supremacia de

Cirilo sobre Nestório geram um ambiente tenso e de autoafirmação de ambas as partes. Desse modo, Nestório não se retrata diante da ameaça de Cirilo e, depois do Concílio de Éfeso (431), que condenou como herética sua doutrina sobre o *Christotókos*, é deposto de seu ministério episcopal e exilado em Antioquia, em um mosteiro local. Para entender o processo, o imperador Teodósio II (436) o exilou em Tebas (Egito) até sua morte (451).

Fundamentos escriturísticos de Christotókos. O *Corpus nestoriano* (15 cartas e 30 sermões) desenvolve uma cristologia que contém o tema da maternidade divina de Maria e defende com argumentos teológicos a doutrina do *Christotókos*. Concentra-se nos fatos e nas ações de Jesus e em sua perspectiva histórica. Nestório faz distinção entre Deus como Logos e Jesus como ser humano. Em sua teoria, separam-se as duas realidades, como se fossem duas pessoas distintas, com atributos, condições e atitudes diferentes. Separa-se o homem, que tem tentações e mesmo dúvidas, do Deus-logos, que realiza milagres, mesmo que nem sempre sejam tão evidentes. Nestório defende suas doutrinas na obra *Livro de Heráclides*, escrito durante seu exílio no Egito, entre 436 e 451, depois de ter sido expulso por Teodósio II, uma vez que suas ideias foram condenadas no Concílio de Éfeso (431). Ao explicar suas teorias, contrapõe a noção de "conjunção" à noção de união das duas naturezas, como era defendida por Cirilo de Alexandria. Ele escreve que "nós damos ao Cristo encarnado o nome de Deus por causa de sua conjunção com Deus e o Verbo, porque reconhecemos por homem aquele que é visível" (Nestório, *Livro de Heráclides*, 282). Jesus, o homem de Nazaré, segundo ele, nasceu de Maria e foi crucificado nos dias de Pôncio Pilatos. Assim, Jesus nasceu da Virgem Maria como homem, de acordo com a lei da natureza humana, criado de uma mulher, e sua entrada no mundo deu-se por uma mulher, segundo a lei dos filhos dos homens: "Ele estava sob a lei, para remir os que estavam sob a lei, a fim de que fôssemos adotados como filhos" (Gl 4,4-5). Para confirmar sua doutrina sobre a maternidade de Maria, Nestório continua afirmando que Jesus foi formado da própria natureza, nas mesmas condições de Abraão. Ele foi o primeiro a ressuscitar dos mortos e, assim, transformou a vida humana em imortal e imutável. A grandeza de Jesus está no fato de que ele foi crucificado, morto e ressuscitado, e, com essa ação propiciada pelo Pai, garantiu a salvação para toda a humanidade. Contudo, é fundamental enfatizar a natureza humana de Jesus, baseada na sua constituição biológica, como filho de Maria e da descendência de Adão.

Com conceitos filológicos, dos quais se serviam os padres e os concílios para apresentar e defender suas doutrinas, Nestório compreende que, se Deus é imutável, é impossível haver união substancial hipostática de duas naturezas essencialmente diferentes, a humana e a divina.

A concepção do conceito de *Christotókos* defende que não pode haver integração hipostática absoluta; assim, considera quatro modelos de união: "união de habitação", pelo qual o Logos veio à terra e habitou no corpo de Jesus; "união de afeição", que compreende a relação entre Deus e Jesus como a de dois amigos; "união de operação", concretizada quando o Logos se serviu da humanidade de Jesus para cumprir seu propósito; e, finalmente; "união de graça", considerando que a união do Verbo divino à pessoa humana de Jesus só é possível por meio da graça. Como consequência de sua cristologia, Jesus Cristo não apenas possui duas naturezas como também duas filiações distintas, uma vez que nasceu de Maria, que é sua filiação humana, e foi gerado por Deus, como filiação divina. As palavras de Nestório são bem claras nesse sentido: "Nosso Senhor Jesus Cristo é uma divindade consubstancial com o Pai, sendo este criador da bem-aventurada Maria e o criador de todas as coisas. No entanto, na sua humanidade, Jesus é o Filho de Maria Santíssima; no entanto, ele é o Nosso Senhor Jesus Cristo, duplamente divino e homem. Jesus de Nazaré não poderia ser chamado de Deus, pois seria apenas um homem em que Deus habitava (Logos), e Maria não poderia ser intitulada mãe de Deus (*Theotókos*), porém mãe de Jesus, isto é, *Christotókos* ou *Anthropotókos*".

Enquanto *Theotókos*, Deus viveu o mistério da paixão, morte e ressurreição na pessoa de Jesus Cristo. Na doutrina de Nestório, porém, Deus não pode ter sofrido e morrido. Somente o homem Jesus pode ter vivido esse processo plenamente humano. No que se refere à encarnação de Jesus, afirma ele que seu nascimento não tem caráter divino, pois veio ao mundo de forma natural, nascido de uma mulher de forma natural. Maria deu à luz Jesus, como ser humano.

Em contraposição, os padres alexandrinos, seguindo a doutrina aprovada no Concílio de Éfeso, confirmam a divindade e a unidade da pessoa de Jesus Cristo. O conceito *lógos-sarx* confirma que o Logos divino assumiu o corpo humano de Jesus na sua encarnação, pois a Palavra de Deus afirma que "o Verbo se fez carne e habitou entre nós" (Jo 1,14). Também esta verdade se repete quando Paulo escreve "que, sendo em forma de Deus, não teve por usurpação ser igual a Deus, mas esvaziou-se a si mesmo, tomando a forma de servo, fazendo-se semelhante aos homens e, achado na forma de homem, humilhou-se a si mesmo, sendo obediente até à morte, e morte de cruz" (Fl 2,6-8). A contenda entre Nestório e Cirilo de Alexandria se encerra, uma vez que a apologia de Nestório não é acolhida e ele morre no exílio, sempre convicto de suas ideias. Se, por um lado, ele temia que a figura de Maria fosse deificada, por outro, Cirilo consolida uma forma apoteótica de Maria como *Theotókos* que prevalecerá na Igreja ao longo dos séculos.

BOGAZ, A. S.; COUTO, M. A.; HANSEN, J. H. *Patrística:* caminhos da tradição cristã. São Paulo: Paulus, 2014. p. 181-186; DROBNER, H. R. *Manual de Patrologia*. Petrópolis: Vozes, 2003. p. 450-460; FRANGIOTTI, R. *História das heresias*. São Paulo: Paulus, 1995. p. 123-134; MONDONI, D. *O cristianismo na Antiguidade*. São Paulo: Loyola, 2014. p. 175-161; MORESCHINI, C.; NORELLI, E. *História da literatura cristã antiga:* grega e latina. São Paulo: Loyola, 2000. p. 181-187; SPANNEUT, M. *Os Padres da Igreja II*. São Paulo: Loyola, 2013. p. 94-95.

Cisma

O termo "cisma", que se origina do grego, se refere a toda separação ou desunião entre dois grupos consistentes que tomam rumos diferentes em seus princípios, provocando uma separação institucional. Essa divergência de opiniões em questões fundamentais acontece quando um indivíduo ou um grupo decide separar-se de seu grupo originário, normalmente comunidades religiosas, mas também podem ser cismas políticos ou civis. Muitas vezes, o cisma se refere a proposições doutrinais, como também pode estar vinculado ao pertencimento de uma comunidade profana ou religiosa, basicamente eclesiástica. Distinguimos, então, o conceito de cisma do de heresia. O primeiro é um pecado contra a fraternidade e o segundo, um pecado contra a fé. De qualquer forma, tanto o cisma quanto a heresia promovem a separação e a ruptura dos indivíduos ou do coletivo, em termos institucionais.

Dentro do cristianismo, os cismáticos, pessoal ou coletivamente, decidem professar partes da doutrina e de seus cultos diferentemente de sua tradição, e se afastam espontaneamente ou são excomungados pelas autoridades do grupo original, passando a constituir um novo grupo, confessando doutrinas essencialmente divergentes, posturas disciplinares ou morais contraditórias e cultos com outros símbolos e textos sagrados. No cristianismo, por exemplo, os novacianos ou donatistas divergiram nas práticas morais, enquanto o pelagianismo e o arianismo divergiram nas doutrinas e nos dogmas. Os cismas nas comunidades cristãs não foram percebidos nos momentos dos conflitos, e somente no final do processo cismático pôde ser caracterizado de forma mais objetiva o conteúdo da separação.

Indícios bíblicos. Por mais que seja insustentável a unidade nos processos de discussão dos grupos religiosos, o cisma é sempre uma experiência traumática, que deixa longos períodos de ressentimentos, que sobrevivem aos séculos. O cisma foi mais forte nas comunidades religiosas durante os anos da Patrística, quando a comunidade buscou manter a unidade como elemento fundamental nos seus pontos essenciais, quais sejam: nas doutrinas, nas disciplina, nos códigos morais, nos rituais litúrgicos e nas normas sacramentais. No cristianismo primitivo, tais acontecimentos foram sentidos sempre como grave ruptura, quando os membros cismáticos tomam um caminho diferenciado e rejeitam a tradição histórica da comunidade. Nos casos cismáticos da comunidade cristã primitiva, essas experiências de separação por questões essenciais da Igreja foram acontecimentos tão grandiosos que se realizaram mediante contendas, agressões, violências verbais e físicas, e, fato incomum, até com a morte de lideranças. Por certo, os grupos mais poderosos que têm o poder constituído servem-se de muitos mecanismos para derrotar os novos inimigos, como a persuasão, a exclusão dos quadros eclesiásticos, os exílios e as perseguições, servindo-se para isso, quando possível, do poder civil e político.

A insistência na unidade, tão presente nas pregações do próprio Cristo, deixa mais dolorosa toda ruptura dentro da comunidade cristã, que percebe nos cismas uma grande falência de sua hegemonia e de sua força dentro do contexto social e religioso de cada época. O discurso sacerdotal de Jesus, que clama: "Pai santo, guarda-os em teu nome, que me encarregaste de fazer conhecer, a fim de que sejam um como nós" (Jo 17,11), deixa evidente a preciosidade da comunhão plena entre seus seguidores. Não é diferente na imagem metafórica de Paulo, quando mostra a unidade substancial dos fiéis convertidos a um corpo que se integra e se valoriza mutuamente (1Cor 12,12-14). Com estas passagens inscritas na própria Palavra de Deus, toda divisão dentro da Igreja é muito mais que uma divisão institucional; é uma traição ao projeto de Cristo, que trata a comunidade como "corpo místico". Toda ruptura é uma traição à unidade representada como mistério do corpo de Cristo. Quando o cristianismo assume em seu corpo eclesiástico a diversidade de línguas, etnias, religiosidades e culturas, presume uma unidade essencial na sua doutrina e na sua organização governamental. Tantos outros grupos humanos e, sobretudo, religiosos integram etnia, religiosidade, origens e Estado, não acolhendo divergências em seus quadros. No cristianismo, a fé em Cristo e o seguimento da sua mensagem essencial são suficientes para manter sua unidade.

Nas primeiras décadas da Patrística, a vivência fraterna dos fiéis e das comunidades é fundamental. Uma vez que os itens da doutrina não eram bem definidos e sistematizados, e nem mesmo a formatação definitiva do cânon bíblico, não se nota limites para a diversidade. Não está ainda definida a identidade institucional da comunidade cristã; assim, os temas são discutidos a cada nova situação. Recordemos a discussão entre Tiago, da Igreja de Jerusalém, e Paulo e Barnabé, de Antioquia (At 15). A discussão foi acalorada e seus representantes tiveram a nobreza de discutir e chegar a um consenso, evitando, desse modo, uma primeira ruptura dentro da comunidade. Os apóstolos são os referenciais, e a solução que encontraram foi assumida por todas as comunidades. Para a solução desse fato, cujo argumento era passível de cisma, Paulo relata sua conclusão na Carta aos Gálatas: "Quanto aos que eram de autoridade – o que antes tenham sido não me importa, pois Deus não se deixa levar por consideração de pessoas –, estas autoridades, digo, nada me impuseram. Ao contrário, viram que a evangelização dos incircuncisos me era confiada, como a dos circuncisos a Pedro, porque aquele cuja ação fez de Pedro o apóstolo dos circuncisos fez também de mim o dos pagãos. Tiago, Cefas e João, que são considerados as colunas, reconhecendo a graça que me foi dada, deram as mãos a mim e a Barnabé em sinal de pleno acordo: iríamos aos pagãos, e eles aos circuncidados. Recomendaram-nos apenas que nos lembrássemos dos pobres, o que era precisamente a minha intenção" (Gl 2,6-10).

Naquele período, a visão mística e querigmática das pregações era predominante e não definida por categorias helênicas, permitindo que a visão mais conciliadora fosse a melhor solução.

Primeiras contestações formais. Irineu de Lião define os limites da ortodoxia, fazendo com que os transgressores fossem considerados cismáticos. No seu tratado *Contra as heresias* (Livro I, 10, 2), defende a unidade da Igreja seguindo os critérios da uniformidade da fé, da tradição e do ensino, independentemente das distinções linguísticas. São cismáticos os grupos que seguem doutrinas heréticas, basicamente o gnosticismo, que invadiu muitas comunidades e teólogos de seu tempo. Mais que todos os outros elementos, a unidade da doutrina é o selo fundamental da autenticidade da verdadeira Igreja. Irineu de Lião faz parte de uma fileira de teólogos que se preocupam com a ortodoxia fundamentada na doutrina. Para Orígenes, duas virtudes são importantes para os cristãos, que são a unidade e a comunhão (*Homilias sobre Ezequiel*, 9,1). A diversidade e a ruptura são provocadas pelo pecado trazido pelas heresias, pelos cismas e pelas divisões. Do ponto de vista espiritual, os cismas e as rupturas são frutos do pecado que habita o mundo desde sua criação, sendo que a uniformidade é fruto da graça e a diversidade, do pecado. A partir destas concepções de ortodoxia e heresia, promotoras da unidade e do cisma, respectivamente, a Igreja se pauta pelo critério dos dogmas. As rupturas clássicas e históricas da Patrística são consequências das controvérsias trinitárias, cristológica, pneumatológica, mariológica, entre outras tantas.

O cisma é consequência de uma controvérsia, mormente doutrinal, porém nem todas as divergências promoveram separações, pois algumas delas foram relevadas, superadas ou mesmo assimiladas por ambos os lados. Compreendemos, então, que existem outros elementos que podem influenciar para que ocorreram cismas, como questões políticas, personalidades difíceis e situações econômicas. É possível mesmo afirmar que, na maioria das vezes, para além das disputas teológicas, estavam envolvidas defesa do poder e disputas por privilégios. Sendo assim, embora fossem legítimos do ponto de vista doutrinal, expressavam ainda choques entre líderes e comunidades para afirmar superioridade cultural ou religiosa, como testemunhamos entre Antioquia, Alexandria,

Roma e mesmo Jerusalém. Além das questões doutrinais, para Eusébio de Cesareia, a ortodoxia vinha da sucessão apostólica e dos ministros legítimos, pois é a autoridade constituída no patriarcado ou no Concílio que garante a ortodoxia, restando para o opositor a condição de cismático.

Evolução paradigmática dos cismas. Os cismas tiveram formatações diferentes durante os séculos da Patrística. No século III, quando o imperador Décio (249) obrigou os cristãos a oferecer sacrifícios aos deuses imperiais, nem que fosse apenas uma queima de incenso diante de uma testemunha romana, muitos cederam e cometeram a apostasia. Esses cristãos recebiam um certificado (*libellus*), mas muitos deles, mais abastados, negociavam para que seus nomes não fossem anotados nos livros. Os cristãos fiéis, por sua vez, acusavam tais *libettalici* de sacrílegos e covardes, por traírem a comunidade. O ato cismático era automático no oferecimento do sacrifício, mas também na covardia diante do martírio. Os rigoristas exigiam que os cristãos que cometiam sacrilégios perdiam a graça do Batismo e deveriam ser rebatizados. Em muitos casos, nem admitiam o retorno dos afastados, gerando uma situação complexa, sobretudo, nas Igrejas de Roma, Alexandria e Cartago. Tão dolorosa quanto a perseguição de Décio foi a perseguição dentro das comunidades, causando grandes conflitos internos. Essa situação, que define a complexidade dos cismas, gerou um quadro inusitado. Com a morte do Papa Fabiano (250, Roma), os rigoristas apontam para o cargo o presbítero Novato († 258), enquanto os menos rigoristas que acolhiam os "lapsos" indicam Cornélio († 253), que foi o escolhido na sucessão. Para Cornélio, bastava uma confissão pública para os lapsos, mas os rigoristas não concordaram e se iniciou uma grande rivalidade entre os dois grupos.

Cisma

A revolta de Novato e seus partidários dividiu a Igreja de Roma. Novato foi ordenado bispo sem os procedimentos canônicos e exigiu a renúncia de Cornélio; fato inconcebível e facilmente promotor de cisma, pois não é possível ter dois papas ou dois bispos em Roma, nem aceitável que um presbítero fizesse oposição a seu bispo. Novato é considerado o primeiro antipapa. Estamos diante de um grande cisma, pois os "novacianos", seguidores de Novato, não se reintegraram à Igreja e formaram uma Igreja independente. Mesmo que no Concílio de Niceia (325) tenham assumido o Credo, continuaram sendo dissidentes do ponto de vista disciplinar.

Cismas e excomunhão. Outro modelo de cisma na Patrística é a controvérsia das Igrejas do Norte da África, sobretudo no século IV. Naquele século, as Igrejas locais da África testemunharam muitos martírios. Os testemunhos dos mártires revelam o grande apreço pela Igreja e a devoção pelos que foram sacrificados pela fé. No início do século IV (303), o poder imperial tornou-se mais agressivo contra os cristãos, sobretudo ateando fogo nos lugares de culto, destruindo cópias da Bíblia ou destruindo ou confiscando objetos usados nas celebrações. A coragem dos fiéis e do clero para resistir ao martírio é impressionante. Por certo, esses movimentos de perseguição também contribuíram para o enfraquecimento do poder imperial, pois os chamados "povos bárbaros" deixaram de se submeter ao exército romano. Nesse contexto, surgiram os cristãos mais radicais, adeptos de mentalidade martirial, e os cristãos moderados, acusados de traidores, mesmo porque entregavam os livros sagrados e também denunciavam os outros cristãos. Os mais radicais eram liderados por Donato de Casae Nigrae († 355), que não aceitava a volta dos lapsos, nem mesmo depois do reinado de Constantino (311) e seu Édito de Milão (313). Está delineado mais um capítulo do cisma, que se caracteriza pela rejeição dos cristãos moderados, tanto na sua volta à comunidade como no Batismo. Os donatistas impunham aos cristãos lapsos leigos um novo Batismo e aos clérigos, novas ordenações. Com essa atitude, os adeptos de Donato rejeitam os antigos presbíteros e bispos e organizam uma hierarquia própria, excluindo o antigo clero.

Dentro dos meandros desta história, advém uma questão muito curiosa, própria dos movimentos cismáticos: identidade dos cismáticos. O bispo Ceciliano († 345) tenta pacificar a questão, mas os donatistas rejeitam os moderados (Ceciliano e mais tarde Agostinho de Hipona) e se consideram eles mesmos os verdadeiros cristãos. Quem é, afinal, cismático ou mesmo herético? Para os donatistas, os moderados estavam conchavados com o Império de Constantino, e, para os moderados, os donatistas não pertenciam à sucessão apostólica. Esse cisma comporta um postura cultural e política, uma vez que os donatistas defendem a cultura norte-africana e seu episcopado, enquanto os seguidores de Ceciliano abriam-se à cultura romana ocidental. O radicalismo dos donatistas não suportava que o clero e a Igreja africanos acolhessem as estruturas imperiais e os costumes do Império. Contamos ainda com mais um ponto de dissensão, uma vez que as comunidades mais simples do campo tendiam mais para o cristianismo simplista dos donatistas, ao passo que as comunidades urbanas se integravam mais facilmente à forma de viver do ocidente romano.

Na esteira dos cismas, com suas diferentes características, consideramos ainda as contendas do século V, que foram muito envolventes e agressivas. Entre elas, destacamos, sobretudo, a disputa entre os seguidores de Nestório (386-451) e aqueles de Cirilo de Alexandria. A santidade de Nestório, sua austeridade, piedade e eloquência seduzem multidões de fiéis, sobretudo porque, no início de seu ministério episcopal em Constantinopla

(428), contou com o apoio do imperador Teodósio II (401-450). Todos os manuais de história da Igreja antiga descrevem esses anos conturbados do cristianismo, em que a fé e a doutrina são pretextos para disputas dogmáticas muito profundas, gerando cismas violentos. A violência era justificada, pois os fiéis mais radicais acreditavam que os males dos cismas eram maiores que os males da violência. Conta-se que um monge egípcio, chamado Shenoute de Atripe (385-466), abade de um mosteiro local, invadiu a casa de um aristocrata e destruiu todos os ídolos. Ao ser acusado de invasão e violência, defendeu-se afirmando que "não existe crime para quem vive em Cristo". Por certo, por trás do cisma podem estar fortes indícios de fanatismo e incapacidade de dialogar e relevar as próprias posições dogmáticas ou eclesiásticas. No caso típico da identificação do cisma na África do Norte, particularmente na Numídia, os bispos gozam de grande poder popular e também institucional local e servem-se da acusação cismática para contestar e afastar os adversários.

Cisma e poder. Por certo, o cisma é um ato sectário que promove a divisão e o enfraquecimento das duas partes, mas também é o caminho para resolver as divergências nos campos social, cultural, doutrinal e litúrgico. As distinções das diversas regiões, com suas marcas sociais, políticas e étnicas, alimentam as posições grupais que levam ao cisma. Por certo, a influência dos vários contextos e interesses é forte na provocação dos cismas. Em todos os casos, sempre se trata de um processo doloroso para os cristãos envolvidos e de um contratestemunho para os que estão fora das comunidades. Mesmo assim, iniciado o processo de disputa, os ânimos se acirram e a busca pela vitória torna-se atroz e obsessiva. Isso é mais forte no tempo da cristandade, quando os patriarcas e bispos, sucessores humildes dos apóstolos, se tornaram verdadeiros príncipes romanos, ocupando sedes episcopais luxuosas e privilegiadas que tinham de ser defendidas contra adversários e rebeldes.

Outro acento bastante deselegante é que as correntes dos vencedores confirmam suas vitórias depreciando as posições adversárias. Desse modo, existe uma caricatura das posições dos perdedores, carregados ao longo da história como infiéis e inconsequentes.

A relação do cisma com a heresia é muito estreita, pois quase sempre os cismáticos assumem posturas doutrinais contrárias a sua comunidade original. Para Basílio, os heréticos sempre se separam da fé e das práticas rituais, bem como da comunidade oficial, por questões disciplinares e eclesiásticas (Basílio Magno, Ep. 188, cân. 1). Compreendemos que o cisma é um desacordo com a hierarquia em relação às normas eclesiásticas, como no caso da penitência ou acolhida dos lapsos ou doutrinais, como nos casos de heresias cristológicas. Os sínodos e concílios dos primeiros séculos (Niceia: 325; Laodiceia: 345, Constantinopla: 381; Cartago: 419) definiram as normas e punições referentes aos processos cismáticos. Em todos os casos, o cisma comporta a destituição do ofício e a excomunhão, e muitas vezes a punição é uma grande perda para a comunidade e provoca rupturas difíceis de superar.

BROWN, P. *A ascensão do cristianismo no Ocidente.* Lisboa: Presença, 1999; COMBY, J. *História da Igreja:* das origens ao século XV. São Paulo: Loyola, 2001. p. 117-134; FIGUINHA, M. C. *Servos de Deus.* São Paulo: Annablume, 2009; FRANGIOTTI, R. *História das heresias.* São Paulo: Paulus, 1995. p. 137-141; MARGUERAT, D. *A primeira história do cristianismo.* São Paulo: Paulus/Loyola, 2003.

Collegium illicitum

A história do cristianismo nascente está profundamente relacionada aos judeus, sobretudo nos primeiros tempos, e aos romanos, por todos os vários séculos da Patrística. Nesse contexto, as comunidades cristãs elaboraram suas estruturas, ritos e a organização eclesiástica. O martírio, com certeza, foi um dos elementos mais fortes e influenciadores dessa elaboração eclesial nos três primeiros séculos e o decreto do *collegium illicitum*, um fator preponderante na vida dos primeiros convertidos ao Nazareno. A interferência grave do Império tocou a vida dos cristãos, bem como as relações entre as duas comunidades oprimidas, judeus e cristãos. Naquele período, os hebreus se reafirmam no judaísmo rabínico para contornar a perda do templo, com sua destruição definitiva (70), assim como os cristãos buscam nas formas filosóficas a legitimação da fé cristã. Esse quadro de apologia define claramente a realidade dos primeiros séculos do cristianismo em todo o Império Romano. A repressão violenta do Estado provocou mudanças sociais e políticas no universo religioso, sobretudo entre os judeus e cristãos. A percepção da presença dos cristãos e suas influências na vida social preocupam as autoridades romanas, sobretudo considerando que o século de ouro (século II) é marcado pela estabilidade e pelo equilíbrio nas estruturas imperiais. A ascensão dos governantes nas províncias romanas, as funções administrativas e as elites municipais bem estabelecidas propiciam aos seus representantes forte repressão a todos os tipos de dissensão e rebeldia, como se percebe entre os fiéis cristãos. Os senadores e todos os poderes regionais e locais são poderosos e comandam legiões capazes de reprimir os movimentos político-religiosos, pela atuação dos procuradores. De um lado, a grande classe plebeia de povos colonizados, na qual se concentram os cristãos, e, do outro lado, os cidadãos romanos com privilegiada situação econômica e social. Surgem as aristocracias provinciais paralelas às antigas aristocracias senatoriais.

Cristãos no contexto romano e judaico. Os poderes romanos percebem a distinção entre o judaísmo e o cristianismo, e a expansão do cristianismo provoca reações nas autoridades romanas. As narrativas de Plínio, o Jovem, revelam que o cristianismo não é mais simplesmente um culto mistérico às margens do Mediterrâneo, mas uma religião que influencia os povos nos campos e nas cidades. Os cristãos começam a ser levados aos tribunais e os governantes das províncias pedem socorro ao conselho imperial. No processo desses inquéritos, depois de três inquisições, os cristãos que confirmavam suas posições religiosas eram executados. Um pouco diferente era o processo dos cidadãos romanos, os quais eram submetidos a um novo julgamento em Roma. A carta que Plínio escreve a Trajano (112) mostra o início das perseguições. Não está claro ainda se a condenação dos cristãos se dá pela simples constatação das "infâmias religiosas e políticas" ou se devem existir outros delitos para efetivar a condenação. Em outras palavras, questiona-se se o *nomen christianum* é suficiente para a execução penal. Aos poucos se desenvolve a tese de que os cristãos são obstinados e dispostos a morrer por suas crenças e pela infidelidade ao poder romano. A proposta do Império era que os cristãos oferecessem sacrifícios aos deuses e repudiassem o nome de Cristo, proferindo blasfêmias. Para os romanos, os cristãos, particularmente entre os escravos, acreditavam em superstições e os casos deveriam ser analisados e julgados nas províncias. Os cristãos não seriam procurados pelas milícias romanas, mas, quando denunciados, ainda que anonimamente, seriam interrogados e condenados. Esse caminho de perseguição, ainda incipiente no limiar do século II, faz com que Tertuliano questione: "Se os cristãos são culpados, porque não os perseguir; e, se são inocentes, porque puni-los?" (Tertuliano, *Apologia II*, 8).

Formatação do collegium illicitum. Depois de Trajano, Adriano (117-138) se preocupa com a ordem no Império e não focaliza a questão dos cristãos com obsessão. Ele escreve a Mimício Fundano: "Se alguém acusa os cristãos e demonstra que realizam alguma coisa contra as leis, determina a pena, conforme a gravidade do delito. Porém, por Hércules, se a acusação é pura calúnia, castiga-o com maior severidade e cuida para que não fique impune" (Justino de Roma, *Apologia I*, 68, 5-10). Desse modo, o *collegium illicitum* está traçando seus primeiros critérios, pois o imperador Adriano orienta que os cristãos devem ser julgados em um tribunal criminal e condenados apenas se cometeram crimes contra as leis romanas. As falsas acusações deveriam ser castigadas, pois muitos cidadãos romanos denunciavam os cristãos para que fossem eliminados e pudessem tomar seus bens. Esse pensamento foi seguido por Antonino Pio (138-161), o qual governa com sabedoria e muito discernimento, permitindo que os cristãos organizassem suas catequeses e sua vida litúrgica. Basta recordar que nesse período Justino de Roma abre sua Escola de Filosofia e os cristãos ganham melhor cidadania, a ponto de este apologista escrever a Antonino Pio defendendo os cristãos, que são "injustamente odiados e caluniados", humilhados por boatos maldosos. Estamos ainda normalmente no nível de perseguições locais e intermitentes. De fato, desde os tempos de Nero, que incendeia Roma (64), os cidadãos romanos acreditavam que os cristãos eram rebeldes e incendiários. Aos poucos, alternadamente, retorna a ideia de que os cristãos são inimigos do povo e que bastava a acusação de professar a fé em Cristo para serem condenados. A situação torna-se mais grave a partir do século III, quando acontecem movimentos universais no Império, acrescentados pelas crises internas de disputa de poder e invasões crescentes dos povos bárbaros. Para fomentar a unidade imperial, os governantes expunham os cristãos como inimigos do Estado, fortalecendo o paganismo. São os próprios imperadores, entre eles Décio (250), Valeriano (aa. 257-258) e Diocleciano (aa. 303-305), que promovem as perseguições, consolidando a lei de perseguição dos cristãos, considerados então como *collegium illicitum*. Desse modo, tal prescrição legal considerava que ser cristão implicava necessariamente pertencer a uma associação por definição antissocial e criminosa. Ser cristão era um delito à majestade imperial. Se entre os anos 64 e 112 o *nomem christianum* era suficiente para punições, essa realidade se agrava no século III. Em sua primeira *Apologia*, Justino afirma que "de um simples nome não se pode originar elogio ou condenação, se não demonstrar fatos virtuosos ou criminosos" (Justino de Roma, *Apologia I*, 4, 3). Para comprovar os crimes, tornou-se comum exigir que os cristãos prestassem culto ao imperador, como aconteceu no reinado de Domiciano (aa. 81-96), particularmente na Ásia Menor. Os cristãos eram julgados pelos governadores nas províncias e pelo prefeito do Pretório em Roma. Para ter maior autonomia e liberdade de julgar, os governantes apelavam para o exercício judicial, fundamentado no processo *cognitio extra ordinem*, considerada uma situação de emergência extraordinária e quase sumária. Ignorando as orientações de Trajano a Plínio, o Jovem, em Lião e Viena (177), as perseguições se pautaram apenas em denúncias anônimas, produzindo muitos mártires. Os historiadores afirmam que nesses primeiros séculos as perseguições foram, por vezes, atrozes e universais, e, outras vezes, intermitentes. Como resultado, durante o século I houve seis anos de perseguição, no século II foram 86 anos de atrocidades, no século III, até o Édito de Milão, foram ainda 24 anos de perseguição e, no século IV, 13 anos terríveis, sobretudo com Diocleciano. O martírio deixou marcas profundas nos cristãos, mas fortaleceu a comunidade e engrandeceu sua identidade.

Propaganda e perseguição contra os cristãos. Por pressão popular e pela propaganda contra os cristãos, muitas vezes os governadores locais eram forçados a persegui-los e torturá-los, evitando assim motins e linchamentos, o que algumas vezes se tornou realidade em certas províncias. Com certeza, a presença dos cristãos incomodava a sociedade e motivava distúrbios, e isso incentivava as ordens de perseguição.

As acusações que justificaram as perseguições e o implícito *collegium illicitum* levaram à consideração de que os cristãos eram *mali homines*, pois adoravam um líder condenado por crime político na Judeia, bem como não tinham lealdade ao Estado, desprezavam os poderes romanos e realizavam ritos em esconderijos. Essa realidade presente na memória coletiva facilitava a condenação dos cristãos como traidores, ainda que não houvesse provas concretas e seguras contra eles. Mesmo que não existam documentos explícitos que comprovem a ilegalidade do cristianismo, na prática e nos processos, denota-se claramente essa postura por parte dos governadores e seus juízes. A percepção dessa perseguição contumaz se revela quando o elemento fundamental para a condenação é a simples ilegalidade do cristianismo, sem mesmo considerar o comportamento e o objeto de acusação nos tribunais.

Os cristãos eram acusados de não acreditar nos deuses, e o monoteísmo passa a ser visto como uma ameaça à ordem pública, uma vez que no contexto romano os cultos aos deuses eram parte das celebrações cívicas e sua alienação pelos cristãos caracterizava rebeldia civil e pública. Os cristãos são obrigados, então, a se comportar como politeístas nos atos cívicos, pois esses atos faziam parte dos elementos constitutivos da unidade imperial. Como o conjunto de leis estatais era considerado sagrado pelo denominado *ius divinum*, os cristãos que se opunham aos cultos politeístas eram vistos como traidores do Império. Ainda que Justino de Roma não apresente a mesma postura (*Diálogo com Trifão*, 10, 2), as calúnias contra os cristãos, disseminadas entre os pagãos, são atribuídas por Orígenes aos judeus (*Contra Celso*, 6, 7), ao referir-se à antropofagia e às orgias nos cultos. Mais tarde, essas calúnias que motivavam o martírio são disseminadas pelos próprios cidadãos romanos, sobretudo os mais abastados, e pelas autoridades.

Considerações sobre a identidade do imperador. De fato, no Império Romano, a religião servia ao departamento do Estado, onde todo serviço religioso era controlado pelas autoridades. Para garantir a prática religiosa como departamento estatal, os cidadãos pagavam impostos e recebiam favores religiosos. Os dois bens sociais (Estado e religião) estavam integrados. Desse modo, o imperador tinha espaço privilegiado nas religiões, e os cidadãos eram obrigados a cultuá-lo como senhor (*dominus*); tal culto era vinculado ao Estado. Para tanto, como entre muitos povos antigos, o imperador tinha prerrogativas de divindade. Por essa razão se reconheciam essas autoridades imperiais como *augustus divinos*, significando "preservador da vida". Seu título mais expressivo é *Pontifex Máximo, Dominus et Deus*. Tal situação não foi assumida pelos cristãos, que rejeitaram o culto ao imperador, bem como aos seus deuses. A situação se agrava, pois a religião e o Estado estavam integrados na conjuntura social e política do período imperial. Para os cristãos, existia grande distinção entre a verdadeira e a falsa religião, e assim o culto politeísta (que integrava o imperador como um dos deuses mais poderosos) era temerariamente recusado pelos cristãos. Essa realidade nos possibilita compreender por que a comunidade cristã foi implicitamente declarada como associação ilícita (*collegium illicitum*). Por essa razão, a confissão e adesão, os encontros e cultos tornaram-se passíveis de condenação sumária.

Identidade dos cristãos diante da sociedade. Não é certo acusar os cristãos de não temerem a morte, como acreditava o imperador Marco Antônio (Hamman, 1997, p. 102), pois a serenidade com que eram levados ao suplício e a insistência na própria crença não se devem ao fato de apreciarem a morte; antes, nasciam da profunda convicção de que a fé em Jesus Cristo era a razão de ser de suas vidas. O martírio era uma resposta contra a prepotência dos romanos e a morte, o caminho da salvação eterna. Ser mártir no contexto do *collegium illicitum* garantia que os cristãos não eram criminosos, ao contrário, eram testemunhos do bem, da verdade e da resistência diante de Deus e da comunidade. Em Justino de Roma, os termos *kristianós* (cristão) e *krestós* (bons) se encontram na acolhida do martírio. Ele afirma que, "se somos acusados pelo simples fato de sermos cristãos *collegium illicitum*, somos, portanto, bons, e odiar o que é bom não é justo" (Justino de Roma, *Apologia I*, 46).

Ser cristão é por si mesmo um ato de rebeldia, subversão e contraposição à majestade imperial. O Império é metaforicamente a "besta do apocalipse", que assusta e persegue a comunidade, que, por sua vez, é considerada pelos poderes romanos como *collegium illicitum*, pois, como se refere Flávio Josefo em sua carta, "guerrear contra os romanos é guerrear contra Deus" (Flávio Josefo, in

Bell. Luc V, p. 378). À *Pax Romana* (Paz romana) fomentada pela guerra e pela derrota dos inimigos, é proposta a *Pax Christiana*, que se faz pela igualdade entre os povos e a defesa dos direitos de todos os cidadãos.

BOGAZ, A. S.; COUTO, M. A.; HANSEN, J. H. *Patrística:* caminhos da tradição cristã. São Paulo: Paulus, 2014. p. 91-100; DROBNER, H. R. *Manual de Patrologia*. Petrópolis: Vozes, 2003. p. 98-109; EUSÉBIO DE CESAREIA. *História eclesiástica*. São Paulo: Novo Século, 1999. p. 235-236; LOPES, G. *Patrística pré--nicena*. São Paulo: Paulinas, 2014. p. 107-110; MONDONI, D. *O cristianismo na Antiguidade*. São Paulo: Loyola, 2014. p. 52-55; MORESCHINI, C.; NORELLI, E. *História da literatura cristã antiga:* grega e latina. São Paulo: Loyola, 2000.

Concílio

Ao longo da História da Igreja, o instrumento mais significativo e legítimo para definir dogmas, normas e dirimir conflitos foram os "concílios ecumênicos". Concílio representa uma assembleia reunida por convocação legítima das autoridades eclesiásticas e sempre teve como razão de ser as discussões, definições e deliberações sobre questões relacionadas a doutrina, pastorais, costumes e normas morais da Igreja. Os concílios tiveram muitas formas e organizações distintas, e no período patrístico eram convocados pelos imperadores, o que, aliás, se estendeu até o século XIX, com algumas variações. Embora oficialmente o primeiro Concílio, em Niceia (325), seja considerado a grande reunião com todos os patriarcas e bispos das Igrejas do Oriente e do Ocidente, um primeiro encontro para resolver questões disciplinares e culturais ocorreu em Jerusalém. Segundo a narrativa bíblica dos Atos dos Apóstolos (At 15,6-35), os apóstolos discutiram a disciplina a ser aplicada aos judeus convertidos ao cristianismo, especificamente sobre a circuncisão e comer as carnes ofertadas aos deuses. Rezaram profundamente, convocando o Espírito Santo para serem iluminados, e, depois de calorosas e objetivas discussões, acataram conjuntamente as decisões.

Temos notícias, pelas narrativas de Lucas, nos Atos dos Apóstolos, de que esse "pré-concílio" ocorreu no ano de 49 ou 50, quando alguns discípulos e neoconvertidos vieram até Jerusalém. Como podemos confrontar na sua crônica, a questão das carnes dos sacrifícios pagãos, bem como as tradições judaicas foram embates para determinar as exigências para admitir os gentios e os judeus entre os cristãos. Tratava-se de condicionar ou separar as leis mosaicas da nova comunidade dos seguidores do Nazareno. Enquanto Paulo e Barnabé representaram as comunidades não judaicas, Pedro defendeu a liberdade dos cristãos em relação às tradições de outras religiões. A definição é apresentada pelo apóstolo Tiago, bispo de Jerusalém, o qual propôs não impor aos gentios batizados as exigências próprias das tradições mosaicas (At 15,6-29). No entanto, trata-se de uma reunião que congregou as principais lideranças da Igreja para decidir os rumos e a identidade da comunidade dos cristãos. De fato, sua importância consiste em ser a gênese dos inúmeros concílios que se sucederam ao longo dos séculos, e também por sua decisão de não impor à Igreja nascente as regras dos judeus e assim determinar que o cristianismo é autônomo de todas as culturas.

Apesar de ser chamada de "Concílio", essa reunião em Jerusalém não é denominada como primeiro Concílio, uma vez que não existia ainda tal nomenclatura. De qualquer forma, considerando seus objetivos, método e estruturas, teve todas as características dos verdadeiros concílios, ainda que muito simples e mais espontânea, sem esquemas pré-elaborados.

Concílio ao longo dos séculos. Até nossos tempos, a Igreja celebrou 21 concílios considerados válidos e legítimos. Esses concílios são denominados "ecumênicos", porque abrangem todas as dioceses e patriarcados do Ocidente e do Oriente, ainda que depois do cisma entre o Oriente e o Ocidente a maioria das Igrejas orientais não tenha mais participado deles ativamente. As decisões advindas dos concílios referentes às doutrinas e normas eclesiásticas são válidas para todas as Igrejas, uma vez que participam representantes de todos os lugares. Esta afirmação é mais precisa referindo-se aos concílios dos primeiros séculos. A variedade e recorrência dos concílios se devem ao fato de que as decisões são colegiadas e todos os pastores gozavam de igual direito no processo decisório das questões emergentes em cada época, no confronto com novas realidades e posturas religiosas, morais ou sistemáticas.

No período patrístico foram realizados sete concílios ecumênicos, reconhecidos e assumidos pela maioria das denominações cristãs ocidentais e orientais. De fato, caracteriza-se legítima a verdadeira realização dos concílios ecumênicos, em que são comprovadas a representatividade universal e as discussões abertas e livres. Mesmo que a motivação desses grandes encontros sejam temas doutrinais e morais, os concílios não inventam verdades doutrinais. Antes, os padres conciliares são convocados para aprofundar os temas e, sob a luz do Espírito Santo, discernir a verdade cristã para as questões apresentadas. Reunido em comunhão eclesiástica, o Concílio tem a missão de elaborar a doutrina a partir da revelação bíblica, da experiência religiosa dos fiéis e em confronto com as culturas. De fato, conhecendo a identidade dos concílios, os estudiosos consideram que, sobretudo na Patrística, eles sempre foram o lugar privilegiado e legítimo do diálogo. Nos concílios houve sempre o encontro entre as tendências teológicas, a aproximação entre as escolas bíblicas e exegéticas e a síntese do pensamento fundamental da fé cristã. Nas encruzilhadas mais contundentes da definição das doutrinas e das questões sacramentais e morais, a comunidade cristã, representada pelos seus pastores, zelou pela espiritualidade cristã, testemunhou a unidade no diálogo e adentrou o mundo em todos os tempos e lugares, com a genuinidade do querigma anunciado por Jesus Cristo.

Legitimidade eclesiástica. Considerando o itinerário dos concílios, entendemos que a comunidade eclesial é iluminada pelo Espírito Santo e consagrada a Deus, mas está inserida nas circunstâncias históricas dos povos e dos vários períodos da evolução da humanidade. Nessa caminhada, a Igreja busca se integrar à realidade humana e participar da construção de uma sociedade fraterna e cristã. Seu agir pastoral está condicionado às implicações e evoluções do pensamento humano e, no campo religioso, exige elaborações que integrem a essência de sua doutrina às novas formas linguísticas. A revelação é fato consumado em suas raízes fundamentais, configuradas nas mensagens evangélicas, mas sua atualização é constante e dinâmica. Todas as decisões conciliares foram incorporadas ao patrimônio doutrinal da comunidade cristã, e esse *fidei depositum* (depósito da fé) é custodiado pelo magistério, com sua autoridade recebida do próprio Cristo, na figura de Pedro (Mt 16,18).

A legitimidade dos concílios foi se definindo na realidade eclesial, conforme as estruturas eclesiásticas foram sendo solidificadas. Se, nos últimos séculos do período da Antiguidade da Igreja, o Concílio ecumênico é definido como a representação da Igreja universal, nos primeiros séculos conhecemos também o Concílio para Igrejas particulares (patriarcados ou regiões), que poderiam ser gerais, plenários, nacionais ou provinciais. No Concílio particular, a representação dos territórios tem grande variedade, conforme a afinidade social ou política. De um modo ou de outro, o Concílio foi se instituindo conforme a necessidade pontual de cada período, quando os pastores das comunidades buscam soluções comuns para problemas (doutrinais ou disciplinares) que possam abalar a unidade eclesial. Para ilustrar, recordamos que, a partir do século II, a grande questão é a doutrina de Montano (montanismo). São então concílios particulares que se reúnem no Ponto, na Palestina e na Síria, sob jurisdição do Papa Vitor (193-203), para tomar posições conjuntas e unificadas quanto às exigências disciplinares dos cristãos. Outro Concílio provincial acontece quando Agripino, bispo, legisla sobre a nulidade do Batismo que fora administrado pelos heréticos. Aos poucos, a instituição do Concílio se torna mais organizada e com cânones mais bem definidos, para dirimir questões importantes da Igreja, tão dinâmica e em fase de elaboração de seu *status* eclesiástico. Para a identidade do Concílio, a paz constantiniana é fundamental. É o próprio imperador quem convoca o Concílio de Arles (314) para resolver a questão dos adeptos de Donato (donatistas) e, assim, evitar rupturas na Igreja. Mais importante ainda é a convocação para o Concílio em Niceia (325), assinalando a identidade legítima dessas reuniões, por suas próprias características, sobretudo a sua convocação, no caso pelo imperador Constantino, e a representatividade de todas as províncias do Império. Mais ainda, o Concílio deve discutir temas concernentes a toda a cristandade. Tivemos depois outras reuniões episcopais, definidas como Concílio, embora a Igreja não as considere como tal em sentido estrito. Recordamos, assim, os concílios plenários africanos, sobretudo aqueles conduzidos pela diligência episcopal enviada por Aurélio (391-428), e também os concílios nacionais germânicos, da Gália e da Espanha. O estudo dos concílios mostra a vitalidade das Igrejas continentais, como as africanas, mas também a força política e social das Igrejas nacionais.

Grandes temas. Como temos percebido nas entrelinhas dos históricos dos concílios, suas atitudes são discussões dogmáticas para unificar as verdades da fé, mas também para determinar e regulamentar os ritos litúrgicos. Uma das atitudes dos concílios foi determinar a organização canônica da disciplina eclesiástica e as estruturas internas da Igreja, como a demarcação de patriarcados e suas subdivisões. Os grandes concílios da antiguidade detalharam particularmente a cristologia e os dogmas maiores da fé cristã, que são professados pelos cristãos do Oriente e do Ocidente. Os concílios nacionais ou regionais compuseram as normas eclesiásticas e a disciplina universal, que se tornaram as formas integradas do direito canônico. Os concílios foram importantes para superar controvérsias que geravam rupturas dentro do corpo eclesiástico, servindo-se de normas legislativas com poder de jurisdição. Não é desprezível a importância do imperador, que, embora não participasse das discussões internas das reuniões conciliares, as convoca, organiza a agenda dos trabalhos e ratifica as definições propostas pelos padres conciliares. Esse poder vai diminuindo à medida que o governo da Igreja se estrutura mais explicitamente.

As questões apresentadas nos vários concílios provocaram longas discussões, sobretudo em décadas anteriores, mas foram bem definidas e tornaram-se definitivas nas questões de fé. As crônicas de alguns concílios manifestaram fortemente o caráter inflamado das discussões, na busca da verdade suprema, sem desvios e sem contradições. Essas interpelações continuaram nos séculos e, portanto, novos concílios foram convocados e podem ainda ser realizados, conforme aprouver aos pastores da Igreja.

O primeiro Concílio da Igreja, em Niceia (325), convocado pelo imperador Constantino I, foi presidido por Alexandre, bispo de Alexandria. Os temas tratados foram: em primeiro lugar, o arianismo, mas também a celebração e a organização do cânon bíblico, o Batismo de heréticos e o estatuto dos prisioneiros da perseguição de Licínio. O imperador abriu oficialmente o Concílio.

O segundo Concílio aconteceu em Constantinopla (381). Convocado pelo imperador Teodósio I e presidido por Melécio de Antioquia, Gregório de Nazianzo e Nectário, ele retomou e confirmou a condenação do arianismo, ainda defendido por Eusébio de Nicomédia, bispo de Constantinopla, e também sentenciou como heréticas algumas doutrinas, entre elas o arianismo, o macedonismo, o apolinarismo e o priscilianismo. Ainda se traçaram os limites e a autonomia das dioceses, a cidade de Constantinopla foi aclamada como "Nova Roma" e seu bispo ganhou a dignidade de patriarca.

Em Éfeso, realizou-se em 431 o grande Concílio mariano, que decidiu o dogma fundamental da Mariologia cristã, a doutrina do *Theotókos*, Mãe de Deus. Convocado pelo imperador Teodósio II, finalizou a discussão sobre a figura de Maria na vida de Jesus e na história da Salvação. De um lado, Cirilo de Alexandria e, do outro, seu opositor Nestório, que defendia o *Christotókos*.

Na cidade de Calcedônia, na Bitínia (Ásia Menor), se realizou o quarto Concílio (451), convocado por Cirilo de Alexandria. Ali foram definidas as verdades dogmáticas que se tornaram herança para toda a Igreja pelos séculos. Como consequência, o Concílio rejeitou a doutrina monofisista de Eutiques, monge de Constantinopla. O fruto desse Concílio é o Credo de Calcedônia.

Concílio

Os demais concílios da Igreja Patrística foram realizados em Constantinopla, decidindo, sobretudo, sobre a pessoa de Jesus e sua relação trinitária. Questões referentes à vontade, humanidade e autonomia de Jesus foram confrontadas e definidas, e tornaram-se o patrimônio doutrinário perene da fé cristã. Na verdade, nem sempre as discussões foram livres, tampouco em todos os concílios a participação foi plena, pois algumas comunidades patriarcais não estavam presentes por viverem graves problemas internos ou invasões de outros povos; porém, foram considerados válidos para toda a cristandade, pois suas decisões são harmônicas e não contraditórias, compondo a tradição cristã que professamos desde os primeiros símbolos apostólicos, fundamentados na Sagrada Escritura.

No entanto, esses concílios não foram sempre harmônicos em sua realização nem revelaram serenidade e elevação espiritual para tomar grandes decisões eclesiais e doutrinais sobre a comunidade cristã; em alguns momentos, houve conflitos. Tampouco houve participação ampla e livre de todos os padres conciliares. Na busca da iluminação divina e marcados pela rigorosa busca de identidade sem contradição, os concílios serviram para unificar a Igreja cristã e superar divisões e rupturas que escandalizavam os povos. Também são uma herança preciosa da tradição cristã e permanecem como referência na construção da coerência da vida cristã e da Igreja servidora do Reino de Deus.

BOGAZ, A. S.; THOMAZELLA, R. C. *Edificar a Igreja:* caminhos, protagonistas e a mística da Igreja na história. 1. ed. Campinas: Associação do Senhor Jesus, 2006; COMBY, J. *História da Igreja:* das origens ao século XV. São Paulo: Loyola, 2001. p. 70-89; FRANGIOTTI, R. *História das heresias.* São Paulo: Paulus,

1995. p. 91-96; HAMMAN, A. G. *Para ler os Padres da Igreja.* São Paulo: Paulus, 1995. p. 11-25; MUNIER, R. C. Concílio. In: DPAC, p. 319-320.

Consignatio

A iniciação cristã tem um ritual muito bem elaborado nos primeiros séculos da Igreja, pois os cristãos iniciam uma nova forma de vida. Os eleitos que decidem abraçar a fé cristã "pelos sacramentos são libertos do poder das trevas, mortos com Cristo, com ele sepultados e ressuscitados. Estes recebem o Espírito de adoção filial e passam a celebrar com todo o povo". Desse modo, os sacramentos da iniciação cristã são a porta de entrada da comunidade, pela qual os neófitos se tornam evangelizadores. A *consignatio* é a entrega de um símbolo, a cruz, que oficializa, durante o rito de iniciação, o pertencimento solene e perene do novo cristão na comunidade.

Formação aos ritos. Na maioria das vezes, os neófitos eram pessoas vindas de ambiente pagão que não tinham conhecimento da tradição bíblica do povo hebreu, e então eram catequizados nas suas formas mais elementares, para conhecer todos os conteúdos e símbolos da fé cristã. Pelo ritual da iniciação, do qual a *consignatio* faz parte, os neófitos são purificados dos pecados, passam à condição de pessoas livres e recebem a filiação divina. Pela *consignatio*, confirma-se a nova vida em Cristo, como explicou Jesus a Nicodemos (Jo 3,5), selando para sempre a incorporação a Cristo na comunidade. De fato, a celebração unitária dos três sacramentos garante que o cristão se insira no mistério pascal e seja ungido por seu Espírito para ouvir a Palavra de Deus e participar da Ceia Eucarística, tornando-se, assim, novo missionário da comunidade. Pelo Batismo, porta de entrada, recebe o Espírito Santo, que é a unção divina, e torna-se membro da mesa eucarística. A morte para o pecado e a nova vida em Cristo (Rm 6,2-6) se referem ao simbolismo de imersão e emersão. O neófito imerge no Senhor, purifica-se do pecado e de todos os males de suas vidas passadas, e emerge para o mundo em uma nova vida, como nova criatura. A *Tradição apostólica* de Hipólito e a *Apologia* de Justino (*Apologia I*, 61-62) descrevem as exigências para participar desses rituais. Justino de Roma descreve o itinerário que chegará à *consignatio*. Os neófitos são conduzidos para a fonte, quer dizer, para qualquer lugar que tenha água, como um riacho, piscina etc. Quando batizados, recebem o nome de "iluminados", pois ficaram iluminados em sua inteligência. Pouco mais tarde, no início do século III, Hipólito de Roma apresenta de forma mais detalhada as exigências dessa consagração que passa pelos ritos de *exsuflatio* (sopro espiritual) e *signatio* (sinal da cruz). No ritual litúrgico, depois de terem jejuado na sexta-feira, os neófitos recebem, no sábado, pela mão do bispo, esses dois ritos, que representam igualmente a presença e a força do Espírito Santo e a conformação ao sacrifício de Cristo. Além destes ritos, Agostinho ainda apresenta outros termos para significar essa consagração, como *spaghis* e *sigillum*. Com estes ritos realizados na manhã do *dies domini* realiza-se o ritual batismal propriamente dito, que é a profissão de fé trinitária, acompanhada das imersões. Também a *Didaqué* apresentara, décadas antes, esses rituais de imersão. Os demais rituais, como a troca das vestes, manifesta o abandono da vida de corrupção e morte e o revestimento da veste pura da ressurreição. O óleo de ação de graças e o óleo dos exorcismos (*renuntio tibi, Satana, et omni servitio tuo et omnibus operibus tuis*) são dois sinais para a renúncia a Satanás e a base para a tríplice profissão de fé, com três imersões na fonte.

A configuração a Cristo expressa claramente na *consignatio* que o Batismo nas águas é feito em nome do Criador e Senhor de todas as coisas, de Jesus Cristo e do Espírito Santo. Tais rituais são testemunhados por vários padres antigos, particularmente Justino de Roma, Hipólito e Tertuliano, que, na sua obra *De Baptismo*, descreve: "O Anjo, que preside ao Batismo, traça os caminhos para a vinda do Espírito Santo, perdoando os pecados pela fé proclamada no Pai, no Filho e no Espírito Santo". A *consignatio* é o símbolo mais propriamente cristológico da grandeza desse ritual.

ADELUNG, J. C. et. al. *Glossarium Mediæ et Infimæ Latinitatis*. Paris: Nabu Press, 2010 (1883-1887); COMBY, J. *História da Igreja:* das origens ao século XV. São Paulo: Loyola, 2001. p. 50-69; GAFFIOT, F. *Dictionnaire Illustré Latin-Français*. Paris: Hachette, 1934; HAMMAN, A. G. *Para ler os Padres da Igreja*. São Paulo: Paulus, 1995. p. 71-82; LEWIS, C. T.; SHORT, C. *A Latin Dictionary*. Oxford: Clarendon Press, 1956 [1879]. p. 1879; MONDONI, D. *O cristianismo na Antiguidade*. São Paulo: Loyola, 2014. p. 83-84; NOCENT, A. Batismo. In: DL, p. 109;

Controvérsia pascal

Uma das heranças mais preciosas da tradição judaica para o cristianismo é a celebração pascal, que, a partir da ressurreição de Jesus Cristo, atinge o ápice de seu sentido libertador. Além do propósito de celebrar um evento tão precioso, que é a libertação do povo da escravidão, plenificada na libertação humana do pecado e da morte, a tipologia referencial tornou-se muito importante na configuração dos rituais da Páscoa cristã. Os binômios escravidão--morte, libertação-ressurreição, Moisés-Messias, cordeiro-Cordeiro aproximaram os dois eventos, respeitando as suas proporções e peculiaridades. O elemento temporal e cósmico, tão importante na formatação do Ano Litúrgico nos primeiros séculos, foi certamente a maior proximidade entre os dois eventos pascais. De fato, o calendário lunar serve de orientação para determinar as datas propícias de cada ritual da semana pascal. Nessa solenidade a agenda do sistema lunar de computação do tempo é total e cada passo dos acontecimentos concretos está marcado pelos momentos do dia, das semanas e das estações do ano. Os rituais seguem esses mesmos cronogramas para celebrar os rituais que rememoram os acontecimentos históricos. Mais ainda, grande parte das celebrações é derivada, em termos de calendário, do evento pascal. Ao redor desse cronograma do Ano Litúrgico se deu a controvérsia pascal, que foi uma discussão mais ou menos acalorada, realizada no início do século III, para dirimir a divergência do dia de celebrar a Páscoa, uma vez que no Ocidente, particularmente em Roma, Palestina, Egito e Grécia, entre outros países, a data era sempre no primeiro domingo depois da primeira lua cheia (plenilúnio) de primavera, enquanto outras comunidades da Ásia Menor celebravam a Páscoa no entardecer do primeiro plenilúnio de primavera. Segundo os bispos daquela região, eles assumem essa tradição seguindo o "costume transmitido por nossos pais". Sentiu-se a necessidade de alinhar as duas datas e esse embate foi denominado "controvérsia" ou "contenda pascal".

Unidade da data pascal. Em similitude à importância do domingo no curso semanal, a Páscoa é o coração da vida litúrgica no curso anual e a festa mais antiga da tradição cristã. Vários fatores contribuíram para a importância da Páscoa cristã, entre os quais podemos citar o período preparatório, com a organização do catecumenato e das liturgias penitenciais, o prolongamento do tempo pascal em vista da solenidade de Pentecostes e a integração com o Batismo, pois este é considerado, desde Tertuliano, *dies baptismo sollemnior* (Tertuliano, *De Baptismo*, 19, in CSEL, 20, 217). Para o Batismo, todos os patriarcados e dioceses preparam os neófitos com jejum, vigília durante toda a noite e eventos celebrativos, com cantos, orações, leituras e a solene celebração da Ceia Eucarística.

Para toda esta solenidade eclesial, a determinação da data, com disparidade entre os dois "pulmões da Igreja cristã", torna-se um grande problema. Se a Páscoa é celebrada na Ásia Menor (desde os tempos da pregação dos apóstolos João e Filipe) na mesma data dos judeus, quer dizer, no 14º dia do mês de Nisan, que remonta à forma e ao calendário mais antigo e originário da festa, outras regiões, como vimos, a celebram no domingo subsequente. Autores importantes da reforma litúrgica, como Odo Casel, não consideram que essa diferença de data fomente divergências doutrinais. Nas Igrejas que seguem os dois diferentes calendários, a centralidade da solenidade é a paixão, morte e ressurreição do Senhor. Essa polêmica precisa ser resolvida, para unificar os dois grandes blocos eclesiais e, assim, evitar o distanciamento entre eles. Em tempos anteriores, quando esteve em Roma, Policarpo de Esmirna (154) tentou resolver, sem sucesso, a questão em tratativas com o Papa Aniceto (154-166). Igual tentativa teve como protagonista Melitão de Sardes e o bispo Cláudio Apolinário, de Hierápolis. Também Clemente de Alexandria tentou uma solução dialogada, mas não obteve êxito. Foi somente mais tarde, no final do século II, que essa controvérsia tanto se agravou que o Papa Vitor I (189-198) quase provocou um cisma interno, uma vez que desligou da sucessão apostólica as Igrejas da Ásia e chegou mesmo a promulgar anátemas contra as Igrejas desobedientes. O mérito da superação dessa controvérsia, e que a salvou do cisma, foi de Irineu de Lião. Este, a convite do Papa Eleutério, vai a Roma e conquista os partidários da Ásia Menor para assumirem a posição romana. Exortando o Papa Vitor I, Irineu mostra que a unidade da Igreja não vem da data da Páscoa, mas do jejum e da oração comuns. O Papa Vitor chegou a fazer vários sínodos regionais, nos quais lançou ações disciplinares às Igrejas distantes. Todos reconhecem nesse período a autoridade do papa, mesmo assim lhe tecem severas críticas por seu excesso de zelo, o qual estava provocando rupturas intraeclesiais. Mesmo discordando do papa, os bispos lhe confessam obediência. A partir daí, em todas as Igrejas no mundo inteiro, a solenidade de Páscoa é celebrada no primeiro domingo depois do primeiro plenilúnio de primavera. Irineu, o grande articulador da superação da controvérsia, foi elogiado por Eusébio como "promotor da paz que exortou e negociou tais questões para manter a unidade e a paz entre as Igrejas".

BERGAMINI, A. Ano Litúrgico. In: DL, p. 58; BOGAZ, A. S.; COUTO, M. A.; HANSEN, J. H. *Patrística:* caminhos da tradição cristã. São Paulo: Paulus, 2014. p. 137-144; LOPES, G. *Patrística pré-nicena*. São Paulo: Paulinas, 2014. p. 152-171; MONDONI, D. *O cristianismo na Antiguidade*. São Paulo: Loyola, 2014. p. 121-122.

Cristandade

"Cristandade" é um termo usado com diversos significados e mesmo tendências, conforme a postura religiosa dos cristãos, dos católicos e de outras áreas das ciências históricas. Ouvimos o termo usado muito poeticamente nas expressões: "harpa da cristandade", "cristandade poética", "cristandade e graça divina". São termos que correspondem à variação do conceito e que respondem a certas exigências. A definição de cristandade mais objetiva dentro da Patrística se refere à unidade e à integração entre as estruturas eclesiásticas e as estruturas sociais e políticas, que se iniciam a partir do final da perseguição, no início da era constantiniana. Sendo assim, a cristandade está fundamentalmente relacionada à comunhão estrutural entre o imperador e o papa, conjugando os dois poderes, ditos como "poder temporal e poder espiritual". A estruturação do primeiro modelo de cristandade é definida no século IV, quando o Estado e a Igreja se congregam na condução dos povos integrados ao Império Romano. Nas primeiras décadas da comunidade cristã, logo depois de Pentecostes, quando os discípulos se tornaram os protagonistas da evangelização e da missão, a Igreja se aproxima dos outros povos, denominados biblicamente "gentios". Há um primeiro aceno à cristandade, uma vez que eles se aproximam das normas civis com as exigências da conversão. Mesmo não se tratando de uma relação oficial, a interação entre a vida religiosa e a vida profana dá indícios de cristandade nascente. Mais tarde, com os discípulos dos apóstolos, ainda no século I, incorre a integração do pensamento helenístico nas estruturas dos seguidores do Nazareno, levando a comunidade nascente à expansão e à institucionalização em outras regiões dos Impérios romano e persa (Gomes 1997, p. 139-156). Nos próximos dois séculos, particularmente da expansão dos padres apostólicos (final do século I) até o Édito de Milão, a realidade dramática dos cristãos constitui-se na clandestinidade intermitente e na consideração da Igreja como *religio illicita*, em que os cristãos eram taxados de ateus e subversivos, e responsabilizados pelas crises imperiais. A era pré-cristandade oficial se caracterizou pela perseguição ao cristianismo, considerado como sistema subversivo, que rejeitava a divindade do imperador e os ídolos do politeísmo estatal. A realidade dramática do cristianismo foi se agravando e algumas perseguições tornaram-se cruéis, atingindo seu ápice com Diocleciano, o que suscitou uma grande mudança, protagonizada por Constantino. Essa revolução institucional é a identidade da primeira cristandade oficial da história cristã. A "conciliação constantiniana" é o reconhecimento estatal da comunidade dos cristãos até então severamente perseguida. Pelo Édito de Milão (313), essa conciliação foi marcada pela *pax ecclesiae* e acolhida pelo cristianismo como *religio licita* (Lepelley, 1969, p. 54-81). O texto da carta de Constantino ao governador da Bitínia, escrito a partir de Milão, determina que, "em primeiro lugar, entre outras disposições da natureza a assegurar, segundo nós, o bem da maioria, aquelas sobre as quais repousa o respeito da divindade, isto é, dar aos cristãos, bem como a todos, a liberdade e a possibilidade de seguir a religião de sua escolha, a fim de que tudo o que há de divino na celeste morada possa ser benevolente e propício a nós e a todos aqueles que se acham sob a nossa autoridade. [...] Convém, pois, que a tua excelência saiba que, suprindo completamente as restrições contidas nos escritos enviados anteriormente à tua administração a respeito do nome dos cristãos, nós decidimos abolir as estipulações que nos pareciam totalmente inadequadas e estranhas à nossa mansidão, e permitir, daqui para a frente, a todos aqueles que têm a determinação de seguir a religião dos cristãos, que o façam livre e completamente, sem ser inquietados nem molestados" (*Sources Chrétiennes*, 39, 132-133).

Era constantiniana. A partir deste edital, que se tornou realidade na prática, as regras sociais e políticas são transformadas em relação à comunidade dos cristãos, como para todos os cidadãos do Império. As leis do Império não atacam e não perseguem os cristãos, antes, os protegem e lhes dão benefícios. Algumas determinações merecem ser destacadas, como, por exemplo, a proibição da marca da ignomínia no rosto dos condenados, bem como a crucifixão e a ruptura dos ossos, a condenação de exposição de crianças, espetáculos imorais e luta de gladiadores, ilegalidade das penas corporais no período quaresmal e pascal e, como evidência da nova relação Igreja-Estado, a elaboração de normas para o Matrimônio e a organização da família. São outras decisões também importantes que apontam para um caminho de unificação entre os dois poderes. Este é o princípio fundamental do regime de cristandade: as leis eclesiásticas são acolhidas pelo poder civil e as leis do Estado se tornam leis da Igreja.

Não foi uma decisão simples, pois se notaram reações em algumas partes do Império, mas os filhos de Constantino seguiram o processo de cristandade. Constância reprimiu os sacrifícios pagãos e decretou fechamento de seus templos. Juliano, sobrinho de Constâncio, proclamado imperador nas Gálias, provocou uma reviravolta e voltou a perseguir os cristãos, suspendendo seus direitos e privilégios. Para enfraquecer o cristianismo oficial, favoreceu as heresias arianas e donatistas. A cristandade se solidifica com Teodósio I; quando nomeado por Graciano (378), persegue os cultos pagãos, confisca os bens dos templos pagãos e tira os privilégios dos sacerdotes. No Édito de Tessalônica (*Cunctos populus*), promulgado por Teodósio I (380), junto com os imperadores Graciano, Valentiniano II, a profissão de fé cristã católica foi imposta a todos os cidadãos do Império. O cristianismo, então, se torna a religião oficial do Estado. O Édito determina que "todos os povos postos sob a autoridade suave de nossa clemência vivam na religião que o santo apóstolo Pedro transmitiu aos romanos [...]. Decretamos que somente terão direito de se chamar cristãos católicos os que se submeterem a essa lei; sobre os demais, os quais julgamos loucos e insensatos, pesará a vergonha da heresia, devendo contar, pois, com o juízo divino e com o nosso castigo, segundo a decisão que o céu nos inspirou" (*Cod. Theod.*, XVI, 1, 2).

Fato exemplar da força da cristandade é a penitência que Ambrósio de Milão impôs ao imperador Teodósio I (390), para castigá-lo pelo extermínio de seis mil habitantes de Tessalônica, para se vingar do assassinato do prefeito local. Seguiram-se ainda outros fatos, como a proibição dos cultos pagãos (391) e o fechamento da Escola de Filosofia de Atenas, conhecida como "academia platônica". Todos os cidadãos deveriam fazer-se batizar, caso contrário, perderiam os direitos civis e seus bens seriam confiscados.

Renovação das condições dos cristãos. Nesse contexto, a chamada "guinada constantiniana" consagrou a estrutura eclesiástica da cristandade. De fato, Constantino lançou as bases de um "estado cristão" e do cesaropapismo, que se torna um critério de Estado em várias ocasiões. A legitimidade do poder da Igreja foi evoluindo e crescendo e tornou-se definitiva com o imperador Teodósio I, no período romano. Com esse sistema institucional, o Estado intervém em assuntos religiosos, como, por exemplo, depor patriarcas e convocar concílios e sínodos. Ao mesmo tempo, as normas eclesiásticas se transformam em leis estatais. A ética cristã torna-se civil e é assumida por todos os cidadãos, sendo sua desobediência considerada delito punível pelos tribunais civis. Não é inegável que houve a instrumentalização do cristianismo como garantia da ordem imperial. Isso faz com que a cristandade seja um sistema político, que sacraliza a instituição eclesiástica.

Entre essas normas éticas, podemos enumerar:

1) os escravos são reconhecidos como cidadãos e seu assassinato é crime, como outros delitos semelhantes;
2) as torturas são criminalizadas, sobretudo a marca com ferro em brasa no rosto dos criminosos;
3) a pena da crucifixão é eliminada e não é mais permitido enviar criminosos aos jogos de gladiadores;
4) é extinta a permissão de assassinato de uma criança pelo próprio pai.

Essa lei que permite o infanticídio, particularmente feminino, era lícita e não incomum na sociedade, para descartar as crianças de sexo feminino. Nota-se, como esclarecimento, que as meninas resgatadas desses homicídios eram coletadas para os bordéis. Importante anotar que, na cristandade, os cristãos puderam minimizar essa tragédia humana.

Quanto às mulheres, foram revistos seus direitos, não sendo mais taxadas como "odiosas filhas" nem obrigadas a aceitar o marido escolhido pelo pai. A noção antiga da *mulier malum necessarium* e a oração do Talmude, que "agradece a Deus por não ter nascido mulher", passam a ser repudiadas. Alguns elementos na dimensão religiosa e litúrgica foram importantes, entre elas a abolição das sanções de Augusto contra o celibato. O domingo é reconhecido como dia festivo, dia de repouso e culto. Foi organizado o culto aos mortos com veneração aos grandes santos e mártires e os sepultamentos passam a ser celebrados com mais dignidade e reverência. Dentre os mortos, as vítimas do martírio ganham destaque especial, pois os lugares da execução tornam-se centros de peregrinação e se edificam templos comemorativos. As regiões mais periféricas das zonas urbanas, onde viviam a maioria dos cristãos, são mais bem tratadas e recebem mais atenção das autoridades governamentais.

Bem perceptível é a situação da Igreja institucional, a qual deixa sua condição de perseguida para se tornar um poder constituído poderoso. Aos poucos, houve o aumento de riquezas, pois o imperador doa edifícios civis ou templos pagãos para serem basílicas ou catedrais cristãs. E as entregas dos templos das antigas religiões para as comunidades cristãs, assim como as doações de famílias abastadas, enriquecem o patrimônio da Igreja cristã, que, além disso, era isenta de impostos. Com estas normativas imperiais, os bispos se tornam funcionários remunerados do Estado, pela nova legislação (318), e cria-se a casta sacerdotal, em que os ministros ordenados não mais respondem à lei comum, mas ao foro eclesiástico. Como consequência dessa nova ordem jurídica, a própria Igreja serve-se da força do Estado para punir seus culpados de delitos, como ocorreu com Prisciliano, acusado de heresia na Espanha, o qual foi executado pelo imperador Máximo (385). O progresso institucional da Igreja é meteórico e em poucas décadas são erigidos templos, mosteiros, conventos e palácios para abrigar o clero, dando-lhe uma situação confortável. Os rituais litúrgicos, com suas alfaias e seus vasos sagrados, refletem os movimentos, ministérios e riquezas dos rituais imperiais, promovendo uma grande similitude estrutural entre eles. Também os títulos da hierarquia cristã foram equiparados aos títulos imperiais e muitos deles sobrevivem até nossos dias. Na cristandade desaparece aos poucos o processo do catecumenato e o próprio cristianismo torna-se a religião da multidão, sem convicção, mas por interesse e busca de proteção e privilégios estatais.

Cristandade e poder eclesiástico. De fato, com o Édito de Milão, foi inaugurado oficialmente o período da cristandade na vida da Igreja. Nessa reviravolta pós-martirial, a Igreja organiza suas estruturas de forma sistemática, em dioceses, paróquias. Nesse esquema, a Igreja e o Estado constituem um sistema unificado de poder e governo universal. Naturalmente, os ministérios são ordenados para celebrar os cultos e custodiar essas novas estruturas. Sem necessidade de conversão radical e arriscada, o catecumenato perde sua força e as comunidades lutam para viver a fidelidade evangélica. Nem todos os cristãos acolhem essa novidade com alegria, por transparecer acomodação e perda da radicalidade do Evangelho. Prova disso é o crescimento da vida monástica, que se multiplicou em todas as regiões imperiais, mostrando a forma de assegurar a fidelidade e a seriedade dos primeiros cristãos. O culto dos mártires é vivido como uma nostalgia dos tempos áureos do testemunho cristão, que provocava mudanças radicais na vida dos neófitos. Com o passar das décadas, ainda no período patrístico, e com a morte de Teodósio I (395), o Império Romano divide-se em Império Romano do Ocidente e Império Romano do Oriente. No Ocidente, o último imperador é Rômulo Augústulo, deposto pelo germano Odoacro (476). Nesse tempo, até a queda do Império do Ocidente, a Igreja viveu harmônica com o Estado. Após a queda do Império, não havia mais um poder político central, mas vários domínios de conquistadores germânicos. As regras mudaram completamente e os representantes eclesiásticos passam a depender de negociações e pressões para seguir a missão evangelizadora da Igreja. Aos poucos, no Ocidente as forças vão se separando e o Papa Gelásio (494) insiste na distinção entre as duas autoridades, em que a autoridade eclesiástica lida com o poder moral e religioso, e o poder régio exerce sua função no poder público e profano.

No Oriente, a "cristandade romana" permaneceu por muitos séculos e desapareceu apenas quando da tomada de Constantinopla pelos otomanos (1453). É o fim da cristandade inaugurada nos longínquos processos iniciados pelo Édito de Milão.

EUSÉBIO DE CESAREIA. *História eclesiástica*. São Paulo: Novo Século, 1999. p. 319-345; FORLIN PATRUCCO, M. Édito de Milão. In: DPAC, p. 456; GOMES, F. J. *As comunidades cristãs da época apostólica*. Rio de Janeiro: Phoinix, 1997. p. 139-156; MARGUERAT. D. *A primeira história do cristianismo*. São Paulo: Loyola, 2003; MONDONI, D. *O cristianismo na antiguidade*. São Paulo: Loyola, 2014. p. 58-60; SIMON, M.; BENOIT, A. *Le Judaisme et le Christianisms Antique*. Paris: PUF, 1985.

Docetismo

Considerado herético na Igreja primitiva, desde o século II, o marcionismo ou docetismo é uma doutrina que confessa que o corpo humano de Jesus Cristo é "aparência", e não real e verdadeiro. Nunca foi uma doutrina definida como seita ou como grupos religiosos cismáticos, embora fosse defendida por importantes teólogos no século II, particularmente por Marcião.

Os docetistas compreendem a pessoa de Cristo de modo dualista e espiritualista em relação à encarnação do Verbo, a sua paixão e a sua humanidade. Segundo eles, é indigno do Filho de Deus ter um corpo material, nascer de uma Virgem e viver as condições humanas, pois acreditam na superioridade do espírito e na indignidade do mundo físico. Essa tendência de subestimar a realidade histórica da obra salvífica de Deus, a partir do pensamento platônico e neoplatônico, opõe o mundo transcendente às realidades do mundo sensível.

Primeiros indícios. São muitos os defensores do docetismo prenunciados e combatidos pelas Cartas Pastorais: "Se, porém, andamos na luz como ele mesmo está na luz, temos comunhão recíproca uns com os outros, e o sangue de Jesus Cristo, seu Filho, nos purifica de todo pecado" (1Jo 1,7). E ainda: "Muitos sedutores têm saído pelo mundo afora, os quais não proclamam Jesus Cristo que se encarnou. Quem assim proclama é o sedutor e o Anticristo [...] se alguém vier a vós sem trazer essa doutrina, não o recebais em vossa casa, nem o saudeis" (2Jo 1,7.10). Foram combatidos também por Inácio, na carta aos cristãos de Esmirna: "Quanto a mim, sei e creio que, mesmo depois da ressurreição, ele estava na sua carne. Quando veio até aos que estavam em torno de Pedro, lhes disse: 'Pegai, tocai-me, e vede que eu não sou espírito sem corpo'. E imediatamente eles o tocaram e, ao contato com sua carne e seu espírito, acreditaram. É por isso que eles desprezaram a morte e foram reconhecidos superiores à morte. E depois da ressurreição, comeu e bebeu junto com eles, como um ser de carne, embora espiritualmente unido ao Pai" (*Carta de Inácio aos cristãos de Esmirna*, 1, 3); e, com igual admoestação, na carta aos cristãos da Trália: "Mantende-vos surdos na hora em que alguém vos falar de outra coisa que de Jesus, da descendência de Davi, filho de Maria, o qual nasceu de fato, comeu e bebeu, foi de fato perseguido sob Pôncio Pilatos, de fato foi crucificado e morreu à vista dos que estão nos céus, na terra e debaixo da terra" (*Carta de Inácio aos cristãos da Trália*, 9).

Expansão e condenação. Com o risco de aproximar a figura do *Jesus-dókeo* com a do demiurgo, Marcião, que está na linha dessa heresia e do gnosticismo, admite uma "carne celeste", ou mesmo um corpo angelical, conforme defende Apeles. Os "valentinianos", por sua vez, fundados no século II por Valentim, são heréticos em sentido pleno, ao afirmarem que o Verbo divino, ao vir a este mundo, assumiu somente o espírito, que tem redenção e nenhuma substância corporal; eles se espalharam por Roma, Egito, Ásia Menor, Síria e partes da África, e suas ideias foram combatidas por Tertuliano, Hipólito e, sobretudo, Irineu de Lião, em sua obra *Adversus Haeresis*, na qual sua cristologia unifica humanidade, pecado, graça e redenção. A condenação efetiva do docetismo ocorre somente no Concílio de Calcedônia (451), pois a doutrina cristã nunca aceitou estas ou outras teorias gnósticas, para as quais a matéria é corrompida na sua origem, considerando que todos os seres existentes pertencem à criação divina.

AA.VV. *Pequeno dicionário de termos teológicos alemães, latinos e outros*. São Leopoldo: FTIECFB, 1967. p. 22; DS 3, p. 1461-1466; FRANGIOTTI, R. *História das heresias*. São Paulo: Paulus, 1995. p. 27-31; LACOSTE, J.-Y. *Dicionário crítico de teologia*. São Paulo: Paulinas/Loyola, 2004. p. 567-568; MONDONI, D. *O cristianismo na Antiguidade*. São Paulo: Loyola, 2014. p. 111-162; PETROSILLO, P. *O cristianismo de A a Z*. São Paulo: Paulus, 2012. p. 87; RAHNER, K.; VORGRIMLER, H. *Petit dictionnaire de théologie catholique*. Paris: Seuil, 1970. p. 132; STUDER, B. Docetismo. In: DPAC, p. 421-422.

Dogma

Nos tempos patrísticos, o dogma é um conceito de grande importância, pois está na encruzilhada entre a ortodoxia e a heresia, tornando-se uma discussão recorrente e transversal durante vários séculos. De origem filológica grega, dogma significa literalmente "o enunciado que se acredita verdadeiro". Portanto, é um conceito recorrente nas religiões e sempre se definiu como crença e convicção sobre temas doutrinais, sobretudo no tocante à revelação. Desse modo, os dogmas da Igreja se referem a todos os fiéis, são assumidos em sua plenitude e considerados verdades reveladas por Deus através das Sagradas Escrituras, sendo revelações explícitas ou implícitas nas suas formulações. O dogma é uma verdade revelada por Deus, quer dizer, sob sua inspiração, a fiéis místicos e privilegiados, e também proposições que a Igreja consagra à fé de seus membros.

Nos primeiros séculos da Igreja, toda doutrina cristã se manifesta pelo aprofundamento do mistério de Jesus Cristo, que emana da sua pregação aos apóstolos. A interação com as Sagradas Escrituras passa pelo conteúdo manifestado de forma satisfatória e aprovada pelas autoridades da Igreja, tanto no seu magistério pessoal quanto nos concílios. Uma vez promulgado o dogma, pertence ao patrimônio perene da doutrina cristã e tem caráter definitivo e imutável, permitindo apenas sua evolução, mas jamais sua contradição.

Como fundamentação racional, expressando o mistério, o dogma é uma crença imposta aos seguidores de um grupo religioso e que não admite contestação. Como expressão da doutrina de uma religião, é uma verdade acatada pelos fiéis, pois contém ensinamentos sagrados. A Escritura, no catolicismo, contém os fundamentos e os princípios dos dogmas sob a tutela das autoridades legítimas. O campo de estudo dos dogmas é, na Igreja cristã, a teologia dogmática, que aprofunda os tratados de todos os temas dogmáticos sobre Jesus Cristo, Igreja, Trindade, Maria, Mãe de Deus, plenitude dos tempos, entre vários. A contraposição a esses ensinamentos é heresia, pois questiona e rejeita a totalidade ou pontos essenciais das crenças estabelecidas legitimamente na religião.

Legitimidade do dogma. Para fundamentar e legitimar o dogma cristão, os Padres da Igreja buscaram fundamentos na revelação divina, considerada fonte do dogma. Os ensinamentos do Mestre que trazem o conteúdo e a primazia de Pedro, anunciados por Mateus, dão o critério para a aprovação dos dogmas, quando ocorrem discordâncias sobre temas transcendentais. A afirmação de Jesus ocorre depois de seu diálogo sobre a fidelidade de Pedro: "Pois também eu te digo que tu és Pedro, e sobre esta pedra edificarei a minha Igreja, e as portas do inferno não prevalecerão contra ela; e eu te darei as chaves do Reino dos céus; e tudo o que ligares na terra será ligado nos céus, e tudo o que desligares na terra será desligado nos céus" (Mt 16,18-19). A natureza da fé é delineada aos poucos e espontaneamente nas pregações e conversas com seus interlocutores, quando Jesus exige adesão aos ensinamentos divinos propagados pelos apóstolos, sob seu mandato: "Ide pelo mundo e pregai a Boa-Nova a toda criação. O que crer e for batizado se salvará; o que não crer, será condenado" (Mc 16,15-17). A legitimidade do dogma fundamenta-se na passagem da Carta aos Hebreus, que proclama: "A fé é garantia do que se espera; a prova das realidades que não se veem. Foi ela que valeu aos nossos ancestrais" (Hb 11,1-2).

Dentro dos dogmas oficiais mais importantes da Igreja, temos 14 pronunciamentos dos papas, mas muitos destes não foram aprovações papais, pois, nos primeiros séculos, foram elaborados os artigos do Credo, Símbolo dos Apóstolos que sintetiza o essencial das verdades cristãs. Todos os dogmas constituem uma verdade revelada por Deus, proposta à fé dos cristãos e para sua conduta moral. Sempre considerado imutável e perene, podemos aperfeiçoar o entendimento de um dogma, mas jamais cancelar sua proposição. Mesmo sendo elaborados na tradição patrística, estão todos contidos, ainda que implicitamente, nas revelações bíblicas.

Nesse processo, a verdade revelada recebe o caráter de dogma quando é proposta para a profissão de fé, mediante uma definição solene da Igreja, por seus meios jurídicos e canônicos, que, como vimos na Patrística, é a colegialidades dos patriarcados.

Depositário dos dogmas. O magistério da Igreja Católica Apostólica Romana se vincula à autoridade que recebeu do próprio Cristo e define dogmas para uma adesão irrevogável da fé. Os dogmas são propostos como verdades contidas na revelação divina e têm uma conexão necessária com os escritos bíblicos do Novo Testamento, tecendo uma unidade entre os enunciados, a teologia e a vida espiritual dos fiéis. Eles são considerados luzes no caminho dos crentes e garantia de segurança para todos. Quando seguidas fielmente, as verdades doutrinais unificam a revelação do mistério com o magistério, como lemos no Evangelho de João: "Jesus dizia, pois, aos judeus que criam nele: 'Se vós permanecerdes na minha palavra, verdadeiramente sereis meus discípulos; conhecereis a verdade, e a verdade vos libertará'" (Jo 8,31-32).

De acordo com o Concílio Vaticano I, os dogmas estão vinculados ao conjunto da revelação do mistério de Cristo, conforme as normas da Igreja (Concílio Vaticano I, DS, p. 3016). A veracidade dos dogmas proclamados desde os tempos patrísticos é confirmada pelo Concílio Vaticano II, na sua Constituição *Lumen Gentium*, sobre a Igreja: "Entre os principais encargos dos bispos ocupa lugar preeminente a pregação do Evangelho. Os bispos são os arautos da fé que para Deus conduzem novos discípulos. Dotados da autoridade de Cristo, são doutores autênticos, que pregam ao povo a eles confiado a fé que se deve crer e aplicar na vida prática; ilustrando-a sob a luz do Espírito Santo e tirando do tesouro da revelação coisas novas e antigas (Mt 13,52), fazem-no frutificar e solicitamente afastam os erros que ameaçam o seu rebanho (2Tm

4,1-4). Ensinando em comunhão com o Romano Pontífice, devem por todos ser venerados como testemunhas da verdade divina e católica. E os fiéis devem conformar-se ao parecer que o seu bispo emite em nome de Cristo sobre matéria de fé ou costumes, aderindo a ele com religioso acatamento. Esta religiosa submissão da vontade e do entendimento é por especial razão devida ao magistério autêntico do Romano Pontífice, mesmo quando não fala *ex cathedra*; de maneira que o seu supremo magistério seja reverentemente reconhecido, se preste sincera adesão aos ensinamentos que dele emanam, segundo o seu sentir e vontade; estes se manifestam, sobretudo, quer pela índole dos documentos, quer pelas frequentes repetições da mesma doutrina, quer pelo modo de falar" (LG 25).

Esta normativa é muito importante para que sejam determinados os dogmas como essenciais para a doutrina cristã e o seguimento dos fiéis, como encontramos na especificação do Documento do Concílio Vaticano II sobre o Ecumenismo, no Decreto *Unitatis Redintegratio*: "É absolutamente necessário que toda a doutrina seja exposta com clareza. Nada tão alheio ao ecumenismo como aquele falso irenismo pelo qual a pureza da doutrina católica sofre detrimento e é obscurecido o seu sentido genuíno e certo [...]. Na comparação das doutrinas, lembrem-se de que existe uma ordem ou 'hierarquia' das verdades da doutrina católica, já que o nexo delas com o fundamento da fé cristã é diferente. Assim se abre o caminho pelo qual, mediante esta fraterna emulação, todos se sintam incitados a um conhecimento mais profundo e a uma exposição mais clara das insondáveis riquezas de Cristo" (UR 11).

Os dogmas nos tempos patrísticos e por todos os séculos serviram para a unidade essencial do cristianismo e, mesmo que tivessem provocado separações de grupos definidos como heréticos, mantiveram a solidez e a coerência das Igrejas particulares em todo o universo cristão. As separações foram momentos difíceis e dolorosos, e nem sempre motivadas por dissensões dogmáticas, pois os fatores políticos e administrativos fomentaram divisões que estavam distantes das questões essenciais dos próprios dogmas.

AA.VV. *Pequeno dicionário de termos teológicos alemães, latinos e outros.* São Leopoldo: FTIECFB, 1967. p. 21; COMBY, J. *História da Igreja:* das origens ao século XV. São Paulo: Loyola, 2001. p. 89-104; DROBNER, H. R. *Manual de Patrologia.* Petrópolis: Vozes, 2003. p. 110-132; EICHER, P. *Dicionário de conceitos fundamentais de teologia.* São Paulo: Paulus, 1993. p. 189-198; LATOURELLE, R.; FISICHELLA, R. *Dicionário de teologia fundamental.* Petrópolis/Aparecida: Vozes/Santuário, 1994. p. 234-242; MEUNIER, B. *O nascimento dos dogmas cristãos.* São Paulo: Loyola, 2005; PEDRO, A. *Dicionário de termos religiosos e afins.* Aparecida: Santuário, 1993; PETROSILLO, P. *O cristianismo de A a Z.* São Paulo: Paulus, 2012. p. 87; RAHNER, K.; VORGRIMLER, H. *Petit dictionnaire de théologie catholique.* Paris: Seuil, 1970. p. 134-135; STUDER, B. Dogma. In: DPAC, p. 421-423.

Domus ecclesiae

Na sua compreensão filológica, este conceito une dois termos bem conhecidos do período cristão. A *domus ecclesiae* significa a Igreja doméstica, domiciliar, ou casa da assembleia, onde são unidos dois termos fundamentais: *domus*, que é a designação de uma residência familiar; e *ecclesiae*, que é a denominação dos crentes seguidores de Jesus Cristo. *Domus*, tradução latina do *diamonís* grego, é uma edificação para moradia e o "lugar do hábitat humano"; quer dizer que habitar é permanecer de forma permanente no *domus* (Bollnow, 1969, p. 119). Já o termo grego *ekklesia*, traduzido como "assembleia", é o espaço de reunião de um grupo de fiéis em uma "casa que pertence ao Senhor", afastando-se do universo profano.

Com a denominação de *domus ecclesiae*, o hábitat familiar torna-se mais comunitário, uma vez que a assembleia reúne membros unificados por um ideal ou credo. Encontramos, assim, a evolução para uma nova realidade social: o congregamento de uma comunidade de fé. Com esta identificação, encontramos as primeiras produções de espaço sagrado no cristianismo nascente. Efetivamente se tratava dos locais onde os primeiros cristãos se reuniam antes de construir seus pequenos templos ou santuários, nas primeiras décadas do cristianismo.

Sabemos que muitas dessas casas foram adaptadas de lares familiares; outras eram antigas sinagogas, mas algumas delas foram construídas discretamente para esse fim. Aos poucos, a Ceia Eucarística se destaca das refeições comuns e o Batismo não é mais realizado em águas correntes, dado o crescimento dos neófitos. Uma vantagem das sinagogas é que muitas delas possuíam compartimentos para serviços litúrgicos próprios e algumas tinham piscina para cerimoniais. No aspecto político, a perseguição fez com que os cristãos se enclausurassem em suas casas, para ficarem mais ocultos, e isso aumentou o número de cultos em lugares privados.

Ambientação dos espaços sagrados. Da tradição oral para a tradição escrita dos conteúdos da fé, bem como da tradição dos lugares improvisados e espontâneos para a construção de uma identidade espacial religiosa, percebemos a paulatina construção de uma comunidade que se formaliza eclesiasticamente. Se, nos primeiros tempos, a conversão e a continuidade dos ensinamentos cristãos eram sustentadas pelos apostólicos e missionários, as cartas enviadas às comunidades constituídas revelam grupos que se reúnem para ouvir a Palavra e celebrar seus ritos, edificando núcleos de fiéis e sedes próprias. Esses espaços, profanos na origem, ganham paulatinamente sacralidade e tornam-se importantes para as celebrações rituais. Nesses espaços litúrgicos se desenvolve a simbologia sagrada, constituindo a tradição cristã que aos poucos se destaca do judaísmo e que rejeita os elementos das culturas pagãs. As ilustrações da ambientação das salas revelam figuras relacionadas ao divino e, sobretudo, às passagens do Evangelho, ainda que tenham grande discrição para dissimular diante das possíveis e intermitentes perseguições dos romanos. No entanto, para catequizar o crescente número de convertidos, os líderes das comunidades serviram-se de representações figurativas de passagens da vida de Jesus, codificando princípios e ideais cristãos. Para não resvalar nas concepções pagãs, carregadas de ídolos em estátuas, as comunidades primitivas acolhiam apenas imagens em pinturas plásticas.

Espaços sagrados no Novo Testamento. Nos tempos apostólicos, ainda nas comunidades dos primeiros cristãos, sobretudo aquelas fundadas por Paulo, usam-se as casas dos fiéis como lugar de culto. Encontramos vários testemunhos dessa prática litúrgica nas casas familiares. Os cristãos se reúnem na casa da família de Narciso: "Saudai a Apeles, aprovado em Cristo. Saudai aos da família de Aristóbulo. Saudai a Herodião, meu parente. Saudai aos da família de Narciso, os que estão no Senhor" (Rm 16,11); como também na casa de Priscila e Áquila: "Saudai também a Igreja que está em sua casa. Saudai a Epêneto, meu amado, que é as primícias

Domus ecclesiae

da Acaia em Cristo" (Rm 16,5) e "as Igrejas da Ásia vos saúdam. Saúdam-vos afetuosamente no Senhor Áquila e Priscila, com a Igreja que está em sua casa" (1Cor 16,19); ou ainda em uma casa familiar no Aventino, em Roma, onde está atualmente a Igreja de Santa Prisca.

Como nos escritos do Novo Testamento não temos as descrições dos rituais batismais, podemos considerar que as celebrações da Ceia consideravam certa adaptação dos espaços para os sacramentos, resultando em transformações dos edifícios que serviam ao culto.

Com o crescimento do número de cristãos, sobretudo na passagem do século II para o século III, os fiéis precisavam de lugares mais amplos, onde pudessem realizar seus cultos, sobretudo a Ceia Eucarística, que consistia no encontro principal dos convertidos para proclamar, ouvir e aprofundar a Palavra de Deus e celebrar o ritual da última Ceia. Mesmo se tratando de edifícios simples usados pelas famílias, esses espaços sagrados foram sendo adaptados para, inclusive, celebrar o Batismo dos neófitos. Embora sejam tantas as edificações que serviram para o culto dos cristãos na era pré-constaniniana, a mais conhecida é a *Domus Ecclesiae Duros Europos* (Casa da Igreja em Duros Europos). Os termos se referem a uma fortaleza de proteção (*duros*) e à cidade de nascimento de Seleuco Nicator, seu fundador (*europos*). Europos é uma cidade fundada às margens do Eufrates, atual Síria, pelos Selêucidas. Mais tarde se tornou uma sinagoga e, no ano de 235 da era cristã, é erigida como Igreja cristã.

Essa *domus ecclesiae*, segundo pesquisas arqueológicas, teria uma sala de recepção rodeada por três bancos, para acolhida dos neófitos. A sala maior media aproximadamente 5 x 13 m, podendo acolher até 60 pessoas. Havia uma plataforma para o bispo e um pequeno vestiário, com nichos na parede, e um pátio bastante grande (4 x 7 m) com grandes portas, resultantes do antigo edifício. Nessa sala davam-se as catequeses aos catecúmenos. Havia ainda uma sala para o batistério, com uma banheira protegida por um baldaquino. Arqueólogos descobriram também pinturas originais com símbolos cristãos. No batistério encontravam-se ilustrações referentes ao sacramento do Batismo, como Adão e Eva, Davi e Golias, do Antigo Testamento, e, do Novo Testamento, o Bom Pastor, Jesus caminhando sobre as águas, a samaritana e as mulheres no túmulo de Jesus. Nos tempos patrísticos, os sacramentos da iniciação eram solenemente celebrados e os batistérios tornaram-se valiosos, destacando a importância do sacramento do Batismo.

Origem canônica e arquitetura. Nos primeiros tempos da formalização interna do cristianismo, as famílias convertidas ofereciam, por devoção e favor, suas casas para acolher a comunidade e realizar seus cultos. Na organização eclesiástica, sobretudo no século III, essas edificações foram sendo formalizadas e os proprietários recebiam o *status* de títulos (*tituli*), que provavelmente constituem os títulos cardinalícios que perduraram na história com diferentes concepções e características. Quando se dá a oficialização do cristianismo, esses títulos ganham legitimidade imperial e privilégios, mas continuam sendo as Igrejas domésticas privadas mais simples das comunidades rurais. Em geral, a arquitetura desses espaços era semelhante aos lares comuns, porém acrescidos ou adaptados para as celebrações. Os títulos continuaram ao longo da história, e como testemunho existe a propriedade do cristão Clemens (*titulus Clementis*), que mais tarde se tornou a Basílica de São Clemente. Não sem motivo, muitas *domus ecclesiae* foram escavadas sob os alicerces de Igrejas posteriores, como São João e Paulo, sobre a *titulus Pammachii*; Santa Cecília, sobre a *titulus Caeciliae*; ou São Martino nos montes, sobre a *titulus Equitii*. Muitos elementos simbólicos pertenciam às antigas moradias de pagãos convertidos e outros são símbolos cristãos decorativos.

Em linhas gerais, a arquitetura desses edifícios é composta de uma sala maior, onde se celebrava a Eucaristia, e na mesma sala havia um lugar para o clero, denominado tribunal ou *solium*, que ficava à parte em oração e preparação. Aos poucos, o epíscopo assume uma cátedra semelhante aos magistrados e os presbitérios se posicionam próximos dele no espaço denominado *presbyterium*. A assembleia, por sua vez, ficava no espaço maior, acompanhada pelos diáconos, sendo que os homens ficavam em alas separadas das mulheres. Nessa sala maior, a mobília sagrada era composta de um altar, para as espécies a serem ofertadas, e de duas mesas, uma onde depositavam as oferendas da Ceia e outra para as doações que seriam encaminhadas aos pobres.

Uma antessala servia para a instrução dos catecúmenos e penitentes, que ficavam separados dos fiéis e tinham atividades particulares de catequese e penitência. De fato, quem não era ainda batizado ou quem tinha sido excomungado não participava da sinaxe. Nas casas maiores, havia ainda duas salas: uma para o ágape, onde todos partilhavam uma Ceia fraterna; e outra, o *consignatorium*, era usada para a celebração do Batismo, quando normalmente se fazia também a crismação dos neófitos. Existia também a possibilidade de haver pequenas salas para depositar os alimentos e roupas a serem doados aos pobres. Se fosse uma casa familiar, seus membros eram responsáveis pelo cuidado e pela vigilância do local.

BATATTI, B. *Dura-europos.* In: DPAC, p. 436; BOGAZ, A. S.; COUTO, M. A.; HANSEN, J. H. *Patrística:* caminhos da tradição cristã. São Paulo: Paulus, 2014. p. 201-208; COMBY, J. *História da Igreja:* das origens ao século XV. São Paulo: Loyola, 2001. p. 14-21; LOPES, G. *Patrística pré-nicena.* São Paulo: Paulinas, 2014. p. 27-32; SARTORE, D. Igreja e liturgia. In: DL, p. 572.

Donatismo

Nos primeiros séculos, mas sobretudo nas primeiras décadas depois da morte e ressurreição do Senhor, havia uma grande expectativa com a segunda vinda de Cristo e o final dos tempos. Passado também o ardor messiânico, a Igreja ingressa no mundo social, político e econômico, perdendo a simplicidade e radicalidade originárias. Nessa nova realidade, o próprio imperador se interessa pela unidade eclesiástica da Igreja cristã, como um dos pilares da hegemonia imperial.

O conceito donatista é eclesiológico, uma vez que aborda a concepção da natureza da Igreja e se fundamenta nos escritos de Tertuliano, Hipólito e Cipriano, os quais concebem a comunidade dos convertidos como sociedade de puros e santos, moradas do Espírito Santo. Na sua *Apologia,* Tertuliano enuncia: "Nós somos uma sociedade, um sentimento religioso comum, uma disciplina unitária com um laço comum de esperança" (Tertuliano, *Apologia,* 39, 1). Para Cipriano, de forma similar, a "comunidade dos crentes" é um "jardim fechado" (*hortum clausum*) e uma "fonte selada" (*fons sigilata*).

Controvérsia eclesiástica. Na Conferência de Cartago, o *Mandatum Donatista* afirma que "nas divinas Escrituras, a Igreja de Deus é proclamada sempre como santa e imaculada", como ensinava o bispo de Cartago no seu *De Unitate Eclesiae*. Cipriano não aceitava, inclusive, que os sacerdotes em pecado mortal celebrassem os sacramentos da iniciação cristã. Os donatistas, então, assumiram essa postura e não acolhiam os batizados por um ministro cismático; deveriam ser rebatizados ou batizados validamente. Por essa razão, os donatistas formam uma Igreja separada, pois a Igreja Católica era muito complacente com seus fiéis e até mesmo laxista com quem não assumia com seriedade seus mandamentos. Os donatistas queriam edificar uma Igreja com membros mais rigorosos e santos, longe das massas populares que se cristianizavam. Do ponto de vista doutrinal, os donatistas rejeitavam a inculturação das categorias helênicas para definir os dogmas e as festividades pagãs cristianizadas.

Resposta eclesial. A controvérsia durou anos, mas a Igreja aceitou acolher os lapsos, reintegrando-os à comunidade cristã, mesmo depois do Édito de Milão. Decidiu-se que não seria necessário rebatizar os fiéis batizados por presbíteros ou bispos lapsos, desde que assumissem a penitência imposta pelos pastores. Mais delicada foi a situação do bispo Ceciliano, que, segundo os donatistas, tinha sido nomeado por Félix, um apóstata. O Sínodo de Arles e o Sínodo de Roma decidiram finalmente não rebatizar os *lapsi-traditores*. Mesmo com a aprovação do imperador, que confirma as decisões desses concílios, os donatistas resistiram e as forças imperiais tomaram medidas violentas contra eles, provocando o martírio de vários presbíteros e de um bispo. Em 316, o Império lhes impõe leis rigorosas, forçando-os a abandonar a Igreja, e confiscam seus bens. Em 321 foi publicado um édito de tolerância e os donatistas seguiram em paz, expandiram-se e cresceram. Donato convocou um Sínodo em Cartago (336), com 270 bispos. Juliano, apóstata, escreve lamentando a violência do Estado para resolver questões eclesiásticas. Ele insiste que "os homens devem instruir-se e conquistar-se pela razão, e não com pancadas, insultos e castigos corporais". Quem está no erro merece mais compaixão que ódio. Mesmo depois do exílio de Donato (347), crescem os fiéis e ministros donatistas, sendo que chegam a contar, em 411, com 285 bispos, enquanto os católicos contam com 286, apenas um a mais. Mesmo tendo desaparecido com a invasão dos bárbaros e vândalos, o donatismo continuou manifestando sua força profética diante da Igreja romana. A presença de Agostinho de Roma e a força do Império facilitaram o declínio desse movimento no cristianismo norte-africano.

BOGAZ, A. S.; COUTO, M. A.; HANSEN, J. H. *Patrística*: caminhos da tradição cristã. São Paulo: Paulus, 2014. p. 163-166; BOVE, G. Donatismo. In: *Dizionario Teologico Enciclopedico*. Roma: Piemme, 1993. p. 315-316; DROBNER, H. R. *Manual de Patrologia*. Petrópolis: Vozes, 2003. p. 410-411; EUSÉBIO DE CESAREIA. *História eclesiástica*. São Paulo: Novo Século, 1999. p. 235-236; FRANGIOTTI, R. *História das heresias*. São Paulo: Paulus, 1995. p. 61-74; MONDONI, D. *O cristianismo na Antiguidade*. São Paulo: Loyola, 2014. p. 122-123; ORBE, A. *La teologia dei secoli II e III*. Roma: Piemme, 1995; ROMERO POSE, E. Donatismo. In: DPAC, p. 426-431.

Doutrina patrística social

O conceito "doutrina social da Igreja" é contemporâneo e, portanto, não encontramos este título dentro dos próprios escritos da Patrologia. Tomamos os conceitos fundamentais dessa doutrina e descobrimos riqueza e precisão enormes em suas características, as quais compõem o significado deste argumento desde os tempos bíblicos e são fortemente desenvolvidas por um grande número de Padres da Igreja. Se considerarmos a doutrina social dos padres antigos como o vínculo entre a mensagem cristã e a justiça social, podemos desenvolver tratados em várias dimensões.

Para os escritores patrísticos, o compromisso histórico e social é um elemento constitutivo da fé cristã. Na espiritualidade, o fundamento está na consciência de que professamos a encarnação divina como dogma cristão, entendida como integração histórica do Filho de Deus. Quando lemos a proposta dos primeiros cristãos, colocamos os princípios desta doutrina: "E perseveravam na doutrina dos apóstolos, e na comunhão, e no partir do pão, e nas orações [...] e todos os que acreditavam tinham tudo em comum. Vendiam suas propriedades e bens, e repartiam com todos, segundo cada um tinha necessidade. Perseveravam unânimes todos os dias no templo, e, partindo o pão em casa, comiam juntos com alegria e singeleza de coração" (At 2,42-47).

Profissão de fé e compromisso social e histórico nos escritos e nas práticas dos padres patrísticos são dois componentes do mesmo plano de Deus para o mundo. A fé, professada em doutrinas e celebrada em ritos, não se mede por ritos exteriores, mas por práticas evangelizadoras e atitudes verdadeiras. Todas as homilias, que são inúmeras, sobre a doutrina social daquele período fundamentam-se nas pregações de teor profético de Jesus Cristo, criticando as devoções templárias, carregadas de atitudes exteriores e vazias de ações concretas.

Contexto social patrístico. Observando seus escritos e suas atuações pastorais, os primeiros teólogos do cristianismo escreveram e profetizaram em suas homilias tão fortemente que questionavam as estruturas imperiais legitimadoras da escravidão e da divisão em castas. Os padres apresentavam a nova visão de sociedade, advinda das páginas evangélicas, pela qual revelavam indignação com as estruturas sociais. Não existe prova mais evidente dessa realidade que as perseguições que os cristãos e especialmente seus pastores sofreram nos três primeiros séculos.

Como esse tema está vinculado com a partilha e a dignidade dos pobres, retomamos a definição das ciências sociais sobre a categoria do pobre: "O pobre é aquele que, de modo permanente ou temporário, se encontra em situação de debilidade, dependência e humilhação, caracterizada pela privação dos meios, que garantem força e consideração social: dinheiro, relações, influência, poder, ciência, qualificação técnica, honorabilidade de nascimento, vigor físico, capacidade intelectual, liberdade e dignidade pessoais. Vivendo no seu dia a dia, não tem qualquer possibilidade de revelar-se sem a ajuda de ninguém".

A doutrina social dos padres não se encontra elaborada por temas, mas está espalhada nas suas obras, quando escrevem para as comunidades ou proclamam suas homilias nas celebrações eucarísticas ou nas catequeses. Procuramos definir alguns destes temas, como ilustração para o conjunto global do que os padres compreendiam como doutrina social, ou seja, a interação entre as práticas cristãs litúrgicas, a fé professada e a vida cotidiana dos seguidores do Nazareno.

Gênese dos escritos sociais. Percorrendo um itinerário cronológico, desde o princípio encontramos que a vida do cristão une a justiça e a vida eucarística, bem como toda oração (*Didaqué*, X). O apelo à solidariedade é uma exigência da iniciação cristã. Mesmo Justino unifica em sua obra (*Apologia I*, 61) traços de uma doutrina social, com a junção de três exigências, que assinalamos: crer nas verdades do Evangelho, viver suas promessas e converter-se ao modelo de viver dos cristãos. Mais imperativa ainda é a trajetória do candidato ao Batismo cristão, que encontramos na *Tradição apostólica*, atribuída a Hipólito de Roma. A lista de condições para a integração de novos membros na comunidade cristã (cc. 15-16) é um verdadeiro tratado de justiça social, além das exigências morais. O culto comunitário é a expressão da opção de vida marcada pela justiça e pela caridade. Com a passagem das décadas e o crescimento do número de cristãos, as exigências são mais explícitas. Em Cipriano de Cartago (*De Ecclesiae*, 5), sabemos que a integração na comunidade transpassa as exigências eclesiásticas e institucionais. Para viver como cristãos, os convertidos devem nutrir os mesmos sentimentos e viver em comunhão fraterna. Mais tarde, quando as estruturas eclesiásticas se aproximam da organização imperial, os padres tornam-se ainda mais proféticos e insistem que o verdadeiro cristão se compromete com a justiça e a partilha dos bens. Não se pode ser cristão sem o compromisso com os mais empobrecidos da sociedade.

Elementos constitutivos. Não esperamos dos Padres da Igreja tratados conceituais da doutrina social dos cristãos. No entanto, diante das realidades de injustiça dos poderosos, abandono dos pobres e descuido com os grupos mais frágeis das comunidades e da cidade, esses pastores e teólogos se levantam e professam verdadeiros oráculos, alguns próximos da excomunhão. Considerando que a utopia da mensagem evangélica é a partilha fraterna, respaldada na apreciação da comunidade cristã (At 2,44; 4,32–3,7), os padres retomam sempre o ideal cristão como critério dessa opção evangélica.

Alguns desses elementos constitutivos encontramos nas cartas dos padres apostólicos. Assim, encontramos em Inácio de

Antioquia (*Carta aos Efésios*, 14) e em Policarpo de Esmina (*Carta aos Filipenses*, 10) forte apelo para socorrer as viúvas e os pobres, atendendo a suas necessidades. Seguimos com o Pastor de Hermas (*Segundo Mandamento*, 27), que eleva seu apelo aos cristãos em nome de órfãos, crianças, viúvas e estrangeiros. Devido às estruturas sociais, divisões territoriais e organização familiar, estes são os grupos humanos mais frágeis e oprimidos dos tempos antigos. A base bíblica cristã para esses propósitos é encontrada nas Cartas Pastorais, como a Carta de Tiago, quando chama a atenção para o comportamento coerente dos cristãos nas comunidades: "Supomos que entre na vossa reunião um homem com anel de ouro e ricos trajes, e entre também um pobre com trajes gastos; se atenderdes ao que está magnificamente trajado, e lhe disserdes: 'Senta-te aqui, neste lugar de honra', e disserdes ao pobre: 'Fica ali de pé', ou: 'Senta-te aqui junto ao estrado dos meus pés', não é verdade que fazeis distinção entre vós, e que sois juízes de pensamentos iníquos?" (Tg 2,2-4). Mesma exortação encontramos no próprio *Magnificat*, onde se exalta a oposição entre ricos e pobres: "Com o seu braço agiu valorosamente; dissipou os soberbos no pensamento de seus corações. Depôs dos tronos os poderosos e elevou os humildes. Encheu de bens os famintos, e despediu vazios os ricos" (Lc 1,51-53).

As riquezas são úteis, afirma Clemente de Alexandria, mas não nos devem escravizar. Os estudiosos são unânimes em confirmar que os ensinamentos da Patrística não contestam a propriedade pessoal dos bens, mas completam que estes devem servir para o bem de todos os irmãos. Os proprietários devem ter consciência de que os bens pertencem a Deus, e os cristãos são seus guardiões e administradores. Mesmo sem acolher os grupos de maior radicalidade social, como os encratitas, donatistas e pelagianistas, que defendem a partilha radical dos bens, os pastores da Igreja primitiva defendem formas de posse mais equitativas e com hipoteca social. Assim, a renúncia dos bens é uma impostação, sempre muito aplaudida como resposta pessoal a Deus. O rigorismo da renúncia é um ideal monástico e torna-se modelo da radicalidade cristã.

Princípios fundamentais. A posse e o uso dos bens entre os cristãos foi um tema recorrente nos padres, embora a situação tenha-se agravado após a oficialização do cristianismo, quando desaparece o confisco dos bens dos cristãos nos períodos de perseguição. Com a integração à estrutura imperial, os padres alertam gravemente para o comportamento social e político dos cristãos, exigindo coerência e lutando contra grandes injustiças. Delineiam, assim, vários princípios que se tornam a gênese da doutrina social da Igreja.

1. Gestão das riquezas: desde que o destino dos bens sirva ao bem comum, Basílio Magno admite a posse pessoal ou privada, sobretudo de riquezas adquiridas pelo trabalho ou por herança. O proprietário é um gerenciador desses bens, uma vez que tudo pertence a Deus. Somos administradores ou tutores dessas posses. As posses devem ser produtivas, produzindo bens para os irmãos, e não bens de uso, como a moeda, em que a especulação produz riqueza sem benefícios para a sobrevivência. Segundo ele, a posse abundante dos ricos é inconciliável com a necessidade dos pobres, e, se o rico for um mau gestor, está usurpando os bens divinos.

2. Luxúria e usurpação: Basílio de Cesareia condena o luxo exagerado dos ricos na região da Capadócia. Enquanto os ricos gastam fortunas no luxo de seus palácios, não sobram nem migalhas para os "lázaros". Ao mesmo tempo, na região, as pregações de Gregório de Nazianzo denunciam o luxo das casas e das vestes dos ricos e a ganância para comprar mais e mais propriedades.

São bens usurpados dos pobres que sustentam essas riquezas desmesuradas. Ele condena também os mercadores de trigo, que, para lucrarem sempre mais, deixam os pobres carentes em suas necessidades primárias. Os pobres vivem na indigência, porque seus bens são usurpados pelo comércio injusto dos poderosos. O trigo apodrece nos seus celeiros e uma multidão de pobres passa fome. Na doutrina social cristã, não deve existir o "meu" e "seu", pois tudo vem das mãos de Deus para todos.

3. *Grandes fortunas são suspeitas:* trata-se de uma crítica convencional, que considera que, se um rico consegue grandes fortunas em pouco tempo, os meios podem ser logicamente suspeitos. Esta é a profecia de João Crisóstomo, que sempre defendeu os direitos dos pobres. Ele não nega a legitimidade das riquezas adquiridas pelo trabalho honesto, mas denuncia que o acúmulo excessivo é fruto de relações injustas de trabalho e comércio. É contra o cristianismo que poucos possuam propriedades imensas, enquanto grandes multidões não têm terras para semear. Profeticamente denuncia que não possuem a bênção de Deus as propriedades adquiridas pelo roubo e pela exploração do trabalho, uma vez que Deus tudo criou e entregou a todos os seus filhos. Dramaticamente, Ambrósio de Milão denuncia em forma de parábola a dor de um pai de família que não sabe qual dos filhos teria de vender para quitar grandes dívidas com proprietários que penhoraram seus bens.

4. *Justiça para os pobres:* a maior angústia do ser humano não vem de suas necessidades, mas da afronta que o luxo dos ricos faz com os pobres. Trata-se de uma situação escandalosa. Lautos banquetes em uma casa e a fome na casa vizinha é um clamor que sobe aos céus. Os Padres da Igreja clamam por mais justiça na sociedade, acusando os abusos dos ricos e buscando amenizar a miséria dos mais pobres.

Como pode um cristão, em uma sociedade cristianizada a partir do século IV, aceitar que poucos senhores acumulem bens em seus celeiros e riquezas em seus cofres e deixem os pobres definhar na fome. Um princípio fundamental assinala que o pobre tem direito aos bens que apodrecem nos celeiros dos ricos. Leão Magno insiste que os bens que sobram nas prateleiras dos mercadores pertencem aos irmãos que vivem na penúria. Este é o ideal da justiça social cristã, e não cumprir este mandato divino provoca a morte de muitos irmãos. "O que é isso, senão um homicídio?", questiona este papa, pois tais atitudes afrontam a lei de Deus.

5. *Salário suficiente para viver:* o trabalho é um direito no mundo urbanizado, como fora nos universos rurais. Para o assalariado, o ganho semanal ou mensal é sua única forma de sobrevivência, com sua família, e isso faz parte das preocupações dos padres patrísticos. Ambrósio de Milão destaca esse direito com veemência, quando pede aos patrões: "Dê ao trabalhador o salário ao qual tem direito e não lhe tire a recompensa de sua fadiga. Não prejudique ao empregado que está empenhando-se, nem ao trabalhador que está fatigando-se. Não despreze o pobre que tem de cansar-se a vida toda para ganhar o salário com que se sustenta. Quando você lhe nega ajuda devida, então está assassinando esse homem!" (Ambrósio de Milão, *Sobre Tobias*, PL, 14, 862). O tema do trabalho voltou muitas vezes nos documentos do magistério, mostrando a importância da justiça social.

6. *Posse comum dos bens:* João Crisóstomo reclama o direito dos pobres diante dos possuidores de grandes riquezas. Questiona argutamente a origem de tantas riquezas, que não se consegue provar que é justa, mesmo que seja legal, porque faturada em leis injustas, que os próprios ricos fazem para seus interesses. Mais

notável é a relação dessa doutrina social com a espiritualidade: "Você não consegue demonstrar que a sua riqueza seja justa. Não se pode negar que tudo começou com uma injustiça. Por quê? Porque Deus no início não criou a um rico e a outro pobre. E não deixou que um descobrisse tesouros, ao passo que escondeu estes para outros. Deus deu a todos a mesma terra para ser cultivada [...]. Deus distribuiu tudo a todos, pois todos são irmãos" (João Crisóstomo, *Sermão 12: Carta a Timóteo 4*, PG 62, 562-564). Recorrendo aos princípios bíblicos, fica mais evidente a vontade de Deus e seus princípios cristãos.

7. Avareza como pecado social: o avarento é o cristão que vive de vaidades e de necessidades supérfluas, deixando os irmãos na indigência. O termo "ladrão" é um tom forte da pregação de Basílio de Cesareia, quando critica os ricos que se vestem luxuosamente e deixam os irmãos na nudez. Ter o supérfluo e o excesso de bens são atos de apropriação indébita dos bens que pertencem a todos. A doutrina social de Basílio é profética, acusando gravemente os avarentos como usurpadores dos bens comuns. Repete a denúncia quando fala de pão, de vestes e de calçados. Palavras objetivas e acusações diretas estão no texto: "O que é um *avarento*? É alguém que não se contenta com o necessário. O que é um *ladrão*? É alguém que arrebata o bem alheio. E tu não és um avarento? Não és um ladrão? Os bens te foram confiados para serem *administrados*. Mas te apoderas deles. Quem despoja a um homem de suas vestes, deve ser chamado de ladrão. O pão que guardas, pertence ao faminto. O manto que conservas no guarda-roupa, pertence ao homem nu. O calçado que apodrece contigo, pertence ao descalço. O dinheiro que reténs escondido, pertence aos miseráveis. O número de oprimidos é igual ao número daqueles que poderias ajudar" (Basílio de Cesareia, PG 31, 262-278).

8. *Acúmulo de bens:* ainda que considerem a propriedade privada legítima, os Padres da Igreja antiga criticam o acúmulo de bens e o uso desses bens para a vaidade e o luxo, quando ao mesmo tempo tantos passam grandes necessidades. Podem ser chamados tiranos os homens que guardam para si os bens que pertencem a toda a coletividade. As palavras duras de Gregório de Nissa comparam esses egoístas a animais selvagens, que querem sempre devorar os menores, e são mais ainda ferozes que as feras do reino animal, afinal, "um lobo tolera a outro lobo a seu lado para estraçalhar a presa. Os cães se reúnem para devorar a mesma caça, mas o ser humano sempre insaciável se recusa a partilhar com seu semelhante. A casa está em festa, enquanto milhares de Lázaros ficam pelas portas" (Gregório de Nissa, PG 46, 454-469).

9. *Vaidade das riquezas:* a riqueza vem de uma vaidade profunda, na qual o ser humano precisa se autoafirmar em sua fragilidade espiritual e afetiva, e as riquezas dão a enganosa garantia de poder e garantem bajuladores que o exaltam e o engrandecem. A doutrina dos padres, quando toca os direitos de todos os seres humanos, aponta o luxo das pessoas e mesmo de seus animais de estimação. Assim João Crisóstomo escreve em seus sermões: "Quando metes em teu cavalo um freio de ouro [...] quando te enfeitas com pedras preciosas, quando te cobres com vestes finíssimas, estás despojando os orfãozinhos, estás arrebatando as vestes das viúvas. Tu que cobres de prata o teu leito [...] será que em um leito assim o teu sono será mais agradável? Pelo contrário, será menos suave, porque a inquietação é maior. [...] Quantos órfãos foram despojados! Quantas viúvas sofrem injustiças! Quantos operários foram roubados no seu salário! Deus vos deu um teto para vos abrigardes da chuva, não para forrá-lo de ouro, enquanto o pobre morre de fome. Deus vos deu vestimentas para vos cobrirdes com

elas, não para bordá-las luxuosamente, enquanto Cristo morre de frio" (João Crisóstomo, PG, 48, 974-992).

Essa ira dirige-se também contra os templos edificados cada vez mais luxuosos na era constantiniana, e João Crisóstomo se volta bastante contra o luxo dos altares, que leva ao descrédito os cultos cristãos: "Seria um escândalo honrar o corpo de Cristo, na igreja, com estofas de seda, e permitir que quase ele morra de sede pela nudez. Aquele que disse: 'Este é meu corpo', disse também: 'Me vistes com fome e não me destes de comer'. Que vantagem pode ter Cristo se a sua mesa está 'coberta de vasos de ouro', enquanto ele mesmo morre de fome na pessoa dos pobres" (João Crisóstomo, *Hom. in Mat. 50*, 39, PG 58, 508).

Os temas da doutrina social da Igreja estão esboçados em seus escritos e tratam do direito dos pobres à partilha da terra, à moradia e a vestimentas. Chegam a ser irônicos quando questionam sobre as aparências dos defuntos: "Quem pode distinguir as aparências dos defuntos? Descobre a terra, e, se podes, mostra qual é o rico. As riquezas apodrecem enterradas com ele". Não se trata de dar esmolas, mas de devolver aos pobres os bens que lhes pertencem, pois todos somos filhos do mesmo Deus e Pai de todos (Ambrósio de Milão, PL, 14, 731-756). Agostinho considera um ultraje ao próprio Cristo apossar-se dos bens que pertencem a todos os irmãos, pois o caminho do paraíso é a partilha e a solidariedade (Agostinho de Hipona, PL, 38, 11-116).

Doutrina antropológico-social. Alguns outros temas são fundamentais para delinear o significado de doutrina social na Patrística, referindo-se à concepção de ser humano na dimensão cristã. Consideramos a *dignidade da pessoa humana* com Tertuliano, que concebe o ser humano como uma criatura modelada por

Deus, que tem direito à liberdade e à dignidade. Na criação, o ser humano recebe honra e dignidade, pois está unido à encarnação do Filho de Deus, que dignifica nosso corpo material e temporal. A dignidade do ser humano advém dos dons recebidos do Criador, que garantem grandes merecimentos. Em Irineu de Lião, encontramos que a "glória de Deus é o ser humano vivo"; portanto, o ser humano na sua integridade torna-se semelhante a Deus, uma vez que, sendo corpo, alma e espírito, participa do dom de Deus na sua integridade. A fundamentação em Gênesis, que eleva a imagem e a semelhança, ilustra igualmente a proposição de Gregório de Nissa: "Tu foste criado à imagem daquela essência do intelecto, à semelhança daquela beleza da qual não há defeito, representação da verdadeira divindade, receptáculo da vida bem-aventurada, simulacro da autêntica luz".

Ser solidário com os famintos é o caminho para a vida eterna, e mesmo a partilha dos alimentos e dos bens apaga o pecado original, afirma Basílio Magno. Segundo ele, "como Adão introduziu a culpa, por ter comido a fruta, nós cancelamos as consequências do pecado para assim fazer crescer a imagem de Deus no homem, quando ajudamos com alimentos os mais necessitados". O acúmulo de bens é um pecado contra a justiça social cristã.

Para fundamentar o princípio da *destinação universal dos bens*, Agostinho de Hipona faz referência às primeiras comunidades cristãs (At 4,32). Deus destinou bens para todos e a regra da justiça é que os produtos dos bens devem servir todos os irmãos. Deus abomina o privilégio de alguns em detrimento dos direitos da grande maioria; portanto, a justiça exige exercício equitativo.

Entre outros princípios, apresentamos o *princípio da subsidiariedade*, que indica que o ser humano deve dar ao próximo os bens de que necessita para viver dignamente. Nesse campo, a família é muito importante, assim como a comunidade, pois nenhum ser humano poder viver plenamente sem um lar e sem relações mais próximas. João Crisóstomo aponta a necessidade dos pais, que devem proteger sua prole de todos os perigos e suprir suas necessidades. Metaforicamente, cada ser humano tem ovelhas para cuidar e todos somos bons pastores. A cada dia é preciso cuidar do bem do outro, e na vida pública somos responsáveis pelo corpo e pelo espírito dos irmãos. Os pais têm domínio sobre os filhos e devem protegê-los, em uma relação de direito e dever, de autoridade e responsabilidade. O governo da *pólis* serve para coibir o pecado do egoísmo dos cidadãos e promover a partilha e a justiça para cada cidadão.

Todos somos convidados a participar, com o trabalho e com os próprios dons, de um mundo mais justo, mais fraterno. Para fundamentar esses princípios que compreendem implicitamente a doutrina social patrística, a Palavra de Deus é a fonte mais legítima e primordial. Ela nos garante os caminhos para a dignidade do ser humano e a igualdade entre todos os cidadãos e todos os povos. Por certo, as injustiças provocam grande indignação nos grandes Padres da Igreja e seus escritos são muito objetivos e proféticos. A sociedade imperial tem uma estrutura injusta de patrícios e plebeus, escravos e livres, castas e párias, e os padres mostram a contradição com os ensinamentos de Cristo. A filiação divina nos garante a fraternidade universal.

Esboços da doutrina social. A literatura patrística é importante na confecção de uma doutrina cristã para a sociedade, pois busca nas críticas dos profetas e nas pregações de Jesus contra as riquezas os princípios fundamentais para elaborar um projeto cristão para a transformação e iluminação dos cidadãos e seus governantes. São incontáveis os textos que fornecem matéria-prima para planejar um caminho de solidariedade e fraternidade entre os grupos humanos e os povos. Não são apenas exortações piedosas, mas formas de apreciar e estruturar a ordem social. Esmola é muito mais que dar o supérfluo e migalhas; é partilhar o necessário entre todos os irmãos, e a partilha é a atitude que emana da mensagem evangélica. Para a doutrina social cristã, o binômio fé e justiça se unifica na mesma fidelidade ao projeto do Reino de Deus. A fé exige caridade, entrega da vida, partilha e direitos humanos iguais. A profissão de fé passa pelo amor a Deus, concretizado na justiça aos homens.

A doutrina social dos padres, sem elaborar nem sistematizar um sistema social ou político, destaca importantes elementos que devem ser considerados como princípios fundamentais de uma nova lógica mundial, não apenas para os cristãos entre si, mas para todos os povos, que são irmanados na filiação divina. Todos são convidados a participar desse projeto de justiça e paz, e os principais destinatários são os mais pobres, que sofrem injustiças em suas diversas formas de opressão, seja econômica, étnica, seja de gênero e religiosa. A doutrina social propõe uma reforma estrutural da sociedade para concretizar a igualdade e a fraternidade entre as pessoas e os povos. Essa utopia provoca profecia e constante luta pela transformação do mundo.

LOPES, G. *Patrística pré-nicena*. São Paulo: Paulinas, 2014. p. 19-20; MORESCHINI, C.; NORELLI, E. *História da literatura cristã antiga:* grega e latina. São Paulo: Loyola, 2000. p. 196-198; PISTÓIA, A. Compromisso. In: DL, p. 196; MOLLAT, M. *Os pobres na Idade Média*. Rio de Janeiro: Campus, 1989.

Édito de Milão

Promulgado no dia 13 de junho de 313, o Édito de Milão (*Edictum Mediolanense*) determinou que o Império Romano suspendesse os decretos anteriores que determinavam a perseguição aos cristãos nas suas várias punições. Esta carta documental oficializou o acordo entre o imperador do Ocidente, Constantino Magno, e do Oriente, Licínio. Em síntese, o documento determina a liberdade religiosa de todos os cidadãos romanos e a devolução dos lugares de cultos e das propriedades usurpadas dos cristãos, por determinação dos decretos anteriores. Determinou-se que os bens vendidos em leilões públicos seriam restituídos aos seus antigos proprietários, sem indenização ou qualquer reposição de bens. Anteriormente definido como *collegium illicitum*, agora todas as religiões recebem o estatuto de legitimidade e o paganismo deixa de ser a religião oficial do Império Romano em suas classes sociais patrícias. Pouco antes, o Édito de Tolerância ou da Indulgência, promulgado por Galério (30 de abril de 311), tinha eliminado das leis as perseguições contra os cristãos. O caminho para o Édito de Milão foi longo e carregado de tentativas favoráveis e contraposições.

Antecedentes. A perseguição sempre assolou a vida dos cristãos nos primeiros tempos, mas, a partir do século III, a situação se agravou. O Império Romano no século II enfrenta sérias crises, sobretudo com guerras civis, invasões e infidelidade dos povos vindos do Norte da Europa e o despovoamento dos territórios conquistados. Para unificar os povos, desenvolve-se a estratégia do culto ao imperador e seus símbolos, mas os cristãos se recusam a prestar esses cultos. Septímio Severo proíbe o proselitismo judeu e cristão e promove perseguições e castigos (202). Os cristãos são inscritos nas fichas policiais como subversivos e o catecumenato é proibido.

Édito de Milão

Membros do clero são condenados à morte por Maximiano (235). A imposição de Décio (249-251) para que os cristãos sacrifiquem aos deuses do Império, com obrigação de uma certificação, gera resistência dos cristãos e, como consequência, mais martírios. Cipriano de Cartago atesta esse período como perturbação interna na Igreja africana, por conta dos lapsos. Em seguida, Valeriano, para unificar o Império contra os persas, persegue os cristãos, proibindo cultos e reuniões e perseguindo o clero. Nesse período são martirizados Cipriano de Cartago, Sixto II, bispo de Roma, Tarcísio, o menino, e o diácono Lourenço.

Esse acontecimento pode ter levado o imperador Galiano a publicar o Édito de Tolerância, que deu à comunidade cristã um período longo de paz e crescimento, com muitas conversões e construção de templos. O agravamento das perseguições se dá com o imperador Diocleciano, que, ao assumir o poder em 285, quer restaurar o poder imperial, dividindo o Império em quatro partes, no sistema de tetrarquia, e em 12 dioceses ou regiões as 96 províncias. Para governar essa nova ordem estrutural, são criados impostos e se reforçam o totalitarismo e a repressão policial, que atinge toda a população, mas sobretudo os cristãos. Ao rejeitar o culto ao imperador, os cristãos são perseguidos. Foi a mais cruel e a última das perseguições do período romano.

Nesse período, foram promulgados vários decretos em que se ordenava a destruição dos livros sagrados, dos lugares de culto, se difamavam os cristãos e os condenavam às minas ou à morte. Menos intensa na Gália, com o imperador Constâncio Cloro, na Itália, Espanha e África, a perseguição foi, mesmo que bastante curta (303-305), muito violenta. No Oriente, com Galério, foi mais longa (303-313) e muito cruel.

Perseguição e edital de Milão. O Édito de Milão está a caminho. A vitória de Maxêncio na ponte Mílvio, no Tibre (312), foi considerada um milagre, o que proporcionou sua conversão ao cristianismo, estimulada, sobretudo, por sua mãe, Helena. Para confirmar sua crença, inscreve em seu estandarte o monograma de Cristo. Restava apenas finalizar a perseguição no Oriente. O próximo passo, com a morte de Galério (311), foi o Édito de Milão, o qual reconhece liberdade de culto para todos os cidadãos. Por certo, o quadro social, político e religioso mudou radicalmente para todas as religiões, mas, sobretudo, para os seguidores do cristianismo, e mudou positivamente, apesar das interferências estatais no governo da Igreja, envolvendo até mesmo temas doutrinais e morais. O martírio desaparece completamente e as leis imperiais deixam livres os convertidos, exceto por uma breve perseguição decretada por Juliano, sobrinho de Constâncio. Destacamos algumas mudanças importantes imediatas do Édito, recordando a importância desse novo modelo de jurisdição:

1) Fica proibida a marca da ignomínia no rosto dos condenados;
2) Deixam de ser praticadas a crucifixão e a ruptura dos ossos como pena capital;
3) Fica proibida a exposição de crianças e espetáculos públicos imorais;
4) É decretado o término das lutas de gladiadores e jogos mortais;
5) Penas corporais no período quaresmal são suspensas;
6) São normatizados o matrimônio civil-religioso e a elaboração do estatuto da família;
7) Para a pena de morte ou confisco de bens, é fixado o período mínimo de 30 dias entre as sentenças e suas execuções.

O Édito de Milão é o primeiro passo para o vínculo entre o Estado e a Igreja, a espada e a cruz, pois as leis eclesiásticas são acolhidas pelo poder civil e as leis do Estado se tornam leis da Igreja. O processo seguiu em passos alternativos, uma vez que os filhos de Constantino (Constantino II, Constante e Constâncio) seguem na política de seu pai. Mais tarde, Juliano, sobrinho de Constâncio, abandona o cristianismo e retoma o paganismo para o Império, perseguindo os cristãos e favorecendo as heresias ariana e donatista. Somente Teodósio I, em 380, com o Édito de Tessalônica, determinou o cristianismo como religião do Estado.

BOGAZ, A. S.; COUTO, M. A.; HANSEN, J. H. *Patrística:* caminhos da tradição cristã. São Paulo: Paulus, 2014. p. 51; COMBY, J. *Para ler a história da Igreja*. São Paulo: Loyola, 2001; EUSÉBIO DE CESAREIA. *História eclesiástica*. São Paulo: Novo Século, 1999. p. 319-320; MARGUERAT, D. *A primeira história do cristianismo*. São Paulo: Loyola, 2004; MONDONI, D. *O cristianismo na Antiguidade*. São Paulo: Loyola, 2014. p. 53-63.

Eremitas

A consagração plena a Deus em uma forma de vida ascética está presente nas páginas bíblicas, quando homens e mulheres deixaram suas profissões e mesmo suas famílias e passaram a se dedicar totalmente à pregação do Evangelho e à prática da caridade. Renunciaram à formação de uma família e se entregaram à missão, seguindo Cristo em sua simplicidade e austeridade de vida.

Nas primeiras décadas da formação do cristianismo, era bastante comum nas comunidades as "virgens consagradas", que constituíram de forma espontânea a primeira forma de consagração feminina. Desde os tempos apostólicos, muitas jovens deixavam seus lares e permaneciam nas comunidades, vivendo em pequenos grupos e se dedicando ao Senhor, em uma consagração perpétua da própria virgindade. As jovens colocavam como prioridade de vida o Reino de Deus, pelo "esposalício" com Cristo e o serviço aos irmãos, sobretudo na caridade aos mais pobres. Eram propósitos diferentes, sobretudo em tempos que a mulher era devotada ao Matrimônio, mesmo que em poligamias, e à maternidade. Essa consagração é uma prefiguração escatológica de viver no mundo como esposas de Cristo, como se viverá na eternidade. São esposas celestiais de Jesus Cristo, o esposo verdadeiro e eterno.

Nessa concepção, surgem os eremitas, que são indivíduos devotados à penitência, à oração, aos sacrifícios e ao silêncio. Normalmente vão para os ermos mais distantes e vivem isolados da rotina das cidades. Habitam locais inóspitos, como grutas, encostas de desfiladeiros, ou simples moradias denominadas eremitérios, e vivem em contato mais intenso com a natureza. Os primeiros eremitérios reconhecidos pelos cristãos começaram a ser constituídos no século III, dando origem aos "Padres do Deserto", que, com um estilo de vida austero, se unem a Deus pela oração e pela contemplação, sobretudo no deserto. Tido como grandes santos, com elevada mística espiritual, cresciam os seguidores que vinham para dias de oração, orientação espiritual e aconselhamento.

Para melhor compreensão do tema, recorremos ao *Catecismo da Igreja Católica*: "Os eremitas nem sempre fazem profissão pública dos três conselhos evangélicos; mas, 'por meio de um mais estrito apartamento do mundo, do silêncio na solidão, da oração assídua e da penitência, consagram a sua vida ao louvor de Deus e à salvação do mundo'. [...] Os eremitas manifestam o aspecto interior do mistério da Igreja, que é a intimidade pessoal com Cristo. Oculta aos olhos dos homens, a vida do eremita é pregação silenciosa daquele a quem entregou a sua vida. Cristo é tudo para ele. É uma vocação especial para encontrar no deserto, no próprio combate espiritual, a glória do Crucificado" (CaIC, 920-921). E ao *Código de Direito Canônico*: "Além dos institutos de vida consagrada, a Igreja reconhece a vida eremítica ou anacorética, com a qual os fiéis, por uma separação mais rígida do mundo, pelo silêncio da solidão, pela assídua oração e penitência, consagram a vida ao louvor de Deus e à salvação do mundo" (CDC 603).

Origens e primeiros grupos. Em tempos de grande perseguição, exigia-se mais ainda fidelidade e convicção profunda. A partir do século III, surge o modelo de consagração eremítica, sendo esta a primeira instituição de vida consagrada para os homens. Fala-se também do monacato urbano, constituído por homens consagrados na própria cidade, vivendo em comunidades familiares reclusas. São poucos os testemunhos desse modelo de vida. A vida eremítica se organiza como uma forma de vida institucional, em que seus membros retiram-se para desertos para viver no silêncio e, próximos de Deus, rezar e fazer sacrifícios pela santificação do mundo e, sobretudo, pela proteção dos cristãos perseguidos. Fazem trabalhos manuais e camponeses, praticam a direção espiritual dos visitantes e escrevem sobre a espiritualidade cristã. Pelo jejum e pela penitência, vivem na simplicidade e procuram priorizar em suas vidas o silêncio, a contemplação e a oração. Os escritos desses "Padres do Deserto" são importantes fontes da espiritualidade cristã, sobretudo porque deixaram relevante herança para a doutrina cristã. Elemento importante dos membros das famílias eremíticas foi o encorajamento dos cristãos durante os tempos de martírio, pois o século III conheceu grandes movimentos de difamação e perseguição aos cristãos. Na era pós-constantiniana, os eremitas se tornam apelo profético contra o enriquecimento dos cristãos, seja do clero, seja dos leigos. A austeridade dos eremitas é um apelo à vida simples e despojada dos seguidores de Cristo, humilde e pobre. Nesse período cristão imperial, cresceu o número de cristãos em várias regiões, mas sobretudo na Síria e no Egito, que deixavam seus povoados e suas famílias e partiam para habitar os desertos ou as florestas em cavernas ou simples moradias, constitutivos do hábitat eremítico. Alimentavam-se de vegetais ou de pequenos animais e muitas vezes eram agraciados por esmolas de benfeitores; porém, nem sempre isso era possível, pois em alguns casos os eremitas viviam em ermos longínquos, distantes de qualquer habitação. Assim, por princípio, viviam em grande penúria e renúncia. Para viver o testemunho de coragem e agonia dos mártires, renunciavam aos confortos da vida cotidiana, para viver o martírio branco, sem sangue, mas com a doação pacífica da própria vida. Procuravam conquistar a mesma perfeição espiritual que tocou o coração dos mártires nos séculos anteriores e a lembrança das perseguições ainda era muito presente. Os cristãos, em geral, os admiravam como seres iluminados, fontes de grande sabedoria e santidade e capazes de realizar grandes milagres. Eram admirados, mas fugiam discretamente de toda bajulação e vaidade.

Patriarca da vida eremítica. Embora houvesse muitas experiências localizadas, Santo Antônio, o Grande, também conhecido como Santo Antão (251-356), é considerado o patriarca desse modelo de consagração. Nascido em uma família muito abastada, e seguidor da Sagrada Escritura, sentiu o apelo divino para abandonar todos os bens e dedicar-se à vida simples e austera, indo morar no deserto, no Egito.

Nenhuma região foi mais fecunda para o eremitismo cristão que o Egito, embora fossem encontrados eremitas em grande número na Síria, na Grécia e na Capadócia. Santo Antão é reconhecido em todo o cristianismo, pois Atanásio de Alexandria, em 360, escreve sua biografia, que é um clássico da literatura religiosa cristã. Seguindo essa biografia, outros padres escreveram sobre a vida e a santidade dos eremitas, considerados modelos autênticos da *sequela Christi*. Imitando as peripécias desses padres, diz-se que João Crisóstomo passou longos períodos rastejando como animal pelo deserto para expiar seus pecados, e São Simão ficou atado a uma alta coluna, para se purificar, e dali pregava para as multidões que acorriam ao seu encontro em busca de conselhos.

Renúncia e austeridade. Para compreender o significado da consagração eremítica, é esclarecedor um trecho da vida de Santo Antão, escrito por Atanásio de Alexandria: "Depois da morte de seus pais, ficou só com sua única irmã, muito mais jovem. Tinha então uns 18 a 20 anos, e tomou cuidado da casa e de sua irmã. Menos de seis meses depois da morte de seus pais, ia, como de costume, a caminho da igreja. Enquanto caminhava, ia meditando e refletia como os apóstolos deixaram tudo e seguiram o Salvador (Mt 4,20; 19,27); como, segundo se refere nos Atos (4,35-37), os fiéis vendiam o que tinham e o punham aos pés dos apóstolos para distribuição entre os necessitados, e quão grande é a esperança prometida nos céus para os que assim fazem (Ef 1,18; Cl 1,5). Pensando estas coisas, entrou na igreja. Aconteceu que nesse momento se estava lendo o Evangelho, e ele ouviu a passagem em que o Senhor disse ao jovem rico: 'Se queres ser perfeito, vende o que tens e dá-o aos pobres, depois vem, segue-me e terás um tesouro no céu' (Mt 19,21). Como se Deus lhe houvera proposto a lembrança dos santos, e como se a leitura houvesse sido dirigida especialmente a ele, Antão saiu imediatamente da igreja e deu a propriedade que tinha de seus antepassados: trezentas 'arurás' (arurá = 2.700 m^2) de terra muito fértil e formosa. Não quis que nem ele nem sua irmã tivessem algo a ver com ela. Vendeu tudo mais, os bens móveis que possuía, e entregou aos pobres a considerável soma recebida, deixando só um pouco para sua irmã" (Atanásio de Alexandria, *Vida de Santo Antão*, PL, 73, 128 A).

Ser eremita é uma opção radical de vida, portanto, é um dom de Deus para a glória divina, a realização da própria pessoa e a salvação das almas. Dentre tantos vocacionados à consagração religiosa, que é uma decisão delicada, os eremitas são ainda mais raros, por causa da sua ascese particular. Em sentido estreito, o eremita é um cristão que quer viver no silêncio e no recolhimento, rezando e fazendo sacrifícios. Normalmente o contato com a natureza é uma das formas mais peculiares do hábitat eremítico, ainda que encontremos atualmente eremitas em núcleos nas próprias cidades. Basta que se conservem suas características fundamentais: viver no recolhimento pessoal e estar com Deus incessantemente. O eremita deve fazer a opção de viver os conselhos evangélicos e ter um grande amor pela criação divina. Faz parte da vida eremítica o desapego das estruturas e seguranças do mundo. Sem uma boa saúde física e mental, o candidato se desequilibra e não consegue viver o seu ideal. O eremita deve ter disciplina para organizar sua vida de oração e suas atividades manuais, assim como ter maturidade para enfrentar as tentações dos devaneios de uma vida íntima com Deus. A opção é antes de tudo pessoal e não pode depender de uma comunidade para viver intensamente sua consagração.

Estruturas eclesiásticas eremíticas. Os eremitas se dividem em alguns tipos específicos de vocação, em que se consagram temporariamente e, depois de algumas renovações anuais dos conselhos evangélicos, por toda a vida:

1) *Eremitismo autônomo:* em geral, são leigos em estado livre, sejam solteiros ou viúvos. Vivem discretamente os conselhos da consagração religiosa. Esses eremitas obedecem a um diretor espiritual, que acompanha sua vida de oração, sabedoria e discernimento. Seus votos não são públicos nem institucionais, e as promessas são feitas diante de Deus, com o testemunho de seu diretor espiritual. Seu estilo de vida é de silêncio e solidão e devem garantir o próprio sustento;

2) *Eremitismo diocesano:* são consagrados e vivem obediência a um bispo diocesano. Seus votos são públicos, devem garantir a própria sobrevivência com o trabalho e vivem em casas ou capelas da diocese que os consagra. Em geral, para o sustento, produzem artesanatos litúrgicos, como imagens, velas, paramentos e traduções. São consagrados e reconhecidos publicamente e podem ter hábitos particulares, conforme forem aprovados pela Igreja. Nem sempre usam touca e escapulário, pois não são elementos essenciais da veste eremítica;

3) *Eremitismo monástico:* são eremitas integrados a um mosteiro, considerados oficiais. Emitem votos solenes e dependem de um superior-geral da Ordem ou Congregação. Na comunidade há um prior que lhes acompanha as atividades, mas a autoridade maior vem da família religiosa que legitima o eremitério. A consagração é realizada em etapas, passando pelo postulantado, noviciado, profissão temporária e, finalmente, solene e perpétua;

4) *Eremitismo recluso:* vivem na solidão completa, fechados em suas celas, em total reclusão. Outros irmãos trazem

alimentos e suprem suas necessidades. Não podem sequer passear pelo jardim, viajar ou ter distrações. A oração é ininterrupta e apenas participam da própria cela dos Ofícios Divinos e da Santa Missa. Este modelo é muito raro e exige grande força espiritual. No período patrístico era bastante comum, sobretudo entre as mulheres que viviam no deserto e muitas vezes em capelas distantes. Considerava-se uma morte perpétua para o mundo e podiam mesmo se trancar, deixando aberta apenas uma janela para receber alimentação.

Quando os cristãos vão se acomodando em estruturas sociais mais confortáveis, inclusive com a proteção do Estado que os acolhe e mesmo os privilegia, os eremitas tornam-se o baluarte do seguimento mais autêntico ao "Filho do Homem que não tinha onde reclinar sua cabeça" (Mt 8,20). O exemplo de Cristo que viveu na simplicidade e no mais pleno despojamento é um apelo constante para os cristãos. Seus dias no deserto em pleno jejum (Lc 4,1-13) tornam-se o paradigma para a consagração da vida em oração, silêncio e pobreza.

Eremitismo e vida urbana. Os eremitas não vão à cidade, mas os cidadãos os procuram como luminares da espiritualidade mais autêntica. Jamais os eremitas procuravam a morte, e sim formas de viver a essência da vida, desfazendo-se do supérfluo, como denúncia ao apego excessivo dos bens e crítica à ganância dos homens. Muitos eremitas ficavam alguns períodos no deserto e voltavam para as cidades, para pregações e orientação espiritual dos irmãos. Na essência, porém, o eremita consagra-se para sempre ao estilo de vida solitário, ainda que vivendo em comunidades para sobrevivência e proteção.

Se nos tempos das torturas e perseguições o martírio era vermelho de sangue, agora o eremita vive o martírio branco, como asceta, mantendo a fé nas mais extremas privações e partilhando o pouco que tem com os leprosos, doentes e abandonados nas periferias das cidades. Seu martírio não se dá em um momento fatal e na iminência da morte, mas sim todos os dias de sua vida, oferecendo-se com Jesus em holocausto a Deus. Por isso, são venerados como os mártires, uma vez que deixaram marcas profundas na espiritualidade cristã. Eles não desprezam seus corpos físicos, mas cultivam mormente seus corpos espirituais, buscando equilíbrio entre a vida material e a vida espiritual. Muitos romanos, pagãos e mesmo cristãos deixaram suas vidas extravagantes e viveram mais felizes na simplicidade e na oração dos ermos.

Nesse sentido, o clamor de Tertuliano de Cartago (160-220), "se o Tibre transbordou, se o Nilo permaneceu em seu leito, se o céu tem estado calmo, ou a terra em movimento, se a morte andou devastando, ou a fome trouxe seus tormentos, o grito imediato 'cristãos aos leões!'", continua a ressoar na oferenda dos cristãos que vivem seu martírio como confiança em Jesus Cristo, deixando tudo para segui-lo. Para se proteger de assaltantes forasteiros e fortalecer seus propósitos de radicalidade no seguimento de Jesus Cristo, muitos eremitas iniciaram um processo de organização comunitária e hierárquica, dando origem aos primeiros mosteiros cristãos, formulando os estatutos da vida monástica.

BORRIELLO, L.; CARUANA, E; DEL GENIO, M. R.; SUFFI, N. *Dicionário de mística*. São Paulo: Loyola/Paulus, 2003. p. 360-363; EUSÉBIO DE CESAREIA. *História eclesiástica*. São Paulo: Novo Século, 1999. p. 280-282; HAMMAN, A. G. *Para ler os Padres da Igreja*. São Paulo: Paulus, 1995. p. 96-106; MORESCHINI,

C.; NORELLI, E. *História da literatura cristã antiga:* grega e latina. São Paulo: Loyola, 2000. p. 115-173; PEDRO, A. *Dicionário de termos religiosos e afins.* Aparecida: Santuário, 1993. p. 97.

Escola de Alexandria

As escolas teológicas eram instituições bem organizadas, com estruturas fixas e muito importantes na formação do pensamento cristão, tanto na pesquisa e aprofundamento dos temas teológicos quanto no ensino e na formação de discípulos e catequistas. Não eram propriamente instituições civis, mas iniciativas de pastores, patriarcas, bispos e grandes mestres da teologia. Nessas escolas, as questões eram aprofundadas com grande rigor e tornaram-se as fontes dos conteúdos que provocaram sínodos e concílios. Dentre tantas, Alexandria e Antioquia tiveram maior destaque e estiveram presentes nas discussões mais complexas, tocantes à doutrina e aos dogmas da fé cristã.

Contexto histórico. Nos tempos mais primitivos da civilização ocidental, são vários os centros que marcaram a história da humanidade. São grandes centros urbanos que se tornaram centros políticos, culturais e religiosos e influenciaram suas regiões e seus impérios.

A cidade de Alexandria foi um dos maiores centros culturais do mundo antigo. Sendo a maior cidade do Egito, era também centro econômico e cultural, garantido pela grande riqueza dos mercadores locais, que souberam tirar proveito da localização geográfica estratégica da cidade, à beira do mar Mediterrâneo. Um dos itens mais importantes é a grandiosa biblioteca de Alexandria, intitulada "museu", com um acervo de 700 mil manuscritos de várias civilizações, promovendo grande afluência de pensadores, sobretudo

Escola de Alexandria

filósofos, filólogos e teólogos, e aprofundando o conhecimento do helenismo. Mesmo as diferentes crenças se fizeram presentes, particularmente cristãos, judeus, politeístas romanos, entre outros.

Cidade de Alexandria. Hoje é a segunda maior cidade do Egito e o maior porto do país, na costa mediterrânea. É um ponto de referência entre Europa, África e Ásia e nos tempos antigos foi uma das cidades mais importantes do mundo. Sua fundação por Alexandre Magno (aproximadamente 331 a.C.) começou com um pequeno vilarejo e por mil anos foi a capital do Egito, até a conquista muçulmana. A arqueologia tem revelado ruínas de uma cidade mais antiga, Racótis, sobre a qual foi erigida a nova cidade. Destacam-se em sua história o Farol de Alexandria, a Biblioteca e as catacumbas medievais. A cidade deu origem ao reino egípcio dos ptolomeus e seu farol, com 135 metros de altura, com a estátua do deus Sol no topo; é uma das sete maravilhas do mundo antigo. Além da Biblioteca, grandes edificações marcaram seu apogeu, entre elas palácios, museus, templos e bibliotecas. A Biblioteca foi destruída por um incêndio no século VII, silenciando tesouros preciosos dos conhecimentos antigos de todas as civilizações e, sobretudo, do próprio cristianismo primitivo. De fato, Alexandria era uma cidade imensa, contando com grande prestígio econômico e comercial, e também uma grande referência intelectual na antiguidade, particularmente na África e Ásia. Ali se intercomunicavam as mais variadas escolas de filosofia e práticas religiosas, congregadas na sua grande Biblioteca, que era ponto de reunião de estudiosos, sábios e filósofos. Próximo ao rio Nilo, a produção de papiro facilitava a indústria de livros. Floresce nesse ambiente cultural a filosofia neoplatônica, que influencia a mística e a teologia cristã dos Padres da Igreja. Nesse ambiente cultural e religioso, os rabinos fizeram a tradução do Antigo Testamento para a língua grega, que foi realizada, conforme a tradição, por 72 sábios (250-150 a.C.).

Escola de Alexandria. A Igreja de Alexandria tem grande crescimento a partir do século III e começa a desenvolver a literatura cristã para se proteger dos perseguidores da Igreja. Os ataques às comunidades são feitos por filósofos pagãos e por inimigos do cristianismo; por isso, os teólogos aprofundam os fundamentos da revelação cristã. Os ataques ao cristianismo passam a ser teóricos e a Escola de Alexandria explicita suas doutrinas de forma ordenada, complexa, racional e objetiva. À medida que os convertidos ao cristianismo são mais e mais provenientes das classes mais cultas, os conhecimentos básicos das demais ciências servem à elaboração das ciências teológicas. A Escola torna-se o berço das ciências religiosas, unindo as culturas orientais, egípcias e gregas, que, integradas ao cristianismo, originam uma nova civilização. Outras culturas, como a judaica, tiveram seu espaço privilegiado, pois nesse período se dá a tradução grega da Bíblia hebraica, a Septuaginta. Como o cristianismo está na cidade desde suas origens, todos esses elementos se integraram, possibilitando a origem e a grandeza dessa Escola Teológica. Seu primeiro grande pensador foi Tito Flávio Clemente, nome de Clemente Alexandrino, escritor de várias obras, como *Protréptico*, *Pedagogo* e *Strômata* (ou *Miscelânea*), que aprofundam a existência cristã no seguimento da fé e da vontade de Deus, como revelado em Jesus Cristo.

Teologia de Alexandria. A Escola de Alexandria é a mais antiga das ciências sagradas entre todos os núcleos sagrados do cristianismo antigo. Algumas características são peculiares de seus pensadores, como a investigação metafísica do conteúdo da fé, a investigação alegórica das Sagradas Escrituras e uma tendência evidente ao platonismo.

Escola de Alexandria

O método alegórico não é originário das escolas cristãs, pois os filósofos gregos o usaram na interpretação dos mitos e das fábulas dos deuses. O sentido literal da Sagrada Escritura é como uma sombra, pois os escritores sagrados se serviram de alegorias para revelar a verdade. Não é possível uma interpretação literal, pois não possibilitaria revelar a profundidade das verdades divinas. A alegoria é o caminho para mostrar o mistério divino, que nem a teologia racional nem a exegese filológica seriam capazes de explicitar. Os grandes mestres dessa escola, como Clemente, Orígenes, Dionísio, Atanásio, entre outros, se inspiram nos escritos paulinos que se servem da alegoria para interpretar o Antigo Testamento, a fim de compreender os mistérios cristãos.

De fato, os estudiosos de Alexandria usam o método alegórico e seguem o modelo de interpretação dos mitos e dos poetas gregos, particularmente Homero, bem como de judeus eruditos, entre eles Aristóbulo de Alexandria e o filósofo religioso Filão. Este comenta alegoricamente os livros bíblicos, como Gêneses, buscando a convergência entre a filosofia e a revelação bíblica. De forma objetiva, esse método influenciou os escritores cristãos de Alexandria. Para interpretar o mistério cristão e catequizar os neófitos, esses teólogos primam pela descoberta do sentido mistérico das narrativas bíblicas, sejam fatos, exortações, eventos, por acreditarem que a interpretação literal incorreria na secularização dos textos sagrados. Em consequência desse modelo, muitas vezes, suas interpretações incorreram em explicações esotéricas e enigmáticas dos mistérios cristãos. Podemos definir o método alegórico como "aproximação dos textos bíblicos por analogia figurativa, considerando que a própria palavra é insuficiente para revelar o significado da verdade dos mistérios cristãos e, assim, por meio de metáforas, símbolos e mitos, expressar mais profundamente a doutrina, seguindo a metodologia que os filósofos da Grécia antiga utilizavam para descrever os mitos e as fábulas dos deuses".

Principais representantes. Para entender melhor a identidade dessa escola de teologia, o elenco de alguns representantes e breve síntese de seus pensamentos é importante:

1) *Panteno:* primeiro membro da escola, vem da Sicília e integra os membros numerosos desse grupo alexandrino. Foi o grande responsável pela Escola de Catecúmenos e foi mestre de Clemente de Alexandria, que lhe sucede na cátedra. A obra *Carta a Diogneto* lhe é atribuída por alguns estudiosos, mas não se tem certeza desta hipótese;

2) *Clemente de Alexandria:* sua origem pagã e sua importante formação intelectual fizeram dele um humanista cristão muito reconhecido. Destaca-se sua capacidade de incorporar as culturas de seu tempo ao cristianismo, sem perder a fidelidade à tradição cristã. Conhecedor da cultura helênica, deixou informações valiosas sobre os filósofos pré-socráticos e os cultos mistéricos. Na sua reflexão teológica integra o pensamento grego e a fé cristã. É o pioneiro da ciência eclesiástica e muito admirado pelos intelectuais de Alexandria. Grande conhecedor das Sagradas Escrituras e dos autores clássicos gregos e latinos. Compreende a Igreja cristã como universal, na qual todos são convidados a ingressar pelo Batismo e permanecer pela participação na Ceia Eucarística. Suas principais obras são: *Protreptico*, que é uma "exortação" e um apelo emocional à conversão; na sua teologia, explica que o Logos divino insemina no ser humano o desejo de eternidade e a fé possibilita que a dimensão divina seja revelada na razão

humana; *Pedagogo*, na qual o autor exalta a figura de Cristo como modelo para a vida moral dos fiéis convertidos à fé; e *Stromatas* (tapeçarias), onde apresenta um conjunto de notas sobre a forma de viver dos cristãos. Deus transcende toda figuração iconográfica, e o conhecimento verdadeiro é a contemplação constante na simplicidade da fé;

3) *Orígenes:* mestre dos catecúmenos ainda jovem (18 anos). Seu pai foi martirizado sob Septímio Severo, por volta de 203. Convertido depois de uma importante trajetória de estudos pagãos, viveu austeramente para seguir Jesus Cristo casto e pobre. Ordena seus estudos e seus ensinamentos com rigor lógico e científico, seguindo os grandes mestres Platão e Plotino, como referência de sua teologia. Foi acusado de heresia por seu opositor Demétrio de Alexandria. Deixou Alexandria e em Cesareia, na Palestina, produz sua grande obra bíblica e teológica. Perseguido ainda sob Décio, morreu anos mais tarde († 253). Algumas, dentre tantas obras: (1) *Dos princípios:* são quatro livros, nos quais expõe os princípios da fé cristã, tratando da visão de Deus, do mundo e do ser humano, sempre a partir das Escrituras e da tradição. Nesta obra defende a doutrina da *ressurectio carnis*; (2) *Homilias:* são breves explicações de passagens do Antigo Testamento e dos Evangelhos, escritas durante sua permanência em Cesareia. Muitas se perderam, restando apenas 20 homilias sobre Jeremias e o Livro de Samuel (1Sm 28,3s). Seus tradutores foram Jerônimo e Rufino; (3) *Hexapla:* demonstra grande conhecimento filológico dos textos bíblicos. Inaugura a crítica bíblica, com formidável habilidade na interpretação alegórica da Palavra de Deus. É considerado por muitos estudiosos como o pai

da exegese bíblica; (4) *Contra Celsum:* defesa da fé cristã mais bem elaborada, em que rejeita as críticas de Celso, um filósofo platônico. O cristianismo não se fundamenta em uma fé sem razão; antes, é uma profunda filosofia que nos leva à transcendência. Esta é uma obra marcante na teologia de Orígenes. Celso é um filósofo platônico que escreveu uma obra chamada *Discurso verdadeiro*, na qual ataca os cristãos e seus dogmas. Orígenes defende os cristãos, afirmando que eles têm uma fé simples, mas com conhecimento elevado e profundo.

Espiritualidade de Alexandria. Servindo-se de alegorias, o encontro com Deus se dá na contemplação de seus mistérios, que são compreendidos nas metáforas e na simbologia que expressam a fé cristã. Como é impossível entender a Bíblia no seu sentido literal, no Antigo Testamento, como na religiosidade dos pagãos, os cristãos se servem dos mitos que contêm expressões divinas antropomórficas, as quais nos aproximam do mistério. Mantendo a antiga tradição dos hebreus, os cristãos interpretam e atualizam seus sinais, servindo-se da alegoria como método bíblico. O método tipológico é propício para entender o Novo Testamento, a partir do Antigo Testamento, pois seus personagens são similares. O Primeiro Testamento é preparatório para a revelação definitiva de Deus em uma Aliança eterna e universal. Os profetas preparam a acolhida do Messias e o fim dos tempos, que é a manifestação definitiva do Filho de Deus.

A espiritualidade tem um itinerário peculiar, pelo qual o encontro com Deus se realiza pela mediação do Logos divino que se revela progressivamente na história da humanidade até sua plenitude em Jesus Cristo. Todos os seres buscam o sumo bem, que é Deus, e aos poucos se identificam com sua imagem divina. O pecado perturba essa similitude, mas a graça resgata o ser humano e o recoloca na união com Deus, pela força no Espírito Santo. A superioridade do ser humano sobre toda criatura vem de sua própria natureza, que é solícita à graça divina; essa é a espiritualização de toda existência.

BOGAZ, A. S.; COUTO, M. A.; HANSEN, J. H. *Patrística:* caminhos da tradição cristã. São Paulo: Paulus, 2014. p. 120; COMBY, J. *Para ler a história da Igreja*. São Paulo: Loyola, 2001; DROBNER, H. R. *Manual de Patrologia*. Petrópolis: Vozes, 2003. p. 133-155; MORESCHINI, C.; NORELLI, E. *História da literatura cristã antiga:* grega e latina. São Paulo: Loyola, 2000. p. 43-73; SPANNEUT, M. *Os Padres da Igreja I-II*. São Paulo: Loyola, 2013. p. 253-254.

Escola de Antioquia

Antioquia foi um grande centro cultural e econômico do Império Romano, e sua escola foi palco de grandes estudos exegéticos e teológicos na Antiguidade cristã, contrapondo-se na metodologia e no conceito de teologia à escola catequética de Alexandria. De fato, enquanto em Alexandria os teólogos percorrem o caminho da alegoria para interpretar os textos sagrados, tecendo uma cristologia que fundamenta a unidade de Cristo em suas duas naturezas, os teólogos de Antioquia utilizam a exegese mais literal e tipológica, enfatizando a distinção entre o humano e o divino em uma única pessoa. Essa escola tem grandes representantes e seu percurso tem três períodos importantes: no primeiro período, consideramos seu início e a edificação de seu patrimônio teológico (de 270 até o início do século IV); depois o período tido como intermediário (aa. 350 a 433) e o período final, quando a escola entra em decadência, por falta de grandes nomes e por longos processos de excomunhão política e religiosa.

Contexto histórico. A Escola de Antioquia surge como contraponto à metodologia na interpretação das Sagradas Escrituras, praticada em Alexandria, e em alguns períodos tem grande influência nas discussões teológicas e nos concílios. Os judeo-cristãos são muito presentes na escola e influenciam sua exegese e sua teologia. Seus fundadores são os mártires Doroteu e Luciano de Samósata, que desenvolvem a exegese bíblica pelo método da filologia, com grande objetividade e cientificidade, rejeitando a alegoria e a especulação filosófica. Para explicar os textos sagrados, seus estudiosos buscam o sentido literal e histórico das palavras; para tanto, recorrem à raiz das palavras nos escritos originais e procuram entender seu significado e sua semântica. A interpretação tipológica, que traça a relação dos personagens e eventos entre os dois Testamentos, é um critério muito usado pelos antioquenos. Por questões históricas, políticas e eclesiásticas, seus teólogos incorrem muitas vezes em heresias, como o cisma ariano e nestoriano. A teologia de Antioquia tem influência sobre a Escola de Edessa, sede do Monge Efrém. Entre seus nomes mais importantes, recordamos Luciano de Samósata, Diodoro de Tarso, João Crisóstomo e Teodoro de Mopsuéstia.

Cidade de Antioquia. Foi uma cidade importante na antiguidade, fundada por Seleuco I Nicátor (312-280), em honra de seu pai Antíoco. Diversas cidades foram fundadas com este mesmo nome, e esta é denominada Antioquia da Pisídia, que se situa na fronteira da antiga região da Frígia, na atual Turquia. Era a principal cidade na região romana da Frígia Galácia, sendo uma colônia e um posto militar dos romanos. Grande centro do helenismo, estava na rota comercial entre Éfeso e Cilícia, e, mesmo tendo como língua comum o latim, encontram-se elementos judaicos em sua população.

Nos textos bíblicos, Antioquia da Pisídia é mencionada quatro vezes: nos Atos dos Apóstolos (13,16), quando Paulo chega à cidade com Barnabé, na sua primeira viagem missionária, e quando tiveram que sair da cidade, perseguidos pelos judeus (14,22); na Carta aos Gálatas (2,11), quando Paulo escreve aos cristãos da cidade; e na Epístola a Timóteo (3,10-12), na passagem que Paulo conta sobre as perseguições aos cristãos.

Teologia de Antioquia. Grande teólogo, Luciano de Samósata (240-312) elabora um novo método interpretativo de estudos bíblicos, a partir da compreensão dos textos em suas línguas originais, como foram preservados. Essa abordagem, como vimos, é literal dos textos e histórica dos contextos onde os livros foram escritos. Cada passagem bíblica deve ser entendida conhecendo-se a realidade onde a obra foi escrita e as formas linguísticas e culturais. Algumas características identificam sua teologia: (1) O conceito de "teoria", como princípio básico para descobrir o sentido literal dos escritos veterotestamentários; este conceito garante a fidelidade ao texto; (2) Preocupação com o sentido literal, através da percepção da intenção do autor, como ele escreveu para aqueles fiéis em um determinado período da história; (3) Mesmo considerando o caráter metafórico das passagens, sobretudo aquelas mais míticas, valoriza o texto em si mesmo; (4) Conhecimento do contexto original, para reconhecer o significado das palavras e a realidade onde foram escritas, para possibilitar fidelidade na hermenêutica. Estes fatores metodológicos são importantes para que a aproximação com os estudos bíblicos propicie a elaboração das doutrinas cristãs, em uma hermenêutica coerente com a intenção dos autores bíblicos.

Principais representantes. São autores que conhecem profundamente a literatura clássica e a filologia, mesmo porque são estes seus instrumentos para elaborar a teologia e defender suas afirmações dogmáticas com grande lógica e racionalidade.

1) *Teologia de Diodoro de Tarso:* foi monge em sua cidade Natal, Antioquia, mas estudou em Atenas. Perseguido pelo imperador Valente (364-378), foi bispo em Tarso e forte presença no Concílio de Constantinopla (381). Teodósio I, no princípio, foi seu grande defensor. Mestre de Teodoro de Mopsuéstia, foi reconhecido por sua sabedoria, santidade e fidelidade à ortodoxia. Comparado a João Batista por João Crisóstomo, escreveu muitas obras, das quais herdamos 80 tratados, sobretudo na área da exegese. Mesmo tendo sido acusado tardiamente por Cirilo de Alexandria como pai do nestorianismo, sempre foi acolhido na Igreja como "servo da ortodoxia". Motivadas por acusações tardias, as obras de Diodoro desapareceram e restam-lhe poucos escritos. Teólogo da "escola antioquena", foi acusado por Cirilo de Alexandria como herético. Segundo este, Diodoro defende duas pessoas em Jesus Cristo: a pessoa humana, que é "filho da semente de Davi", e a pessoa divina, que é o "verbo de Deus Pai". Portanto, em Diodoro entendemos que os livros sagrados devem ser estudados a partir de seu contexto histórico. Esse modelo de especulação, *theoria*, rejeita a alegoria e as interpretações míticas dos eventos narrados na Bíblia;

2) *Teodoro de Mopsuéstia:* foi discípulo de Diodoro e consagrado bispo de Mopsuéstia, na Cilícia, onde foi pastor até sua morte († 428). Considerado o maior mestre de

Antioquia, foi reconhecido como grande pesquisador e exegeta, fiel à ortodoxia. Contudo, foi condenado postumamente, no II Concílio de Constantinopla (553), convocado pelo imperador romano do Oriente, Justiniano I. Este foi o motivo do desaparecimento de suas obras, com exceção das *Catequeses batismais* e de alguns escritos de exegese. Defendeu Basílio Magno contra os eunomeanos, no tratado "Por Basílio contra Eunômio", e denunciou os erros da doutrina apolinarista. Na questão pelagiana, defendeu e colocou-se ao lado de Pelágio no tema do livre-arbítrio e do pecado original. Na ciência exegética, confrontou o texto bíblico e a crítica textual, quando analisou os textos partindo do hebraico e das versões gregas. Concentrou sua reflexão nas figuras de estilo e na coerência entre as várias versões originais. Teodoro afirmou que Cristo é o Filho único de Deus, é da mesma natureza do Pai e ao mesmo tempo tem integridade da humanidade. Jesus não é apenas humano nem apenas divino; assim, destacou as duas naturezas, considerando a "unidade de pessoa indivisível". As figuras sacramentais são sinais e símbolos das coisas invisíveis e inefáveis;

3) *João Cristóstomo, "Boca de Ouro"*: grande orador, viveu situações inusitadas, como eremitério, perseguições, exílios e consagrações na Igreja de Constantinopla. Esse grande santo escreveu em várias áreas da teologia, como liturgia, sacramentos, dogmas e doutrina social. Com os padres capadócios, Basílio de Cesareia, Gregório de Nanzianzo e Gregório de Nissa, ele forma os quatro pilares da Igreja oriental. Por questões políticas e eclesiásticas, passa de patriarca a exilado em Constantinopla, tanto que morre

(407) a caminho do exílio na extremidade oriental do mar Negro. Mais tarde, Teodósio II o restabelece em sua dignidade episcopal (438) e seus restos mortais são transladados para Constantinopla.

Suas obras refletem grande ortodoxia, pois em seus escritos e homilias argumenta que Jesus Cristo é verdadeiro Deus e verdadeiro ser humano, em uma mesma pessoa. Sobre os sacramentos, defende a presença real de Cristo na Eucaristia. Maria é o "dêutero-modelo" da vida cristã. Nos escritos sociais escreve que "o pobre é um *Alter Christus*" (*Sobre o Evangelho de Mateus*, LXXXVIII, 2-3). Muito severo ante o judaísmo, acusa-o de ter levado Jesus Cristo à cruz; sua liturgia, que é uma versão simplificada de Basílio Magno, é a base do Ano Litúrgico de todas as Igrejas orientais, que seguem o modelo bizantino.

Espiritualidade encarnada. A espiritualidade da Escola de Antioquia é voltada à realidade, uma vez que rejeita o platonismo no seu método de interpretação das verdades cristãs e propõe um olhar mais atento para a realidade dos povos. Recusando a dimensão metafísica na exegese e o simbolismo alegórico, busca na exegese caminhos para os ensinamentos doutrinais e morais. De fato, os exegetas dessa escola querem entender o sentido do texto e sua intenção, para discernir a mensagem para o momento atual da comunidade. A valorização do contexto cultural e religioso é fundamental para que as doutrinas se integrem mais fortemente na vida de todos os povos evangelizados, como se o texto estivesse escrito para cada período da humanidade. Partindo da vivência histórica de Jesus Cristo, os antioquenos valorizam a humanização do Logos divino, que se encarna para santificar a humanidade.

BOGAZ, A. S.; COUTO, M. A.; HANSEN, J. H. *Patrística: caminhos da tradição cristã*. São Paulo: Paulus, 2014. p. 120; COMBY, J. *Para ler a história da Igreja*. São Paulo: Loyola, 2001; DROBNER, H. R. *Manual de Patrologia*. Petrópolis: Vozes, 2003. p. 133-155; FRANGIOTTI, R. *História das heresias*. São Paulo: Paulus, 1995. p. 121-126; MORESCHINI, C.; NORELLI, E. *História da literatura cristã antiga:* grega e latina. São Paulo: Loyola, 2000. p. 177-224.

Eutiquismo – monofisismo

O monofisismo de Eutiques combate a heresia de Nestório, o qual afirma duas pessoas e duas naturezas em Cristo, na insistência de combater Apolinário. Essa heresia foi denominada "monofisita" ou "monofisismo", pois afirma que em Cristo existe uma única (*mónos*) natureza (*phisis*), a divina em detrimento da natureza humana.

Eutiques (378) foi um importante monge em Constantinopla, de grande popularidade e fama de santidade. Serviu-se de importantes influências para se expandir, sobretudo de Cirilo de Alexandria, seu sucessor Dióscoro e, no campo civil, de Crísafo, influente eunuco do imperador Teodósio II. Na questão da maternidade divina de Maria, atacou os nestorianos e defendeu as posições de Cirilo. Para vencer o nestorianismo, afirmou que Jesus Cristo possuía, além de uma só pessoa, uma única natureza, a divina, pois a sua natureza humana foi absorvida pela divindade do Verbo. O Verbo, ao se encarnar, converteu a humanidade de Jesus em uma substância divina e eterna. Com a encarnação, as duas naturezas se unificam na natureza divina. Em um Sínodo em Constantinopla (448), Eutiques comparece para se defender das acusações. Seu interrogatório diante de Flaviano manifesta sua doutrina monofisita, quando afirma que o Filho não é consubstancial na carne. Servindo-se dos nomes de Atanásio e Cirilo de Alexandria, afirma que: "Nosso Senhor teve duas naturezas antes da encarnação e depois apenas a natureza divina". Acreditam os estudiosos que Eutiques e seus monges, tão voltados para a vida mística, desprezavam a natureza humana como fonte de pecado. Por isso, negavam também ao Filho de Deus a posse de verdadeira humanidade.

Perdendo a campanha para ser patriarca de Constantinopla, fomentada por Crísafo, Eutiques foi condenado pelo patriarca Flaviano, que o depôs do cargo de Abade, acusando-o de herético. Eutiques apelou ao papa em Roma, enquanto Crísafo convenceu o imperador Teodósio II a convocar um Concílio. Tal concílio foi realizado, porém, condenado pelo Papa Leão Magno, porque não foram acolhidos bispos adversários.

Tomo de Leão Magno. Acusando o Concílio de Éfeso de "Concílio de Ladrões", o papa escreveu ao patriarca uma epístola que passou para a história como *Tomo ad Flavianum*, na qual combate a heresia monofisita, definindo que "em Jesus Cristo havia duas naturezas, a divina, pela qual era Deus, e a humana, pela qual era homem como nós. Estas duas naturezas estão unidas em uma única pessoa, o Verbo divino". Em grande tumulto na reunião conciliar, o patriarca foi severamente agredido e acabou morrendo, vítima de espancamento. O "Tomo de Leão" discorre em pormenores a doutrina das duas naturezas em uma só pessoa, dando todas as motivações, inclusive professando que o Espírito Santo deu fertilidade à Virgem Maria. Assim, "o Verbo faz o que é próprio ao Verbo e a carne faz o que é próprio à carne". Em verdade, "permanecem intactas e reunidas em uma só pessoa as propriedades de ambas as naturezas, a majestade assumiu a humildade e a força assumiu a fraqueza; assim, a natureza inviolável uniu-se à natureza que pode sofrer" (Leão, bispo de Roma, *Ad Flavianum*, 13 de junho de 449). Depois da morte de Teodósio II (450), sob o comando da imperatriz Pulquéria e de seu esposo Marciano, os bispos se reuniram para um novo Concílio em Calcedônia. Os 600 bispos reunidos, em sua maioria ortodoxos, declararam que "Pedro falou pela boca de Leão" e o *Tomus ad Flavianum* tornou-se a verdadeira doutrina da Igreja, declarando que Jesus Cristo, Senhor e Filho de Deus, é uma única pessoa, unida em duas naturezas, mantendo plenitude e distinção. Essa união de naturezas é denominada "união hipostática".

Seguimento na História. Mesmo depois da vitória dos ortodoxos em Calcedônia, ainda houve grandes combates entre monofisitas e ortodoxos. Ocorreu até mesmo adulteração do *"Tomo de Leão"* por parte de Dióscoro, patriarca de Alexandria, bem como graves conflitos com a morte de Protério, bispo católico imposto em Alexandria e assassinado, e de vários soldados, queimados vivos. Alexandria tornou-se o centro imperial do monofisismo, que se espalhou para outras regiões. Os monofisistas foram chamados de "jacobitas" na Síria, na Armênia e na vizinhança, em alusão a Jacó Baradai, que vivia maltrapilho pelas cidades; no Egito, foram denominados "monofisitas coptas", como eram conhecidos os egípcios naquela época. Alternavam-se imperadores e, portanto, patriarcas nos 50 anos de confrontos locais. Com o patriarca de Constantinopla Acácio, deu-se o cisma acaciano. Para evitar o cisma, o imperador Zenão decretou o "édito da união", compondo a unidade com dois patriarcas, de Constantinopla (Acácio) e de Alexandria (Pedro Mongo). A profissão de fé *Henotikon* ou *Unificação* era monofisita e levou o Papa Simplício a excomungar os patriarcas e o imperador. As pressões contra a atitude papal foram incontáveis e foi preciso convocar um novo Concílio, que foi realizado em Constantinopla (553). Esse Concílio condenou o resumo das obras de Teodoro de Mopsuéstia, Teodoreto de Ciro e de Ibas de Edessa, denominado "Três capítulos", mas essa querela nunca foi bem resolvida e algumas Igrejas do Oriente seguiram professando o monofisismo, também como forma de autonomia e resistência dos países da África e do Oriente.

BOGAZ, A. S.; COUTO, M. A.; HANSEN, J. H. *Patrística: caminhos da tradição cristã*. São Paulo: Paulus, 2014. p. 177-180; FRANGIOTTI, R. *História das heresias*. São Paulo: Paulus, 1995. p. 139-152; MONDONI, D. *O cristianismo na Antiguidade*. São Paulo: Loyola, 2014. p. 162-163; PADOVESE, L. *Introdução à teologia patrística*. São Paulo: Loyola, 1999. p. 57-60; SIMONETTTI, M. Monofisismo. In: DPAC, p. 956-959.

Filioque

Etimologicamente, *Filioque* (e do Filho) diz respeito à fórmula trinitária que se encontra na versão latina do Credo Niceno-constantinopolitano. Não se trata da identidade da "pessoa do Espírito Santo", mas de sua procedência, e se refere à compreensão diferenciada entre o Ocidente e o Oriente. A versão grega professa: "e no Espírito Santo, Senhor e fonte de vida, que procede do Pai", ao passo que a versão latina acrescenta o Filho como procedência do Espírito: "e no Espírito Santo, Senhor e fonte de vida, que procede do Pai e do Filho". De fato, a contraposição entre as duas Igrejas está na procedência e não nos conceitos dogmáticos fundamentais. Por certo, acreditam os historiadores, as questões divergentes se referem, sobretudo, às normas disciplinares e aos confrontos políticos e de poder entre os patriarcados.

Fundamentos bíblicos. As proposições bíblicas foram citadas por ambas as partes para justificar a própria posição referente à procedência do Espírito Santo. No Oriente, entre outras citações encontra-se: "Quando vier o Paráclito, que vos enviarei da parte do Pai, o Espírito da Verdade, que procede do Pai, ele dará testemunho de mim" (Jo 15,26). Na sua interpretação está evidente que o mandato do Espírito Santo ao mundo pertence ao Pai, na expressão "que procede do Pai". Jesus ainda diz que "vos enviarei do Pai". No Ocidente, são citadas passagens bíblicas como: "Quando vier o Paráclito, o Espírito da Verdade, ele vos ensinará toda a verdade, porque não falará por si mesmo, mas dirá o que ouvir, e vos anunciará as coisas que virão. Ele me glorificará, porque receberá do que é meu, e vo-lo anunciará. Tudo o que o Pai possui é meu. Por isso, disse: 'Há de receber do que é meu, e vos anunciará'" (Jo 16,13-15). Ainda outras citações (Rm 8,9; 2Cor 2,17; Gl 4,6) manifestam que o Filho envia o Espírito Santo, confirmando o *Filioque*.

Percurso histórico. No Ocidente, o conceito *Filioque* foi definido pelo bispo espanhol de Palência, Pastor, e no I Concílio de Toledo (447) foi assumido e promulgado com o enunciado *paracletos a Patre Filioque procedens*. Outro Concílio em Toledo, o terceiro, foi assumido pelo Credo Niceno-constantinopolitano. Esse acréscimo que se deu nas Igrejas da Península Ibérica e da Gália deveu-se à preocupação dos evangelizadores de que houvesse confronto com o arianismo em seus territórios. Carlos Magno cantou o Credo com a expressão *Filioque*, depois do Sínodo de Frankfurt (749), tendo sido aprovado pelo Papa Leão III. Essa tradição foi levada a Jerusalém pelos monges francos, causando dissensões entre eles e os monges gregos. Mesmo que o Papa Leão III não tivesse mudado o Credo, a Igreja franca seguiu com o acréscimo do *Filioque*, sendo adotado pelos papas a partir de Bento VIII (1012-1024). Os confrontos se davam quando os missionários latinos e bizantinos evangelizavam nos mesmos territórios.

Fócio, patriarca de Constantinopla, radicalizou a contraposição, negando o *Filioque*, insistindo que se trata de uma interpolação desnecessária que "destrói a monarquia do Pai e relativiza a existência pessoal ou hipostática na Trindade". Atribui-se a essa discussão o "cisma do Oriente-Ocidente"; no entanto, outras contraposições disciplinares e disputa de poder provocaram uma divisão que perdura por séculos.

BOGAZ, A. S.; COUTO, M. A.; HANSEN, J. H. *Patrística:* caminhos da tradição cristã. São Paulo: Paulus, 2014. p. 207-208; FRANGIOTTI, R. *História das heresias.* São Paulo: Paulus, 1995. p. 157-160; LACOSTE, J.-Y. *Dicionário crítico de teologia.* São Paulo: Paulinas/Loyola, 2004. p. 739-742; MONDONI, D. *O cristianismo na Antiguidade.* São Paulo: Loyola, 2014. p. 154-156; PETROSILLO, P. *O cristianismo de A a Z.* São Paulo: Paulus, 2012. p. 112; RAHNER, K.; VORGRIMLER, H. *Petit dictionnaire de théologie catholique.* Paris: Seuil, 1970. p. 186.

Fontes patrísticas

A bibliografia de estudos sobre a Patrística é imensa e temos estudos preciosos e valorosos. São obras manuais, antologias, estudos parciais de textos e autores e tantos outros títulos específicos. Essas obras de estudo especificam temas doutrinais, morais e litúrgicos e atualizam seus conteúdos diante das novas linguagens e contextos sociais e históricos. Algumas coleções são importantes para estudar as fontes de forma mais genuína, que trazem os textos em suas línguas originais e seus fragmentos complementares. Denominamos fontes da teologia Patrística, como instrumentos da Patrologia:

1. Patrologia Grega e Latina de Migne. Normalmente cifrada como PG e PL (Patrologia Grega e Patrologia Latina), mas outras vezes como MG e ML (Migne Grega e Migne Latina), é uma coleção numerosíssima de escritos dos Padres da Igreja antiga, mas também de outros textos eclesiásticos referentes à tradição cristã. Seu autor, Jacques-Paul Migne, publicou as obras entre 1844 e 1855, considerando também da mesma coleção os índices publicados entre 1862 e 1865.

J. P. Migne (Saint-Flour, França, 1800-1875), sacerdote francês, publicou muitas obras teológicas, enciclopédias e, sobretudo, uma coleção dos textos dos Padres da Igreja para uma biblioteca universal e, como considerou, para a literatura universal. Fundou o jornal *L'Univers religieux*, que seu coeditor, Louis Veuillot, transformou em órgão do movimento ultramontano, com o nome de *L'Univers*.

Migne abriu também uma editora, a Imprensa Católica, em Paris, onde publicou obras para a formação do clero mais simples, entre elas *Curso Completo de Sagrada Escritura* e *Curso de Teologia* (entre 1840 e 1845), a *Coleção de Autores Sagrados* (1846) e a *Enciclopédia teológica* (1844). Para a Patrologia, publicou três grandes séries, a Patrologia Latina, em 221 volumes (1840-1845), a Patrologia Grega, em 85 volumes (1856-1857), e mais tarde com os textos em grego e a tradução em latim, em 165 volumes (1857-1858). Apesar das críticas referentes à tradução apressada e o material mais barato, serviu para a divulgação e o aprofundamento das fontes cristãs. De todas as fontes patrísticas, esta é a obra mais completa e mais acessível para os estudiosos da Patrística. Muitas dessas obras se encontram hoje em sites digitais. Apesar de erros de impressão e imprecisão nas traduções, contam com muitos textos que outras tantas coleções não apresentam.

No caso, a Patrologia Latina é parte da *Patrologiae Cursus Completus*, e a Patrologia Grega é composta de obras patrísticas e medievais em grego, com traduções para o latim. A Patrologia Latina inclui mais de mil anos de obras latinas, de Tertuliano ao Papa Inocêncio III, em 217 volumes, assim divididos:

1) Volume 1 (Tertuliano) ao 73 (Gregório de Tours), publicados de 1844 a 1849;

2) Volume 74 (Papa Gregório Magno) ao 217 (Inocêncio III), dos anos de 1849 a 1855.

Todo o material de impressão da Patrologia não foi reutilizado, pois um incêndio em 1868 o destruiu. Outras reimpressões foram realizadas livremente e nem sempre seguem os esquemas originais.

2. *Corpus scriptorum ecclesiasticorum latinorum*. A coleção patrística CSEL publica escritos latinos e autores cristãos. Seus primeiros escritos trazem textos patrísticos do século II, editando as obras de Tertuliano, e seguem até o século VIII, com as obras de Beda, o Venerável († 735). Os textos são editados a partir dos manuscritos conhecidos na atualidade e as produções literárias são mais modernas, procurando fidelidade com os originais, e sempre introduzidos por esclarecimentos sobre seu histórico e conteúdo. A coleção é organizada por uma equipe do próprio CSEL, porém muitos textos são entregues a estudiosos dos textos específicos. Em todos os casos existe um conselho consultivo internacional que aprecia e aprova a publicação de cada volume. Na mesma coleção aparecem manuscritos medievais das obras de Agostinho de Hipona e monografias referentes ao período patrístico latino, que podem servir para os estudos das obras fontes. Estes compõem a coleção CSEL *Extra seriem*.

3. Sources Chrétiennes. Mais moderna é a coleção francesa de textos patrísticos *Sources Chrétiennes* (*tes cristãs*), sempre bilíngue. Sua publicação se iniciou em Lião (1943), com os jesuítas Jean Daniélou, Claude Mondésert e Henri de Lubac, tendo como editor o *Institut des Sources Chrétiennes* e a publicação sendo feita por Les Édition du Cerf, em Paris. A coleção ainda está em processo de edições, mas já conta com aproximadamente 600 volumes, a maioria em grego e latim, mas também em siríaco e algumas traduções de obras da Patrística oriental. Alguns autores decretados heréticos foram contemplados, mas a maioria das obras é de Orígenes, Clemente de Alexandria, João Crisóstomo, Basílio Magno e Gregório de Nazianzo.

A coleção traz sempre o texto na língua original com tradução em francês, normalmente, mas também em italiano e alemão, e é destinada a estudiosos, professores e pesquisadores de ciências teológicas, exegese, espiritualidade, moral, literatura cristã e historiografia. Pela multiplicidade de seus textos, servem ainda aos estudos filosóficos, religiosos ou profanos. Como a Patrística pertence à literatura universal, sua importância se estende a estudiosos de todas as crenças. Todas as obras são publicadas integralmente, tendo à esquerda o texto original e a tradução à direita, sempre com introduções, notas, index etc.

4. Coleção Patrística. Inspirada na obra *Sources Chrétiennes*, dos jesuítas franceses (Jean Daniélou, Claude Mondésert e Henri de Lubac), e respondendo aos apelos do Concílio Vaticano II, que enseja a renovação da Igreja a partir das fontes do cristianismo, surgiu a coleção Patrística (editora Paulus), que progressivamente edita e publica novos títulos dos Padres da Igreja. São aproximadamente 40 títulos, desde os padres apostólicos, seguindo uma trajetória temática e cronológica. Os textos são apresentados na íntegra e introduzidos por contexto histórico, estudo da autoria e comentário aos conteúdos. A literatura é simples e abrangente, com o objetivo de servir a leigos, clérigos, religiosos, estudiosos do cristianismo primitivo.

Elencamos outras coleções menos abrangentes, com temas específicos, mas importantes para estudos de determinadas áreas da teologia cristã: *Corpus christianorum, continuatio medievalis*. Turnhout: Brepols, 1953; *Corpus christianorum, series latina*. Turnhout: Brepols; *Corpus christianorum series apocryphorum*; *Corpus scriptorum christianorum orientalium*. I. B. Chabot; Vienna: Hoelder-Pichler-Tempsky; *Patrologiae latinae, supplementum*. 5 v. A. Hamman. Outros trabalhos podem ser citados, mas são menos abrangentes e não muito conhecidos.

BOGAZ, A. S.; COUTO, M. A.; HANSEN, J. H. *Patrística:* caminhos da tradição cristã. São Paulo: Paulus, 2014. p. 29-30; DROBNER, H. R. *Manual de Patrologia*. Petrópolis: Vozes, 2003. p. 156-157; MORESCHINI, C.; NORELLI, E. *História da literatura cristã antiga:* grega e latina. São Paulo: Loyola, 2000. p. 177-224; PADOVESE, L. *Introdução à teologia patrística*. São Paulo: Loyola, 1999. p. 167-178.

Gnosticismo

Traços do gnosticismo estão presentes desde os primeiros tempos das pregações apostólicas e formação das primeiras comunidades. De fato, ao mesmo tempo que Paulo elogia as comunidades, alerta os fiéis contra os falsos mestres, propagadores de doutrinas estranhas à pregação apostólica. Paralelamente, na Igreja de Éfeso (Ap 2,2.6) despontam os "nicolaítas", que são libertinos e permissivos. Assim, na Igreja de Pérgamo (Ap 2,15) muitos convertidos seguem a doutrina denominada "nicolaítas" e outros a "doutrina de Balaão". Os dois grupos religiosos, oriundos do cristianismo, participam de cultos sacrificais pagãos. Em outra Igreja, Tiatira, testemunhamos a influência de uma doutrina liderada por Jezabel, denominada a "mensageira de Deus". Os estudiosos defendem que esses desvios doutrinais estão nos fundamentos religiosos e filosóficos do gnosticismo. Nas cartas paulinas e apostólicas percebemos que essas falsas doutrinas levam ao gnosticismo. Nas Cartas de João, a resposta do apóstolo é que Jesus é o único Filho de Deus e, como seus herdeiros, conquistamos a vida eterna (1Jo 5,13). João, nas suas cartas, acusa aqueles que se acreditavam no gozo pleno da luz, como se fossem diferentes dos cristãos das comunidades apostólicas (1Jo 1,5-10). Paulo denuncia esses fiéis, os quais se consideravam superiores e faziam experiências místicas, como se fossem ressuscitados (1Cor 4,7-8).

Modalidades do gnosticismo. Muitas são as modalidades do pensamento humano com raízes no gnosticismo, que simplesmente significa conhecimento, mas que na verdade é um conjunto de correntes da filosofia e da religião que atravessa as religiões, como aconteceu no cristianismo dos primeiros séculos. Na verdade, o gnosticismo nunca foi tratado como uma heresia em si mesma, mas conduziu a uma concepção religiosa que levou a heresias, pois influenciava a veracidade das doutrinas. Nos dois primeiros séculos do cristianismo, pela influência gnóstica, os autores cristãos interpretavam o mundo material como uma emanação de um deus supremo. Essa energia era uma chama divina que se prendia no ser humano e podia ser liberada pela sua gnose. Esses ideais invadiram os cristãos e geraram verdadeiros movimentos na interpretação da figura de Cristo e na sua mensagem. Com o maniqueísmo, essa doutrina se espalhou por toda a região do Oriente Médio e, particularmente, no Império Persa. Mesmo considerando sua inferência no cristianismo, o gnosticismo é provavelmente anterior ao cristianismo como forma de entender o mundo material e o mundo espiritual.

Nos escritos cristãos, o gnosticismo surge como heresia no Apocalipse, quando João fala da Igreja de Tiatira. Quando descreve as realidades espirituais como forças intrínsecas ao universo, entendemos a presença de um "deus gnóstico", como descreveu Henry More, interpretando a passagem: "Ao anjo da Igreja de Tiatira, escreve: 'Eis o que diz o Filho de Deus, que tem os olhos como chamas de fogo e os pés semelhantes ao fino bronze'" (Ap 2,18). Mais tarde, a expressão "gnóstico-herético" é oficializada por Irineu de Lião, que, na sua luta contra as heresias, debate incessantemente contra o gnosticismo. Para ele, o termo é falsamente chamado "conhecimento" (*pseudonymos gnosis*), pois, segundo ele, trata-se das mesmas heresias citadas por Paulo quando alerta Timóteo: "Guarda o bem que te foi confiado! Evita as conversas frívolas e mundanas, assim como as contradições de pretensa ciência" (1Tm 6,20). Ainda no mundo grego, o *gnóstikós* é o intelectual, distinto do prático (*praktikos*), mas passa a significar posteriormente os mistérios greco-romanos, identificados com o termo *mysterion*. No início, a conotação do termo ainda não é vista como herética, pois Clemente de Alexandria relata o culto (*gnóstikós*) dos cristãos como ação religiosa positiva (*Stromata*, 7). As interpretações de Irineu e seu confronto com grupos gnósticos definem o termo como uma seita intelectual (*Ad. Haer.*, 1, 11, 1). Por vezes, porém, o termo pode ser entendido nos escritos de Irineu apenas como "intelectual", alguém voltado para os estudos filosóficos e teológicos. Com o tempo, o gnosticismo é identificado com uma corrente filosófica que interpreta erroneamente a figura de Cristo e os mistérios cristãos, sendo definido como uma seita herética.

Características do gnosticismo. O gnosticismo é um sistema filosófico que se estende a outras áreas do conhecimento humano, como uma forma de apreciar a epistemologia. Trata-se de uma forma de conhecer o mundo e entender a realidade, mas não temos um único e uniforme sistema gnóstico, sendo identificado por suas características comuns. As características são diferenciadas ao especificarmos o gnosticismo cristão, quando serve à formulação da doutrina ou nas suas versões heréticas. O gnosticismo se identifica com estas ideias:

1) O essencial da criação é sua dimensão espiritual, limitada pela materialidade que se impõe sobre a existência humana;
2) Um ser intermediário, tipo demiurgo, é uma emanação do princípio único e absoluto, que é o gerador da vida;
3) O ser superior serve-se de deuses menores e inferiores que permitem a integração entre a dimensão espiritual e a material;
4) O ser intermediário promove a perfeição do universo dentro das limitações materiais;
5) No gnosticismo cristão, Jesus é a encarnação do ser supremo que encarna a gnose para a terra;
6) Todo ser humano busca a perfeição do conhecimento divino, entendendo os segredos do universo;
7) A gnose resgata o ser humano da ignorância, pois o conhecimento é a única redenção da humanidade.

Teses gnósticas. Ao longo dos primeiros séculos, o gnosticismo tentou cooptar o cristianismo, envolvendo vários Padres da Igreja, mas foi combatido por Justino de Roma, Irineu de Lião e Tertuliano. A gnose ensina que uma centelha divina iluminou o homem, que veio do reino espiritual e caiu neste mundo. Neste espaço material, a pessoa se submete ao próprio destino, dentro das realidades de sua existência, do nascimento à morte. Depois da existência é despertado e unido aos seres celestiais. A libertação acontece pela força da gnose, compreendida como conhecimento de si mesmo e abertura ao conhecimento do cosmos. Em verdade, o conhecimento do "eu" é o conhecimento dos dons divinos que nos habitam e nos levam à libertação dos poderes do mundo profano, onde vivemos escravizados. No cristianismo, essas teses provocaram correntes antitrinitárias entre os padres, promovendo heresias, as quais foram contrárias à distinção de pessoas na unidade divina e na unidade de duas naturezas na figura de Cristo. Algumas correntes negavam a divindade de Cristo e o reduziam à simples humanidade com poderes e virtudes extraordinários, ou o apresentavam como simples modalidade de Deus Pai; estes eram denominados "modalistas" ou "patripassionistas". A extensão dessa heresia se refere tanto ao Pai como também ao Espírito Santo, como acreditam os sabelianos.

Entre gnosticismo e heresias. A gnose é um movimento que busca o verdadeiro conhecimento e se fundamenta no dualismo espírito-matéria, procurando incutir este princípio no cristianismo. Para comprovar esta tese, seus partidários se fundamentam na Sagrada Escritura, valendo-se da passagem dos Atos dos Apóstolos: "E estava ali certo homem, chamado Simão, que anteriormente exercera naquela cidade a arte mágica, e tinha iludido o povo de Samaria, dizendo que era uma grande personagem, ao qual todos atendiam, desde o menor até ao maior, dizendo: 'Este é a grande virtude de Deus'. E atendiam-no, porque já desde muito tempo os havia iludido com artes mágicas" (At 8,9-11). Simão é questionado por Filipe, que o considera mágico e enganador do povo, mas se converte e se faz batizar. Tempos depois, Pedro e João voltam a se encontrar com Simão, que ainda quer comprar o poder concedido pelo Espírito Santo, como sinal de que não se tinha convertido de verdade. No segundo século, Justino de Roma ainda recorda a figura de Simão que era considerado um deus pelos samaritanos (Irineu de Lião, *Contra as heresias*, p. 45). Irineu de Lião confronta as ideias de Simão ainda no final do século II, quando seus seguidores propagam a doutrina de que nele habitava uma divindade intermediária, denominada a "Grande Virtude de Deus", seja o Filho, seja o Espírito Santo. Irineu diz que os devotos de Simão afirmavam que ele "foi nascido entre os judeus como o Filho e, na Samaria, como o Pai e nas outras nações, como o Espírito Santo" (Irineu de Lião, *Contra as heresias*, p. 46). Parece, assim, que já nas primeiras comunidades cristãs havia influências gnósticas. Paulo ensina que o movimento gnóstico é um conhecimento pleno, pois afirma que Jesus Cristo é superior a todos os principados, potestades e dominações (Cl 1,21). Nas primeiras décadas, o gnosticismo se intensifica e propaga a humanidade irreal de Jesus e a impossibilidade de ser um verdadeiro ser humano.

Marcião e o gnosticismo. Desde Inácio de Antioquia, na Ásia Menor, os pastores das Igrejas lutam contra o gnosticismo, que defende a inviabilidade da encarnação do Verbo divino. Na sua obra mais importante, *Contra as heresias*, Irineu de Lião critica logo de início o método exegético usado pelos gnósticos na interpretação das Escrituras, sobretudo do Livro do Gênesis. No segundo livro censura-lhes as doutrinas do pleroma, dos espíritos e da numerologia. Para Irineu, as Sagradas Escrituras são revelações verdadeiras, assim como as palavras dos apóstolos. Um desses gnósticos combatidos por Irineu é Marcião, o qual, influenciado por Cerdão, que viveu em Roma sob o bispo Higino, caracteriza o Deus revelado no Antigo Testamento como inferior àquele revelado no Novo Testamento. Esse teólogo é acusado por Irineu, no seu quinto livro, de considerar o corpo e o mal sem redenção e de propagar um deus fraco, incapaz de vivificar o corpo. Sem espaço nas comunidades da Ásia Menor, por questões morais, Marcião transfere-se para Roma, onde divulga suas ideias gnósticas e cria uma escola com novas correntes religiosas e filosóficas, produzindo muitos tratados apocalípticos, de cosmologia e exegese. O pensamento marcionita mistura gnose, neoplatonismo, filosofias esotéricas orientais, mescladas com revelações bíblicas. Por sua similitude com a pregação dos apóstolos, Marcião defende que a redenção trazida por Jesus é uma ação da misericórdia divina, particularmente de Deus Pai. As comunidades cristãs são seduzidas por essas doutrinas e Marcião conquista muitos adeptos, ainda que veja muita contradição entre o Deus do Antigo Testamento e as pregações e obras de Jesus. Segundo ele, existem dois deuses: o Deus do Antigo Testamento, que é mau, vingador e justiceiro, pois, apesar de ser criador e suportar o pecado do homem, provocou a morte de Jesus na cruz; e o Deus do Novo Testamento, que é bom, misericordioso e foi revelado por Jesus Cristo, o qual tem a missão de realizar a redenção da humanidade, resgatando-a desse Deus mau. Além disso, para os gnósticos, Cristo veio ao mundo sem a mediação de Maria e revestido de um corpo aparentemente humano, pois, por considerarem o mundo material mau, defendem que o Filho de Deus não poderia assumir um corpo humano realmente material, porque este estaria submetido ao poder do Deus mau. Portanto, segundo eles, Jesus é o corpo material usado por Deus para poder estar presente no mundo, através de seu "logos espiritual"; assim, Jesus Cristo personifica a ideia de salvação e torna-se o centro da gnose no mundo.

ALAND, B. Marcião-marcionismo. In: DPAC, p. 881-882; FILORAMO, F.; Gnose-gnosticismo. In: DPAC, p. 624-627; FRANGIOTTI, R. *História das heresias (séculos I-IV):* conflitos ideológicos dentro do cristianismo. São Paulo: Paulus, 2004. p. 38-45; IRINEU DE LIÃO. *Contra as heresias.* São Paulo: Paulus, 2005 (Col. Patrística); MONDONI, D. *O cristianismo na Antiguidade.* São Paulo: Loyola, 2014. p. 111-112; PADOVESE, L. *Introdução à teologia patrística.* São Paulo: Loyola, 1999. p. 145-146.

Heresia

A terminologia de heresia indica uma "escolha" e se refere a uma doutrina ou uma linha do pensamento que se contrapõe à profissão de fé ou Credo Apostólico de grupos religiosos que organizam, aprovam e legitimam um sistema de doutrinas, sob inspiração divina, que tem a garantia da ortodoxia. Próximo ao conceito de heterodoxia, heresia é a deturpação do sistema de crenças aprovado pelos líderes religiosos e aquele que professa uma heresia é denominado "herético" ou "heresiarca". A heresia é decretada pelas autoridades ortodoxas e os heréticos são os autores e os seguidores das doutrinas determinadas como incorretas. Mesmo que o herético considere que esteja professando uma doutrina correta, ele é designado como tal pela autoridade eclesiástica da instituição religiosa, por meio de concílios, sínodos ou promulgações. No cristianismo primitivo, por meios eclesiásticos institucionais, foram definidas doutrinas de fé objetivas e absolutas, e a heresia ocorre pela rejeição ou desvio dessa verdade universal, a qual fora aprovada pelos padres conciliares ou pela autoridade pontifícia.

Heresias nas cartas apostólicas. Desde o período apostólico, o termo "heresia" foi tomado pelos cristãos para designar ideias contrapostas à mensagem evangélica, consideradas pelos apóstolos como "falsas doutrinas". Desse modo, nas passagens escriturísticas, a heresia é uma doutrina contrária à revelação de Jesus Cristo, seja pela deturpação, distorção, seja pela interpretação errônea. Na Epístola aos Gálatas, são definidas diversas formas de heresias, que correspondem ao caminho da perdição: "Ora, as obras da carne são estas: fornicação, impureza, libertinagem, idolatria, superstição, inimizades, brigas, ciúmes, ódio, ambição, discórdias, partidos, invejas, bebedeiras, orgias e outras coisas semelhantes. Dessas coisas vos previno, como já vos preveni: os que as praticarem não herdarão o Reino de Deus!" (Gl 5,19-21).

Como alerta, Paulo escreve a Timóteo pedindo vigilância sobre os falsos mestres, que desviam a doutrina e vangloriam a si mesmos: "Vai chegar o tempo em que não mais se suportará a sã doutrina da salvação, pois, levados pelas próprias paixões e pelo desejo de novidades, buscarão seus próprios mestres. Assim, desviarão seus ouvidos da verdade e se orientarão para as fábulas" (2Tm 4,3-4).

Na mesma epístola, a heresia é apresentada como um ensinamento errado, uma doutrina falsa que nos afasta do caminho da verdade. Trata-se de uma acusação aos propagadores de heresias: "Quem ensina de outra forma e discorda das salutares palavras de nosso Senhor Jesus Cristo, bem como da doutrina conforme a piedade, é um obcecado pelo orgulho, um ignorante, doentio por questões ociosas e contendas de palavras. Daí se originam a inveja, a discórdia, os insultos, as suspeitas injustas, os vãos conflitos entre homens de coração corrompido e privados da verdade, que só veem na piedade uma fonte de lucro" (1Tm 6,3-5).

O combate à heresia é um esforço para manter a unidade dos cristãos em uma única Igreja. O apelo de Jesus Cristo para que todos sejam um (Jo 17,21) e a centralidade na pessoa de Pedro mostram que Jesus fundou uma única Igreja (Mt 16,18). Se ele se propõe como caminho, verdade e vida, entendemos que existe uma única comunidade de fé e não pode haver outros caminhos. Este é o argumento para lutar pela unidade de todos os que creem em Jesus Cristo. Na prática, durante os séculos, houve cisões, evasões e rejeições da autoridade pontifícia; por isso, proliferaram diversas denominações de grupos cristãos.

A concepção de heresia na Patrística é bastante objetiva, uma vez que a considera como religiosidade ou profissão de fé discordante da herança apostólica, seguida pelos sucessores dos apóstolos, professada pelos primeiros cristãos.

Primeiras heresias na tradição. Os primeiros testemunhos são dos próprios apóstolos que denunciam falsos pregadores como heréticos. Depois vieram os padres apostólicos, que foram discípulos dos primeiros discípulos (Clemente Romano, Inácio de Antioquia, Policarpo, entre outros). Na metade do século II, despontam os padres apologistas, que integraram o pensamento filosófico às verdades cristãs (Justino de Roma, Irineu de Lião e outros), e depois todos os padres gregos e latinos. Os hereges são denunciados pelas autoridades locais ou em concílios e sínodos, e rejeitados pelos cristãos ortodoxos.

Se, no início, os grupos heréticos não são tão perceptíveis, aos poucos, entre os padres antigos, eles passam a ter os nomes divulgados e retirados das ladainhas, suas figuras são excluídas

das iconografias, suas doutrinas estereotipadas e seus escritos, abandonados. Além disso, com a união Igreja-Estado, os heréticos começam a ser estigmatizados e perseguidos, perdendo suas cátedras teológicas, e os patriarcas são depostos de seus tronos patriarcais ou episcopais. Conhecemos vários textos que denunciam heresias, como, por exemplo: de Irineu de Lião, *Contra as heresias*; de Epifânio, *Contra todas as heresias*; e de Jerônimo, que define o gnosticismo de Marcião como "primogênito de satanás". O extremo dessa postura persecutória aos hereges ocorreu pela primeira vez na condenação de Prisciliano, que, mesmo tendo confessado sua culpa, foi executado como herético seis décadas depois das definições de Niceia. Martinho de Tours critica essa decisão, pois não aceita que uma causa eclesiástica seja executada pelo braço secular do Estado. De fato, a pena máxima imputada pela Igreja era a excomunhão, quando o acusado permanecia por um período superior a um ano sem se retratar. Ocorria, porém, que, na cristandade, o fiel excomungado era entregue ao braço secular do Estado, que aplicava penas corporais, torturas, confisco de bens e até mesmo a pena capital.

Principais afirmações heréticas. Se definirmos heresia como negação total ou parcial dos fiéis a algumas doutrinas da Igreja, sem aceitação de retratação, ela pode ser separada em blocos, conforme seu conteúdo, ou seja: relacionada a Cristo (arianismo, nestorianismo e monofisismo, entre outras); à atuação da graça divina no ser humano (pelagianismo); à questão do mal no mundo e à penitência (donatismo, maniqueísmo); e à identidade dogmática dos sacramentos. Os nomes por trás das grandes heresias são Montano, Donato, Pelágio, Tertuliano, Ário, Nestório, Eutiques, entre outros menos influentes, e cada uma delas tem um elemento contraditório à doutrina oficial da Igreja cristã católica:

1) Os judaizantes, no século I, afirmavam que os cristãos precisavam ser circuncidados. Seu enunciado está nos Atos dos Apóstolos: "Alguns homens, descendo da Judeia, puseram-se a ensinar aos irmãos o seguinte: 'Se não vos circuncidais segundo o rito de Moisés, não podeis ser salvos'" (At 15,1);

2) Os gnósticos, nos dois primeiros séculos, consideravam que a matéria é má, assim como asseveravam os filósofos gregos ligados ao platonismo, os quais afirmavam que seres divinos eram mediadores entre a humanidade e Deus, que é inatingível;

3) O montanismo, no século II, valorizava a penitência, a austeridade e a radicalidade na pobreza, propagava a volta imediata de Cristo e negava o perdão aos pecadores graves;

4) O sabelianismo, no século III, acreditava que Deus Pai e Jesus Cristo eram a mesma pessoa, em operações distintas, atuando de forma diferente em relação à criação e à humanidade;

5) O arianismo, no século IV, não admitia que Jesus Cristo era Deus, apenas uma criatura divina, com grandes poderes e forças misteriosas;

6) O pelagianismo, no século V, negava que teríamos herdado o pecado de Adão e que a santidade seria garantida pela morte de Cristo. Confiava nas forças humanas para conquistar a salvação;

7) O nestorianismo, no século V, negava que Maria fosse a Mãe de Deus e afirmava a doutrina do *Christotókos*, a qual confessa que Maria é a Mãe de Cristo, separando, assim, a única pessoa de Jesus Cristo em duas pessoas, a divina e a humana;

8) O monofisismo, ainda no século V, afirmava que Cristo era uma única pessoa, combatendo o nestorianismo, e possuía uma única natureza, pois a natureza humana tinha sido sobreposta pela divina;

9) O iconoclastismo, tardiamente nos séculos VII e VIII, de valor secundário, considerava pecaminosa a produção de estátuas de Cristo e dos santos, negando o valor simbólico e didático dessas imagens nos templos e na liturgia.

Outras heresias seriam deflagradas nos próximos séculos, sobretudo nos períodos medievais, mas não mais nos séculos patrísticos.

Ensinamentos do magistério. Os heréticos, contudo, diferentemente da postura dos incrédulos, ateus ou pagãos, creem, mesmo que incorram em erros doutrinais. O *Catecismo da Igreja Católica* evidencia essa distinção: "Incredulidade é negligenciar uma verdade revelada ou é a voluntária recusa em dar assentimento de fé a uma verdade revelada. Heresia é a negação após o Batismo de algumas verdades que devem ser acreditadas com fé divina e católica, ou igualmente uma obstinada dúvida com relação às mesmas; apostasia é o total repúdio da fé cristã; cisma é o ato de recusar-se a submeter-se ao Romano Pontífice ou à comunhão com os membros da Igreja sujeitos a ele" (CaIC, 2089).

Pode ser definida como heresia a deturpação ou negação das doutrinas promulgadas explicitamente pelas autoridades eclesiásticas, sejam coletivas, sejam pontifícias, como a negação dos dogmas sobre o Cristo, a Santíssima Trindade, a presença real de Cristo na Eucaristia e Maria. Portanto, de modo contrário à heresia, que é a negação de algum elemento da doutrina cristã, o cisma é a separação da Igreja, independentemente de doutrinas, e a apostasia é o repúdio da fé cristã e de seus dogmas legítimos.

DROBNER, H. R. *Manual de Patrologia*. Petrópolis: Vozes, 2003. p. 110-132; GROSSI, V. Heresia-herético. In: DPAC, p. 665-666; IRINEU DE LIÃO. *Contra as heresias*. São Paulo: Paulus, 2005 (Col. Patrística); MEUNIER, B. *O nascimento dos dogmas cristãos*. São Paulo: Loyola, 2005; MORESCHINI, C.; NORELLI, E. *História da literatura cristã antiga:* grega e latina. São Paulo: Loyola, 2000. p. 177-224.

Hipóstase

Conceito muito usado na teologia patrística, a hipóstase foi fundamental para definir o dogma da Santíssima Trindade, particularmente nos Concílios de Niceia e Constantinopla, superando questões heréticas que se alongavam por décadas. Por muito tempo, os termos *homoousios* e *hipóstase* foram identificados praticamente como sinônimos. Assim, o termo *homos* indica "o mesmo, igual" e *ousía* se traduz como "substância ou essência". Na origem, o conceito *hypóstasis* tem significado semelhante a *ousía*.

Semelhança dos dois conceitos. Quando anuncia o termo *homoousios*, os Padres da Igreja, particularmente em Niceia, entendem uma igualdade essencial e não apenas de categoria; é mais que aparência ou semelhança, como se dizia sobre o termo *homeousious*. Trata-se de uma igualdade ontológica, que identifica fundamentalmente a essência dos seres, entendendo como "da mesma substância ou da mesma essência". Para entender filologicamente, o verbo utilizado será sempre "ser", e não o verbo "estar". As línguas latinas se referem à dimensão ontológica (ser) e existencial (estar). Para compreender a extensão desse conceito, pode-se exemplificar afirmando que, na expressão "presença real" do Cristo na Eucaristia, não se afirma que na "hóstia consagrada ele está presente", mas que ela é o próprio Cristo.

Quando separada conceitualmente, sobretudo no Oriente, a palavra *hypóstasis* recebe a conotação de "pessoa" e *ousía* determina "substância ou natureza". A compreensão diversa dos termos no Oriente e no Ocidente causou alguns desentendimentos doutrinais. Quando os orientais falavam de três *hypóstasis*, os padres do Ocidente compreendiam como "três divindades distintas"; e se os padres ocidentais usavam o termo *ousía*, os orientais os acusavam de "modalismo". Aos poucos, os termos foram sendo lapidados e semanticamente passaram a indicar a essência ou substância (*ousía*) e a pessoa (*hypóstasis*).

Distinção dos conceitos. Diante de tantas discussões que antecederam o Concílio de Niceia e retomando grandes teólogos patrísticos, como Eusébio de Cesareia, que professava que "o Verbo vem de Deus", os padres conciliares precisaram os conceitos e os aproximaram para formular o dogma trinitário: "Geração eterna do Logos divino (gerado, não criado) e consubstancial a Deus Pai". A partir desse Concílio, a distinção torna-se objetiva, sendo que *ousía* indica a substância e *hypóstasis* passa a indicar o conceito latino de *persona*, que também tem origem na filosofia grega, com o significado moderno de "existência individual" (*trópos hypárxeos*). Sendo assim, são definidos cada vez mais objetivamente os símbolos apostólicos, em que a Trindade é formada por três diferentes *hypóstasis* em uma única divindade (*triunicidade divina*) e Jesus Cristo é uma única pessoa (união hipostática) de duas naturezas, a divina e a humana.

O conceito e os dogmas. Nos primeiros tempos das definições dogmáticas, o uso dos termos era indeterminado, pois os padres do Ocidente traduziam *hypo-stasis* como "sub-stantia". Por outro lado, os teólogos do Oriente falavam da divindade cristã como "três hipóstases", dando a impressão de triteísmo. Os padres da Capadócia (Basílio de Cesareia, Gregório de Nissa e Gregório de Nazianzo), por sua vez, em seus escritos passaram a distinguir os conceitos e, assim, *hypóstasis* passa a significar pessoa, enquanto *ousía*, essência ou substância. Essa distinção foi fundamental para definir as doutrinas referentes à Trindade, e até mesmo ao Espírito Santo, no I Concílio de Constantinopla (381), e à Pessoa de Jesus Cristo, sobretudo no Concílio de Calcedônia (451).

DROBNER, H. R. *Manual de Patrologia*. Petrópolis: Vozes, 2003; EICHER, P. *Dicionário de conceitos fundamentais de teologia*. São Paulo: Paulus, 1993; FRANGIOTTI, R. *História das heresias*. São Paulo: Paulus, 1995. p. 131-133; LATOURELLE, R.; FISICHELLA. R. *Dicionário de teologia fundamental*. Petrópolis/Aparecida: Vozes/Santuário, 1994; LOPES, G. *Patrística pré-nicena*. São Paulo: Paulinas, 2014; PADOVESE, L. *Introdução à teologia patrística*. São Paulo: Loyola, 1999.

Homoousios

Conceito fundamental para determinar a identidade de Jesus Cristo como Filho de Deus encarnado, *homoousios* designa "igual essência ou substância". O apelo aos termos gregos foi fundamental para precisar os dogmas referentes à doutrina ortodoxa cristã, separando-os dos conceitos heterodoxos. *Homoousios* foi empregado pelos gnósticos, sobretudo os valentinianos, quando erroneamente afirmaram que o espírito do ser humano é consubstancial a Deus, assim como a alma é consubstancial ao demiurgo, como ser mediador, e a matéria se identifica com o mal, o antideus.

Orígenes usa o termo no sentido trinitário, indicando que o Filho, Jesus Cristo, é da mesma substância e da mesma natureza do Pai. Alguns erros foram cometidos com este termo, sobretudo quando se declarou que o Logos humano é consubstancial ao Pai. Por outro lado, Ário cometeu erro inverso, pois não admitia que o Filho fosse *homoousios* com o Pai, pois assim a substância divina estaria bipartida. O termo *ousía* (substância) foi usado ainda erroneamente pelos monarquianos, que se opunham à doutrina trinitária das três hipóstases, seja do Pai, do Filho ou do Espírito Santo. Finalmente o conceito foi incorporado no Credo de Niceia (325) para contestar a doutrina ariana. Com compreensão dúbia (substância genérica e substância individual), este termo causou muitas discussões e contradições nos anos pós-nicenos, quando se deu o embate de décadas entre nicenos e arianos. Em 355, Atanásio de Alexandria o retoma para definir a consubstancialidade entre as pessoas trinitárias, provocando grande dissenso no Oriente cristão. Um grupo, os homeusianos, aceitava a identidade das pessoas da Trindade de forma mais branda, não igual mas com semelhante substância, revelando, assim, bastante disparidade em relação à definição dogmática. O termo foi identificado com *hipóstases*, a partir de Basílio de Cesareia, com *ousía* entendida como única substância e natureza divina que ocorre nas três hipóstases. A assunção do termo foi definitiva no próximo Concílio, em Constantinopla (381).

Percalços na definição do conceito. A questão da identidade das três pessoas trinitárias, mormente as pessoas do Pai e do Filho, esteve presente em várias discussões dogmáticas. O modalismo, combatido por Tertuliano na obra *Contra Praxeas*, para garantir o monoteísmo cristão, não admite a distinção real entre as três pessoas e afirma que são modalidades de ser da mesma substância divina. Igualmente o monarquianismo, que defende a unidade de princípio, o patripassionismo, que afirma que é o Pai quem sofre a paixão na cruz, e o sabelianismo não admitem a consubstancialidade entre as pessoas divinas da Trindade. Mais tarde, ao redor de Niceia, os padres gregos e orientais custaram a admitir a distinção de pessoas, na cautela de não incorrer nas heresias descartadas nos anos anteriores. Quando a doutrina ariana invade as correntes teológicas, para preservar a unidade absoluta de Deus, afirma a primazia de Cristo e sua excepcionalidade, porém no ápice da criação divina. No combate a Ário, o Concílio de Niceia declara o Filho "consubstancial" (*homoousios*) ao Pai, da mesma substância, uma única substância. O texto explicita essa proposição antiariana: "Cremos em um só Deus, Pai Todo-Poderoso, criador de todas as coisas visíveis e invisíveis. E em um só Senhor Jesus Cristo, o Filho de Deus, gerado *unigênito* do Pai, isto é, da substância do Pai; *Deus de Deus*, luz de luz, Deus verdadeiro de Deus verdadeiro, gerado, não feito, consubstancial ao Pai; por quem foram feitas todas as coisas *que estão no céu ou na terra*. O qual, por nós homens e para nossa salvação, desceu, se encarnou e se fez homem". Na sua formulação, esse Símbolo Apostólico Niceno apresenta os termos "gerado e unigênito" e rejeita o termo "criatura", com o intuito de explicitar que o Filho é da mesma essência divina do Pai. Estamos diante de um Concílio fundamentalmente trinitário.

Está presente na afirmação de Niceia uma grave ameaça anatemática: "E quem quer que diga que houve um tempo em que o Filho de Deus não existia, ou que antes que fosse gerado ele não existia, ou que ele foi criado daquilo que não existia, ou que ele é de uma substância ou essência diferente (do Pai), ou que ele é uma criatura, ou sujeito à mudança ou transformação, todos os que falem assim são anatematizados pela Igreja Católica".

Em busca do pleno homoousios. A discussão não terminou, pois os arianos resistem, com a preocupação do modalismo sobre as três pessoas que se manifestam na história da Salvação. Os arianos propõem o termo *anomoios*, que defende que o Filho é "não semelhante", mas criado por natureza, ao passo que Deus é por definição "não gerado". Essas posições são defendidas por Aécio e Eunômio (que dão nome às heresias: aecianos e eunomianos). Ainda entre os antinicenos, surgem os arianos moderados, que defendem a doutrina dos *homeusianos*, pela qual o Verbo encarnado tem substância semelhante, mas não igual a Deus. Ao final, os arianos se definiram pela fórmula *homoios*, que apresenta o Filho de Deus como "semelhante ao Pai". Entre tantos conceitos intermediários, surgiram ainda os macedonianos ou pneumatômacos (contra o Espírito), para combater a definição de Niceia, pois na discussão adentrou a pessoa divina do Espírito Santo, ao qual a doutrina do *homoousios* é aplicada igualmente. Somente a definição do Concílio de Constantinopla (381) finalizou as discussões trinitárias: "Cremos em um só Deus, Pai Todo-Poderoso, Criador *do céu e da terra*, de todas as coisas visíveis e invisíveis. E em um só Senhor, Jesus Cristo, Filho unigênito de Deus, gerado do Pai antes de todos os séculos, luz de luz, Deus verdadeiro de Deus verdadeiro, gerado, não feito, consubstancial ao Pai, por quem foram feitas todas as coisas". Também se aplica ao Espírito Santo a mesma identidade proferida à segunda pessoa da Santíssima Trindade, o Verbo de Deus encarnado, com a afirmação: "E no Espírito Santo, Senhor e fonte de vida, que procede do Pai; e com o Pai e o Filho é adorado e glorificado: ele falou pelos profetas". Como afirma Basílio de Cesareia, "no conjunto, o princípio da consubstancialidade seja preservado na unidade da divindade e o conhecimento que a piedade dá do Pai, do Filho e do Espírito Santo seja pregado na hipóstase perfeita e inteira de cada um daqueles que são nomeados" (Basílio de Cesareia, *Lettre*, 214, 3-4). Assim, o Concílio de Constantinopla I recusa toda expressão de modalismo e subordinacionismo e reconhece a plena identificação de *homoousios* às três pessoas e, como consequência, à consubstancialidade trinitária.

DROBNER, H. R. *Manual de Patrologia*. Petrópolis: Vozes, 2003. p. 231-162; FRANGIOTTI, R. *História das heresias*. São Paulo: Paulus, 1995. p. 85-96; MORESCHINI, C.; NORELLI, E. *História da literatura cristã antiga:* grega e latina. São Paulo: Loyola, 2000. p. 183-188; PADOVESE, L. *Introdução à teologia patrística*. São Paulo: Loyola, 1999. p. 144-146; SIMONETTI, M. *Homoousios*. In: DPAC, p. 695-699; SPANNEUT, M. *Os Padres da Igreja II*. São Paulo: Loyola, 2013. p. 94-103.

Iniciação cristã

A iniciação cristã nos primeiros séculos compreende os sacramentos tripartidos, Batismo, Confirmação e Eucaristia, com suas devidas preparações, intensas e envolventes. Os discípulos de Jesus, nas primeiras décadas da formação da comunidade eclesial, retomam a imersão em rios, lagos ou piscinas, conforme era a prática habitual no judaísmo. Para os cristãos, a ritualidade é expressão da conversão e da purificação, acrescida do renascimento pelo Espírito, para participar da morte e ressurreição de Jesus Cristo (Rm 6,2-11; Gl 3,27; Cl 2,11-13). A iniciação é muito profunda e implica o arrependimento das próprias culpas, a prática dos mandamentos, a acolhida da mensagem dos Evangelhos, a conversão de vida e a proclamação incondicional da fé em Cristo, como Deus salvador. Nos primeiros séculos antes da era constantiniana, existiam vários modelos preparatórios para a iniciação cristã, dentre os quais a *Tradição apostólica* de Hipólito, a obra *De Baptismo* de Tertuliano, com seu processo catecumenal, e as obras narrativas de Ambrósio de Milão, Cirilo de Jerusalém e tantos outros.

Tertuliano e o modelo batismal. De fato, o mais antigo tratado sobre a iniciação cristã é oferecido por Tertuliano de Cartago, que o escreveu entre 198 e 215, descrevendo a formação dos neófitos na sua cidade, para contrapô-lo à seita gnóstica dos *cainitas*, que valorizavam excessivamente os personagens e os fatos do Antigo Testamento. Essa seita, que privilegia a figura de Caim, rejeita o Batismo e o uso da água no ritual. Tertuliano indica que o caminho da salvação é a iniciação cristã, que começa pelo sacramento do Batismo. Ele fundamenta sua posição afirmando que o Batismo é o único meio de salvação, conforme ensina o Quarto Evangelista: "Se alguém não renascer da água e do Espírito Santo, não entrará no Reino dos céus" (Jo 3,5) (*De Baptismo*, 13, 3). A obra é dirigida aos cristãos locais, mas serve como parâmetro para muitas Igrejas da África do Norte e nos faz conhecer como ocorria o ingresso na comunidade cristã. A iniciação se dá pelos símbolos sacramentais, pelos quais os eleitos ingressam na comunidade cristã. Os passos da iniciação em Tertuliano são bem claros e muito próximos de Hipólito de Roma, supondo uma mesma Tradição apostólica na sua origem. Antes da entrada na família cristã, existe o catecumenato, sem uma duração definida, ao qual se segue a preparação imediata ao sacramento, certamente no tempo quaresmal, para culminar na Vigília Pascal. No ritual próprio do sacramento, a oração de santificação invoca o Espírito Santo sobre as águas batismais. As renúncias ao diabo, a suas pompas e a seus anjos são feitas na assembleia diante do bispo. Nesses passos, está sendo preparado o espírito do neófito, que deve professar a fé no tríplice interrogatório, e cada pergunta se faz simultaneamente à submersão ou imersão nas águas. Realizado o Batismo, dá-se a unção com óleo crismal, depois o selo com a cruz e, finalmente, a imposição das mãos, em uma epiclese conclusiva. Depois de batizado nas águas e de ter recebido a unção, o neófito participa da Ceia Eucarística, que na tradição de Cartago inclui a recepção de leite e mel. Os três momentos (pré-batismal, batismal e pós-batismal) compõem a unidade litúrgico-sacramental da tradição. Para Tertuliano, na busca da autenticidade e da austeridade cristãs, é importante a simplicidade ritual. Ele escreve que: "Nada choca tanto as mentes dos homens quanto o contraste entre a simplicidade das obras [...] e a magnificência daquilo que é prometido como efeito" (*De Baptismo*, 2, 1). "A preparação mais imediata se realiza com orações, jejuns, genuflexões, vigílias e confissão dos pecados. A figura de João, o Batizador, que conclama à conversão, visa abrir o coração do neófito para o 'perdão e a santificação dos seguidores de Jesus Cristo'. Segue-se o sentido do Batismo cristão, com o Espírito e com o fogo" (Mt 3,11) (*De Baptismo*, 10, 5). Mesmo partindo dos pressupostos do Batismo de João, Tertuliano descreve os rituais dentro da perspectiva cristã, referentes às datas e ao significado do Batismo: "O dia mais solene para o Batismo é por excelência o dia da Páscoa, em que é consumada a paixão do Senhor, na qual somos batizados. Em segundo lugar, o tempo antes de Pentecostes, tempo em que o Senhor ressuscitado aparece. Aliás, todo dia é dia do Senhor. Cada hora, cada tempo pode ser conveniente para o Batismo" (*De Baptismo*, 19). A imposição das mãos tem valor epiclético e se refere à recepção da luz divina, como encontramos na bênção de Jacó sobre Efraim e Manassés (Gn 48,14), e a simbologia das mãos cruzadas é prenúncio da cruz de Cristo, na qual todo fiel é consagrado (*De Baptismo*, 8, 2). Esse gesto é de bênção e marca a transmissão do Espírito Santo, que incorpora o eleito no mistério de Cristo, pela graça do Espírito, como ocorre nas primeiras comunidades: "Então lhes impuseram as mãos, e receberam o Espírito Santo" (At 8,17). Nesse caminho da iniciação cristã, o Batismo realiza a unidade de cada pessoa ao mistério pascal de Cristo; afinal, os cristãos são efetivados pela ação batismal. Dado esse passo, o fiel é convidado solenemente à Ceia Eucarística.

Iniciação em Cirilo de Jerusalém. Mais tarde, em tempos de cristandade, Cirilo de Jerusalém (315-387) integra à iniciação cristã as catequeses mistagógicas, como um direito e um privilégio dos que receberam o Batismo e cearam na comunidade: "Agora exalais, iluminados, o perfume da felicidade. São já flores de maior qualidade as que buscais para tecer as coroas celestes. Agora exalais a fragrância do Espírito Santo [...]. Anteriormente tínheis dado o nome, agora são chamados à milícia" (*Catequeses mistagógicas*, 1). Dentro de um universo totalmente diferente de Tertuliano e de Hipólito, a iniciação cristã de Cirilo de Jerusalém apresenta outras exigências, que é uma tradição siríaca ocidental. O caminho da iniciação tem os seguintes passos:

1) Preparação (*catechesis*) quaresmal dos eleitos;
2) Renúncia (*apotaxis*) ao demônio;
3) Adesão (*syntaxis*) à Trindade (direção do Oriente);
4) Unção na fronte;
5) Despojamento das vestes;
6) Unção no corpo;
7) Confissão do Creio em três imersões;
8) Unção (*Myron*) na fronte, ouvidos, narinas e peito;
9) Vestição de túnicas brancas.

Após a realização completa desses rituais, o novo cristão é denominado "iluminado" e participa da Ceia Eucarística.

A iniciação cristã é detalhada em Ambrósio de Milão, nas suas catequeses mistagógicas *De Sacramentis* e *De Mysteriis*, escritas entre 380 e 390. Mesmo que tenha uma estrutura semelhante àquela de Roma, Ambrósio possui características particulares em sua estrutura preparatória, como:

1) Inscrição do neófito;
2) Eleição para o Batismo;
3) Preparação quaresmal;
4) Realização de três escrutínios na Quaresma.

Segue-se o ritual, com o *rito do éfeta*; unção pré-batismal; renúncias ao demônio e a suas façanhas; exorcismo; oração do bispo sobre a água; tríplice imersão e profissão de fé simultânea; unção crismal sobre a fronte; leitura do Evangelho de João sobre a lavação dos pés na última ceia; lavação dos pés; vestição em roupas brancas; consignação com o selo espiritual, normalmente a própria cruz, como símbolo de todo cristão. Após este repertório ritual, o neobatizado participa da Eucaristia. Seguem-se as catequeses mistagógicas, privilégio dos novos cristãos.

Espiritualidade e compromisso. A iniciação cristã na Patrística, descrita por vários autores, entre os quais Tertuliano, Hipólito, Cirilo de Jerusalém, Egéria, Ambrósio de Milão e Basílio de Cesareia, entre os principais, revela não só a unidade entre Batismo, Crisma e Eucaristia como também, sobretudo, a integração entre os sacramentos e a vida concreta dos iluminados. Nos primeiros séculos, esses ritos são unificados e ocorrem primordialmente na Vigília Pascal, quando o batizado recebe a unção crismal e se une aos cristãos para a Ceia sagrada. Toda iniciação compreende três momentos: os ritos pré-batismais, batismais e pós-batismais, formados pelas catequeses e leituras bíblicas. Toda purificação pessoal é garantida pela oferenda de Cristo na cruz e na iniciação dá-se a adoção filial, quando os neófitos se tornam "filhos adotivos de Deus para sempre" (*Catequeses mistagógicas*, 2, 6; *De Sacramentis*, 2, 16-23). A força do Espírito Santo fortalece o selo da adoção filial e participar da Eucaristia significa fazer parte da nova família dos cristãos, consagrados ao Pai em Jesus Cristo. Todo iniciado na fé é um novo *cristóforo* (*Catequeses mistagógicas*, 4, 2) e vive o mistério pascal de Cristo na própria vida.

A mística dessa iniciação cristã ensina que passar pelas águas da fonte batismal significa morrer e ressuscitar com Jesus Cristo (*De Baptismo*, 11, 4; *Catequeses mistagógicas*, 2, 5; *De Sacramentis*, 2, 20; 4, 26-28) e tornar-se filho pela adoção filial. O envolvimento pessoal toca não apenas o conhecimento dessas verdades como, sobretudo, a união afetiva entre os eleitos para a consagração batismal. Pelos rituais formados de símbolos, gestos e orações, o fiel congrega-se na Igreja, com sua nova família espiritual, que o acolhe de braços abertos e exige fidelidade e coerência. Em todos os tempos e sobretudo em nossos dias, esses modelos de iniciação cristã continuam a fascinar e inspirar tentativas sempre renovadas de consagração sacramental, fidelidade e perseverança na fé.

AMBRÓSIO DE MILÃO. *Os sacramentos e os mistérios*. Petrópolis: Vozes, 1972; CIRILO DE JERUSALÉM. *Catequeses mistagógicas*. Petrópolis: Vozes, 1977; CROSSAN, J. D. *O nascimento do cristianismo*. São Paulo: Paulinas, 2004. p. 421-440; EGÉRIA. *Peregrinação de Egéria:* liturgia e catequese em Jerusalém no século IV. Petrópolis: Vozes, 1971; EUSÉBIO DE CESAREIA. *História eclesiástica*. São Paulo: Novo Século, 1999. p. 211; HAMMAN, A. Iniciação cristã. In: DPAC, p. 713-714; LIMA PACHECO, L. C. Iniciação cristã na Igreja Antiga. *Paralellus*, ano 1, n. 2, 2010; MORESCHINI, C.; NORELLI, E. *História da literatura cristã antiga:* grega e latina. São Paulo: Loyola, 2000; NOCENT, A. Iniciação cristã. In: DL, p. 593; TABORDA, F. *Nas fontes da vida cristã:* uma teologia do batismo-crisma. São Paulo: Loyola, 2001. TABORDA, F. *Sacramentos, práxis e festa:* para uma teologia latino-americana dos sacramentos. Petrópolis: Vozes, 1990; ZILLES, U. *O sacramento do batismo segundo Tertuliano*. Petrópolis: Vozes, 1981.

Lapsos

No século III, o cristianismo cresce de forma visível e preocupante para as autoridades romanas, as quais não sentem segurança na fidelidade imperial dos novos convertidos. Essa situação legitima diversas perseguições por parte das autoridades, que pretendem coibir o crescimento dos cristãos, fazendo exigências inaceitáveis para quem tinha passado por um longo período de catecumenato e adquirido plena consciência da identidade e liberdade dos cristãos. Percebe-se nesse período que a dimensão política e social dos cristãos gera insegurança entre os pagãos, e a declaração do cristianismo como *collegio illicitum* permite a perseguição, através de prisões, difamação pública, torturas e confisco de bens. Para resolver a situação, as autoridades civis criam alguns paliativos, como juramento de fidelidade ao imperador e seus representantes e sacrifícios aos deuses dos romanos; porém, tais atitudes são repudiadas pelos cristãos. Para se livrar das punições, no entanto, muitos fiéis praticam tais delitos, tidos como graves pela comunidade cristã, e, quando almejam voltar, são rejeitados pelos bispos e presbíteros. Eles se tornam, então, conhecidos como lapsos, cujo termo, que significa "caídos", designa os "apóstatas, pois renegaram a fé". Outros silenciaram a própria fé cristã durante as provações, mas voltaram arrependidos no tempo da tolerância; porém, seus delitos não são considerados iguais aos cometidos contra a fé pelos lapsos. Aqueles que mentiam ou se camuflavam durante a perseguição eram *acta facientes* (aqueles que fizeram atos) contra suas promessas batismais. Os *traditores* eram os cristãos que traíam os irmãos, entregando-os às autoridades imperiais, assim como os símbolos religiosos e as Sagradas Escrituras para serem destruídos ou servirem como prova contra bispos e presbíteros. Em um grau mais grave, encontramos tanto os *sacrificati*, cujo título se refere aos sacrifícios que cristãos ofereciam aos deuses romanos, como os *thurificati*, que eram os que queimavam incenso diante das estátuas das divindades pagãs. Essas eram as apostasias mais graves, pois negavam o próprio Cristo para adorar deuses romanos. Mais branda era a situação dos lapsos que falsificavam o atestado de adoração idolátrica, por meio de um documento forjado ou subornando autoridades; eles são chamados *libellatici*, pois, por uma carta ou livretinho (*libellus*), certificavam um sacrifício que não tinham feito.

Contexto histórico. Alguns imperadores foram cruéis com os cristãos, entre eles os historiadores citam Décio, que governou Roma entre 249 e 251. A prática cristã foi criminalizada e registrada com títulos e graus diferenciados, em uma lista imperial de cunho social e político. Com os nomes inscritos, os cristãos apóstatas sentiam-se protegidos nas eventuais e novas ondas de perseguição. Os lapsos eram acolhidos ou rejeitados pelos cristãos dependendo das suas sedes e de seus pastores. Em Cartago, onde a perseguição fora muito intensa, os lapsos foram acolhidos pelos que suportaram torturas e prisões e não foram fracos na própria opção de fé. Os confessores, quer dizer, os que suportaram fielmente os maus-tratos, intercediam junto às autoridades eclesiásticas. Cipriano e outros bispos eram contra a acolhida, pois acreditavam que seria um desrespeito à memória dos mártires que derramaram seu sangue sob Décio. Com a orientação de Roma, tomou-se a seguinte decisão: readmitir os lapsos com a recomendação de um confessor e mesmo assim somente no leito de morte ou de uma forte penitência. Essa decisão foi bem acolhida e houve um pequeno cisma em Cartago. Cipriano é exilado e fica ausente das discussões e decisões. O padre da Igreja Novaciano, que era rigorista e não admitia a regeneração dos lapsos, foi declarado antipapa e o Papa Cornélio retomou a questão, buscando uma solução para a Igreja de Cartago. Iniciou-se um longo processo de discussões sobre essa problemática.

Solução eclesiástica. No ano de 251, Cipriano retorna à sua sede episcopal em Cartago e são promovidos sínodos em Cartago e em Roma, para buscar decisões consensuais. Pelos sínodos, decidiu-se readmitir os lapsos nas fileiras cristãs, depois de penitências a serem definidas pelos bispos e da avaliação da gravidade da apostasia, considerando se houve torturas e ameaças antes da negação dos cristãos. A acolhida era bem mais branda que naqueles casos em que a apostasia tinha sido feita livremente pelos lapsos *sacrificati* e *thurificati*, os quais só eram readmitidos à beira da morte.

A decisão desse Concílio de Cartago, propriamente dito um Sínodo, foi acolhida pelos patriarcas de Alexandria (Dionísio), de Roma (Papa Cornélio) e por Cipriano, mas rejeitada pelos cristãos rigoristas, fiéis a Novaciano; entre eles, os patriarcas de Antioquia, Cesareia, Palestina e Tarso. Anos mais tarde, a perseguição de

Diocleciano (294-305), conhecida como "a grande perseguição", reproduziu a mesma situação, em que até mesmo bispos traíram os cristãos, entregando livros sagrados e objetos litúrgicos. Nessa situação, as condições de reinserção na comunidade foram semelhantes às anteriores e, nas discussões, os grupos radicais se separaram da Igreja, seguindo seus líderes, entre eles Novácio (*novacianos*) e Donato (*donatistas*). Em todos os tempos, a questão do rigor dentro do cristianismo provocou grandes debates, buscando limites para a vivência cristã equilibrada entre o rigorismo e o laxismo.

Cipriano e os lapsos. Cipriano nos deixa um dos mais ilustres testemunhos sobre o martírio, pois viveu em um tempo de grande perseguição e respeitou coerentemente sua opção por Jesus Cristo. Ao mesmo tempo soube ser condescendente com os mais frágeis na perseverança, diante da atrocidade dos perseguidores. Depois de um diálogo exemplar, em que se negou a prestar culto aos deuses, foi condenado por deliberação de Galério Máximo, "por ter-se feito inimigo dos deuses romanos e do seu culto sagrado". Serviu de exemplo para os demais cristãos: aos romanos, para provocar medo, aos cristãos, para testemunhar coragem e fidelidade. Sua sentença foi explícita e lida pelo procônsul: "Tácio Cipriano morrerá pela espada. Assim nós o ordenamos". A que ele respondeu: *Deo gratias* (*Les premières martyrs de l'Église*, p. 119). Valeriano desejava unificar o Império e atacar os cristãos, tidos como subversivos; assim, a partir de 257, ele os persegue, proibindo seus cultos e assembleias. Também condenou à morte (258) grandes representantes da Igreja, entre eles Cipriano, em Cartago, Sisto, bispo de Roma, e o diácono Lourenço. Muito pior foi a última perseguição de Diocleciano, que se considerava líder político e espiritual, uma vez que carregava o diadema e o cetro; e o culto ao imperador é ponto central do cerimonial do Império.

Cipriano e os lapsos. O tratado do mártir Cipriano sobre os lapsos (*De lapsis*) foi escrito em 251, depois de sua volta do exílio, e lido diante do Sínodo de Cartago. São 36 capítulos nos quais o autor agradece a Deus o fim das perseguições, elogia os confessores que mantiveram a fé e defende até mesmo os que fugiram para não negar Jesus Cristo. Para ele, a perseguição é uma comprovação da fé, como também castigo pelos pecados da Igreja. Infelizmente, muitos não fugiram para não perder seus bens e preferiram negar sua identidade cristã. Por isso, nem todos os lapsos são iguais, pois, devido às situações, diversificam-se em várias categorias. Nem todos merecem a mesma clemência, pois é diferente a situação dos que se submeteram aos sacrifícios devido às torturas, tampouco todos podem ser acolhidos levianamente, pois precisam reparar suas faltas e, assim, não perder a seriedade do cristianismo. Mesmo os *libellatici* devem cumprir uma penitência, porque, mesmo que não tenham cometido apostasia, deram um mau testemunho aos demais fiéis. Cipriano ainda dá detalhes das várias penitências, de seu objeto e duração. Esse autor escreve ainda a obra magnífica *De ecclesiae unitate*, onde defende, sem perder a ortodoxia, a unidade da Igreja que, como o manto de Cristo, não pode ser rasgada. Essa unidade, difícil de ser preservada em tempos de perseguição, é simbolizada nas imagens da esposa pura que mora em uma única casa, da túnica inteira de Cristo, da páscoa dos hebreus sempre em uma mesma casa e do Espírito Santo como pomba da paz, que unifica todas as posições diferentes e une a comunidade a seus pastores.

Condescendência. A Igreja procura sempre equilíbrio nas exigências aos seus fiéis. Entre o laxismo que tudo permite e não considera nada pecado e o rigorismo que rejeita as imperfeições dos cristãos, excluindo-os de suas fileiras, os pastores da Igreja buscam a delicada conjunção entre a procura da santidade e a acolhida dos pecadores. Os lapsos, surgidos em tempos de cruéis perseguições, são acolhidos por suas posturas penitenciais. Enquanto os cismáticos procuram a própria verdade, separando-se do corpo eclesial e combatendo a própria Igreja, os lapsos voltam com humildade para o seio da comunidade, pois não procuraram a situação em que foram jogados; antes, queriam permanecer na Igreja, apenas não foram suficientemente corajosos e destemidos. Reconhecem, então, que pecaram e, com penitências, manifestam seu arrependimento, colocando-se entre os penitentes que assumiam sérias punições, vestiam-se de sacos rústicos e se cobriam de cinzas. Aceitavam as definições de seus pastores e das comunidades porque almejavam voltar para Cristo e garantir a própria salvação. Segundo a tradição, muitos lapsos, no primeiro período da perseguição de Décio, foram depois martirizados nas perseguições de Valeriano e Diocleciano, revelando, assim, grande apreço pela própria fé.

BOGAZ, A. S.; COUTO, M. A.; HANSEN, J. H. *Patrística: caminhos da tradição cristã*. São Paulo: Paulus, 2014. p. 103-106; COMBY, J. Para ler a História da Igreja. São Paulo: Loyola, 2001; DROBNER, H. R. *Manual de Patrologia*. Petrópolis: Vozes, 2003. p. 177-179, 173-182; EUSÉBIO DE CESAREIA. *História eclesiástica*. São Paulo: Novo Século, 1999. p. 235-237; HAMMAN, A. *La geste du sang*. Paris: A. Fayard, 1953. p. 126-127; MONDONI, D. *O cristianismo na Antiguidade*. São Paulo: Loyola, 2014. p. 122-123; QUINSON, M. T. *Dicionário cultural do cristianismo*. São Paulo: Loyola, 2008.

Libelli

Nome latino dado aos pequenos livros para a celebração da Eucaristia. São mais conhecidos como *libelli missarum* e constituem uma

Libelli

pequena coleção de uma ou mais missas que serviam aos presbíteros das Igrejas no período patrístico. Semelhantes a folhetos litúrgicos, em língua latina, com as partes essenciais do ritual da Ceia, os *libelli* surgiram nas comunidades no período da criatividade litúrgica, para guiar os celebrantes dentro de uma harmonia e uniformidade ritual. São os antecedentes dos grandes sacramentários, os quais constituem uma coleção de *libelli*. O Sacramentário Veronense é um exemplar importante da junção de muitos desses livretinhos, assim como outros sacramentários, entre eles o gelasiano e o gregoriano. Mais tarde, surgiram os livros litúrgicos específicos, como o *liber ordinum*, que é o ritual moçarábico, o *liber pontificalis*, que anota as celebrações dos primeiros papas, e o *liber sacerdotalis*, que está na base do ritual romano, para uso dos sacerdotes na missa.

Etapas de formação dos rituais. O primeiro período da formação dos livros litúrgicos é denominado "tempo da improvisação", em que encontramos testemunhos de sequências rituais, conforme celebravam as comunidades locais. Testemunhos desse período estão em passagens de obras importantes, como: na *Didaqué*, que orienta sobre o Batismo e a Ceia Eucarística; na de Clemente de Roma, na Carta aos Coríntios; na de Justino de Roma, em sua *Apologia I*, e especialmente na importante obra de Hipólito de Roma *Tradição apostólica*, que influenciou outros rituais, entre eles o copta, árabe, etíope e toda a liturgia latina.

O segundo período é considerado o "tempo da criatividade", o qual, a partir do século IV, incrementa e diversifica os rituais com grandes particularidades, mesmo mantendo o núcleo fundamental de todos eles. Assim, encontramos aí grandes semelhanças e variações em termos de símbolos, movimentos, gestos e na ordem das partes do ritual. Nesse período, que se estende até o século VI, uma grande quantidade de *libelli* são produzidos. Na Igreja de

Roma e em suas propagações, a liturgia passa do grego ao latim, como língua litúrgica oficial, e são escritos textos eucológicos e a primeira oração eucarística. Mais tarde, *libelli* são encontrados na Biblioteca de Latrão e ordenados em um códice (n. 85), que se encontra na Biblioteca de Verona. Esses textos-rituais foram denominados *Sacramentarium Leonianum* e publicados por G. Bianchini, em 1713, por ser considerados de autoria do Papa Leão Magno (440-461). Na verdade, os *libelli* foram escritos por vários papas, como Gelásio (492-496) e Vigílio (537-555) e, como vimos, editados e publicados sob o título de *Sacramentarium Veronense*.

Dos libelli aos sacramentários. O grande sacramentário é composto aproximadamente de 300 formulários e está dividido em 43 seções, seguindo uma ordem cronológica iniciada somente no mês de abril. As partes dos formulários mais completos apresentam a *coleta*, *secreta*, *prefácio*, *post-communio e super-populum*, semelhantes ao Missal Romano, que segue a sequência do Sacramentário Gregoriano. Não se trata de um sacramentário completo, considerando que não temos o cânon nem os formulários quaresmais e pascais. Apesar de suas falhas internas, devido a problemas de conservação, é valioso para a liturgia de Roma, pois suas composições estão na base de toda liturgia desta Igreja. Anotamos ainda que esses formulários se referem a situações concretas da cidade de Roma, permitindo melhor datação e especificação dos motivos das celebrações.

O próximo período retrata os livros litúrgicos puros, quando aumenta, depois do século VII, a documentação litúrgica, e cada um deles têm elementos específicos, como o sacramentário básico, o lecionário, o antifonário e os *ordines* (rituais), com as estruturas rituais. No quarto período surgem os livros litúrgicos mistos ou plenários, mas estão próximos do final do milênio e fazem parte do elenco pontifical, missal, ritual e breviário. E finalmente, para completar a relação, no quinto período da tradição surgem os livros tridentinos, promulgados pelo Papa Pio V. Em nossos dias, seguimos os rituais de Paulo VI, promulgados depois do Concílio Vaticano II e dedicados aos vários sacramentos e sacramentais.

Passagem da língua grega para o latim. Estudos paralelos mostram a formação desses livros litúrgicos, que culminaram na promulgação de tantos sacramentários que encontramos nas Igrejas do Oriente e do Ocidente no final do primeiro milênio. De fato, os escritos pioneiros que estiveram na base dos rituais foram escritos para as celebrações das comunidades, nos séculos IV e V. Conhecido como *Papiro de Der Baliseh*, a liturgia do Egito (século IV) é um dos mais antigos. Não temos a obra completa, mas seus fragmentos trazem uma Oração Eucarística e a conhecida aclamação que se segue à narrativa da última ceia: "Anunciamos a tua morte, proclamamos tua ressurreição e rezamos...". Um grande estudioso das fontes litúrgicas, B. Neunheuser, historiador da vida litúrgica da Igreja, apresenta a tese de que os *libelli* desse período trazem os primeiros textos dos livros litúrgicos posteriores. Essa época da chamada "liturgia romana pura" é o ápice da criatividade eucológica, com seus prefácios, orações e anáforas, bem como da sistematização das estruturas do repertório litúrgico.

Nos *libelli*, a passagem do grego para o latim é fundamental e se inicia no século III, tanto que o testemunho de Orígenes insiste que é muito natural que cada povo reze em sua própria língua. Esse processo se deu aos poucos e houve a sensibilidade de que os povos rezassem em sua própria língua. Como o latim predominava em grande extensão do Império Romano, com pequenas variações, essa língua foi se impondo e os grupos étnicos, em suas regiões, foram adaptando sua forma clássica à forma coloquial, considerando composição dos textos, inserção de vocabulário próprio e estruturas linguísticas. Nesse processo, o Papa Leão X (1475-1521) acolhe a sugestão dos monges para que a língua popular fosse adotada na liturgia e, assim, o povo pudesse celebrar os mistérios da fé cristã com maior consciência. Depois da unificação dos rituais, somente no Ocidente, pois ocorreu depois do cisma entre Oriente e Ocidente, no século XI, o latim foi assumido por todas as Igrejas ocidentais e confirmado nos rituais do Concílio de Trento (1545-1563); porém, somente no Concílio Vaticano II (1962-1965) restaura-se a consciência de que na língua de cada povo seus fiéis celebram com mais eficácia e consciência, servindo-se da própria cultura, em termos simbólicos e linguísticos.

Livros litúrgicos plenos. Assim, nesse processo, encontramos os sacramentários e as instruções com suas estruturas, os *ordines*. A unidade entre os sacramentários e os *ordines* ocorre pouco mais tarde, com a promulgação do Pontifical romano-germânico. Ao lado deles, antes dos rituais completos, encontramos o elenco dos cânticos litúrgicos, nos livros denominados *cantatorium antiphonarum* e *graduale*, como também os lecionários, que trazem as leituras ordenadas da Bíblia. O primeiro livro litúrgico que unifica todas as partes do ritual é promulgado em Roma (século XIII) e designado como *Missal Plenário* ou *Missais da Cúria*. A partir daí, os livros parciais da celebração são integrados em um mesmo ritual, separados para cada sacramento.

DENZINGER-HÜNERMAN. *Compêndio dos símbolos, definições e declarações de fé e moral*. São Paulo: Paulinas/Loyola, 2007; KRANEMANN, B. *Introdução à liturgia*. São Paulo: Loyola, 2012; NEUNHEUSER, B. *História da liturgia através das épocas culturais*.

São Paulo: Loyola, 2007; ORÍGENES. *Contra Celso*, VIII, 37. São Paulo: Paulus, 2004; SCICOLONE, I. Livros litúrgicos. In: DL, p. 684; SECRETARIADO NACIONAL DE LITURGIA. *Antologia litúrgica:* textos litúrgicos, patrísticos e canônicos do primeiro milênio. Fátima: SNL, 2003.

Línguas patrísticas

O cristianismo primitivo se expandiu em um período de grandes identidades étnicas autônomas. Os grupos humanos viviam em territórios independentes e com organização social e política bem definida. De fato, são clãs ou nações, onde seus membros se integram como famílias tribais, com histórias, costumes, culturas e línguas próprias. Convertendo-se ao cristianismo, iluminados pela evangelização dos apóstolos ou seus seguidores, passam a organizar seus ritos, hinos e textos teológicos e doutrinas para cultivar a tradição e unificar os fiéis. Nesse período, seus líderes religiosos e escritores escrevem e celebram em suas próprias línguas, acolhendo seus elementos culturais, linguísticos e religiosos dentro da tradição cristã. São várias as línguas e muitos os povos que deixaram preciosa herança para a tradição cristã universal.

Língua grega: também conhecida como helênica, dominou a região do Oriente Médio por vários séculos e em sua versão mais popular, com o nome de *koiné*. Em 34 gerações de registros escritos, indica-se sua origem nos Balcãs, região da Ásia Menor, e na região do mar Egeu. A língua é escrita no alfabeto grego, que tem origem fenícia e influencia outras línguas, como o cirílico, o copta e o alfabeto latino. Além de ser a língua de importantes escritos da literatura mundial, como *Ilíada* e *Odisseia*, também o é dos grandes filósofos, entre eles Platão e Aristóteles. No cristianismo é muito importante, pois, além de ser a língua da Septuaginta, usada por Jerônimo para a tradução das Sagradas Escrituras para o latim, na chamada "Vulgata", é a língua de quase todos os livros do Novo Testamento. Falada na região do mar Mediterrâneo, foi ainda o idioma do Império Bizantino. Na Patrística, sua importância é incomensurável, pois antes do Édito de Milão (313), quando se dá a expansão do latim no Império, as grandes obras, rituais e conceitos dogmáticos são em língua grega. Tanto é certa sua relevância que a passagem dos rituais e dogmas para o latim foi uma difícil travessia.

Língua latina: considerada a mais importante língua dos escritos patrísticos, é de origem indo-europeia do ramo itálico. Como era a língua falada na região do Lácio, expandiu-se e se tornou oficial com o crescimento do Império Romano. Aos poucos se torna a língua dos escritores patrísticos, depois que o cristianismo é assumido pelo Império na era constantiniana. Na esteira do cristianismo passa a ser a língua dos filósofos e teólogos na segunda parte da antiguidade cristã e pelos séculos da Idade Média. Seu alfabeto, considerado o mais difundido no mundo, é oriundo dos alfabetos etruscos, gregos, os quais vieram do fenício. Pouco falada em nossos tempos e mesmo tida como "língua morta", continua sendo a língua de algumas ciências, como as biológicas e jurídicas, e a língua oficial dos documentos da Igreja e dos estudos eclesiásticos, que são elaborados nesta língua antes de ser divulgados e traduzidos nas diversas línguas vernáculas do catolicismo católico latino.

Língua copta: os coptas no Egito são a maior população do Oriente Médio, embora tenham sido muito perseguidos nos últimos tempos. Segundo estudos, são 10% a 20% dos 80 milhões de egípcios e 90% da população que confessa o cristianismo na Igreja Ortodoxa copta de Alexandria, a qual é nativa e uma das mais antigas da evangelização, dirigida por um patriarca, com o título e as honrarias eclesiásticas de papa.

A língua copta é antiquíssima e teve seu apogeu no século III, no Egito antigo. Os estudiosos acreditam que teve origem na família semítica ou afro-asiática, mas seu alfabeto é semelhante ao grego. Foi perenizada na liturgia das Igrejas Ortodoxa e Católica coptas. Tem formato oficial, embora se conheçam alguns dialetos que sobreviveram ao longo de muitos séculos. Temos textos litúrgicos e muitos fragmentos importantes de obras antigas, conservados nesta língua.

Língua siríaca: dialeto do aramaico falado na região do chamado "crescente fértil", no Oriente Médio. A língua foi codificada no século I d.C. e teve seu apogeu entre os séculos IV e VIII. Em Edessa, onde houve grandes movimentos literários e teológicos dos temas cristãos, sendo os textos conservados nesta língua, fazendo parte do *Corpus* da Patrologia. O siríaco foi importante na antiguidade, pois foi a língua que transladou a evangelização na Ásia, chegando até Malabar, um importante patriarcado antigo que sobrevive até nossos dias, com grande fulgor. Com esta língua, deu-se a comunicação entre os árabes e mesmo os persas, mas, a partir do século VIII, foi diminuindo sua expansão, ainda que tenha deixado traços de sua etimologia na língua árabe. Pertence à família linguística semita. O alfabeto siríaco, que é uma variação do alfabeto aramaico, ainda hoje é a língua litúrgica do cristianismo da Igreja Ortodoxa siríaca. Temos neste idioma várias traduções das Sagradas Escrituras, de livros religiosos do judaísmo e, sobretudo, muitos textos antigos da Patrística.

Língua aramaica: integra a família afro-asiática, sendo uma língua semítica. Seu nome se origina da região antiga da Síria, Aram, e integrava o compêndio de línguas semitas, entre elas a canaanita, hebraica e fenícia. A escrita aramaica influenciou outros alfabetos, como o árabe e o hebraico, e nesta língua foram escritos o Talmude e alguns textos do Antigo Testamento. Acredita-se ainda que o Evangelho de Mateus tenha sido escrito originalmente em aramaico, uma vez que era a língua comum na antiga Palestina e, inclusive, a língua falada por Jesus. Muitas comunidades do Oriente Médio, ainda em nossos dias, a tem como língua materna, pois ela sobreviveu graças aos cristãos das aldeias da Síria, da Mesopotâmia antiga e da Turquia, que ainda hoje se comunicam ordinariamente em aramaico.

Língua armênia: é falada na República da Armênia, ao sul do Cáucaso, onde é língua oficial. Mais uma entre tantas línguas modernas de origem indo-europeia, muitas comunidades de armênios espalhados pelo mundo e que constituem a diáspora armênia, depois da sua destruição no início do século XX, ainda a mantêm em suas próprias comunidades. Existem várias hipóteses para compreender a formação desta língua, pois tem vocábulos indo-europeus e gregos. Vários textos da Patrística são conservados e constituem uma importante comunidade eclesial ortodoxa, como patriarcado primitivo. A Armênia tornou-se oficialmente cristã no início no século IV (301), mas foi fundada pelo apóstolo Judas, martirizado no local, e pelo apóstolo Bartolomeu, que evangelizaram os primeiros cristãos autóctones.

Língua etíope ou amárica: da família afro-asiática, é a língua semita oficial da Etiópia. Serviu na antiguidade para unificar os habitantes regionais na mesma nação. Ainda que seja de origem semítica, tem diferenças estruturais com o aramaico falado por

Jesus. A Igreja etíope possui importantes textos litúrgicos e manuscritos antiquíssimos que servem à evangelização, à catequese e aos rituais das celebrações do seu povo cristão. A Igreja Ortodoxa etíope é atualmente autocéfala e usa o rito alexandrino em suas liturgias. Fundada pelo apóstolo Filipe (At 8), pertence ao grupo das Igrejas Ortodoxas orientais, antes denominadas pré-calcedonianas, juntamente com as Igrejas Copta, Armênia, Siríaca e Eritreia.

Todos esses grupos mantinham suas tradições, suas ascendências em grande reverência e uma organização social bem estruturada, além de línguas próprias, embora quase sempre relacionadas a matrizes linguísticas mais amplas.

BOGAZ, A. S.; COUTO, M. A.; HANSEN, J. H. *Patrística:* caminhos da tradição cristã. São Paulo: Paulus, 2014. p. 29-30; DROBNER, H. R. *Manual de Patrologia*. Petrópolis: Vozes, 2003. p. 535-566; MORESCHINI, C.; NORELLI, E. *História da literatura cristã antiga:* grega e latina. São Paulo: Loyola, 2000; PADOVESE, L. *Introdução à teologia patrística*. São Paulo: Loyola, 1999. p. 167-178; SAMANES, C. F.; TAMAYO-ACOSTA, J. J. *Dicionário de conceitos fundamentais do cristianismo*. São Paulo: Paulus, 1999. p. 580-581.

Lógos spermatikós

Termo adotado pela filosofia, pela psicologia, pela retórica e particularmente pela religião, significa literalmente "eu digo", mas passa a significar fundamento, opinião, pensamento ou palavra na filosofia ocidental. Heráclito (535-475 a.C.) usa o termo para indicar conhecimento e princípio de ordem, que é a lógica que sustenta um argumento. Serve para persuasão do expectador, pois o comunicador utiliza os argumentos lógicos para argumentar e sustentar suas ideias. Nesse caso, *lógos* é, nos textos escritos ou orais, uma técnica de persuasão. Em Aristóteles, trata-se do discurso fundamentado para sua eficiência, juntamente com o *éthos* e o *pathos*. Na filosofia estoicista, o conceito é empregado para significar o "princípio divino de animação que vivifica o universo" e, assim, essa compreensão integra o sentido do "Logos divino" no cristianismo. De fato, o evangelista João identifica o Logos com o Filho de Deus que está na origem e no fim de todas as coisas e que se encarnou. O Logos encarnado é o próprio Jesus Cristo. Algumas tentativas de tradução são insuficientes para compreender a plenitude do conceito, normalmente traduzido como "Verbo" ou "Palavra". Jesus é o "Logos de Deus", como traduzido por Fílon de Alexandria.

Logos no cristianismo. Encontramos uma variedade de compreensões sobre o conceito na literatura, entre elas as coisas faladas (palavra, frase, discurso), as coisas pensadas (razão, pensamento, ideia), as explicações e narrativas, as causas de uma discussão e, no cristianismo, a sabedoria (*sóphos*) divina e, particularmente, a pessoa de Jesus Cristo, que encarna Deus no mundo. O texto do Evangelho se inicia anunciando: "No princípio era o Logos, o Logos estava em Deus e o Logos era Deus" (Jo 1,1). A revelação joanina coloca o Logos no princípio da criação, dando-lhe a conotação de existência eterna junto a Deus, como elemento constitutivo da divindade trinitária. Trata-se de uma força criadora, autossuficiente e também eterna, que é conhecida também em outras religiões, ainda que não como ser que se encarna, mas apenas como ser transcendente.

Origem do conceito composto. O conceito duplo *lógos spermatikós* é usado pelos filósofos estoicos, que o consideram como princípio gerador do universo; está no princípio e rege seu funcionamento, vivificando todas as coisas. A sua força está em todas as criaturas e particularmente no ser humano, conduzindo seus pensamentos, que levam a suas ações. Na sequência, os neoplatônicos tratam o conceito como o princípio de todas as coisas. Anotamos que Plotino definiu o Logos como mediador, um pouco semelhante ao demiurgo na teoria da criação de Platão. Ele é o mediador entre o ser humano e o Uno (divino), entre o mundo material e o mundo transcendente. Esse "bem divino" possibilita a *hypóstasis* entre o universo e o criador. Nessa esteira da reflexão filosófica grega, os teólogos cristãos elaboram a doutrina do *lógos spermatikós*, a ponto de Agostinho de Hipona o definir como "palavra eterna e divina" que está na origem da criação, ou seja, o próprio Jesus Cristo, Filho de Deus encarnado.

Logos na apologia cristã. Justino de Roma († 165), que escreveu *Diálogo com Trifão* (um texto apologético diante das indagações dos judeus) e duas apologias, em que dialoga com os pagãos gregos, na *Apologia I*, para defender os cristãos, apresenta a teoria do *lógos spermatikós*. A sua formação intelectual dentro das filosofias estoica, pitagórica e platônica estabelece a base das reflexões da doutrina cristã, quando ocorre sua conversão. Para ele, o próprio Cristo encarnado se define com o conceito do Logos divino e, assim, explicita os mistérios da encarnação e da ressurreição. O Logos é eterno e se encarnou em Jesus Cristo.

Na busca incessante da verdade, realizou-a na filosofia platônica, depois de passar por muitos caminhos. Resolveu de algum modo as questões da origem e do destino humano. No entanto, considera que sua busca terminou quando se converteu ao cristianismo. Por meio do questionamento de um ancião, faz a passagem dos argumentos platônicos para as respostas cristãs, tanto no campo das ideias quanto nas convicções dos cristãos, na forma como viviam e enfrentavam as perseguições, torturas e o martírio. Nesse caminho de "peregrino da verdade", Justino serve-se de sua formação filosófico-platônica para entender a essência do cristianismo.

Origens dos conceitos. Do ponto de vista existencial, o cristianismo é um *modus vivendi*, mas sua compreensão teológica se fundamenta em um sistema filosófico que explica as doutrinas cristãs. Repetindo que o cristianismo "é a única filosofia verdadeira e adequada", Justino parte de seus raciocínios para explicar a fé cristã. Ele busca na filosofia as respostas que superam os mitos, superstições ou magias. Partindo das revelações anteriores, acredita que o cristianismo atinge a plenitude com a encarnação do "Logos de Deus". Por certo, grandes filósofos como Heráclito e Sócrates tiveram acesso, ainda que limitado, à verdade, pois o "Logos divino" sempre esteve presente no mundo, mas somente em Cristo sua revelação é plena. Justino afirma que "nossa religião é certamente mais sublime que qualquer outro ensinamento humano, pois o Cristo, que apareceu para nós seres humanos, representa o princípio do Logos em toda a sua plenitude. De fato, o que quer que os filósofos tenham dito como verdade, foi concebida mediante a descoberta e a reflexão a partir de aspectos do Logos. Considerando, porém, que eles não conheciam o verdadeiro Logos, que é o Cristo, em sua plenitude, frequentemente se contradiziam" (*Apologia I*, 2, 3.) O *lógos spermatikós*, que é preexistente a toda criança, consiste na "semente divina" que foi semeada na criação desde o princípio, teve infusão especial no ser humano e se encarna na pessoa humano-divina de Jesus Cristo, conforme o desígnio divino.

Formulação do princípio. Justino de Roma acolhe as definições apofáticas para entender Deus como "ser absoluto, inefável, transcendente e inominável". Essa é a busca da verdade em todos os povos e em todas as religiões. No entanto, todos os povos em suas crenças e os filósofos deslumbraram acenos de Deus onipresente, pois o Logos sempre esteve presente no universo, desde sua criação. No entanto, na plenitude dos tempos, Logos divino, como essência de Deus, se encarna em Jesus Cristo, Filho de Deus. Ele é a "semente da essência divina" (*lógos spermatikós*) em sua plenitude.

Esse é um passo importante para a elaboração da doutrina trinitária. Justino escreve em suas obras que Deus revela traços de seu absoluto na sua ação criadora. Nesse momento, pode ser considerado como "pai ou mãe" de toda a criação. De fato, pela criação e pela ação na história, onde continua agindo como Providência, místicos, profetas e patriarcas perceberam sinais divinos, a ponto de a criação ser o sacramento mais elementar de Deus.

***Lógos spermatikós* e a deificação.** Essa comunicação parcial do "Logos" se plenifica quando o "Logos se fez carne e habitou entre nós" (Jo 1,14). Uma vez que o título "pai" era aplicado para Deus na sua ação criadora, a pessoa do "Logos encarnado" é Deus no mundo, designado como "Filho de Deus". De fato, o Logos presente na história se dá a conhecer como Filho de Deus, por ter a mesma natureza e substância divinas. Na pessoa de Jesus Cristo, a essência divina (*lógos spermatikós*) é fecundada no universo e na humanidade. Sua missão é recapitular a criação, resgatando-a dos poderes do mal. Nele se fundamenta o projeto paulino para restaurar todas as coisas em Jesus Cristo, que é a teologia da recapitulação, razão essencial da encarnação do Logos divino. A presença divina de Jesus Cristo na história garante a mística da deificação, considerando que, infundido em nós pelo Batismo, nos torna participantes de sua própria natureza.

Assim, "fomos batizados em Cristo Jesus, fomos igualmente batizados na sua morte. Fomos sepultados com ele na morte por meio do Batismo. Assim com Cristo foi ressuscitado dos mortos mediante a glória do Pai, vivemos uma nova vida. Se desse modo fomos unidos a ele na semelhança da sua morte, com toda certeza o seremos também na semelhança da sua ressurreição" (Rm 6,4-6). Nele, somos imortalizados e deificados, assim que somos "filhos adotivos", recebendo a graça de sua santidade. Pelo *lógos spermatikós* semeado em nossa vida, tornamo-nos criaturas ressuscitadas e a graça divina em nossa vida é para sempre.

ALTANER, B.; STUIBER, A. *Patrologia:* vida, obras e doutrina dos Padres da Igreja. São Paulo: Paulinas, 1988; BOEHNER, P.; GILSON, E. *História da filosofia cristã:* desde as origens até Nicolau de Cusa. Rio de Janeiro: Vozes, 2009; DROBNER, H. R. *Manual de Patrologia*. Petrópolis: Vozes, 2003. p. 74-94; EUSÉBIO DE CESAREIA. *História eclesiástica*. São Paulo: Novo Século, 1999. p. 126-134; REALE, G.; ANTISERI, D. *História da Filosofia:* Patrística e Escolástica. II. São Paulo: Paulus, 2005; TILLICH, P. *História do pensamento cristão*. São Paulo: Aste, 2012.

Macedonianismo

Trata-se de mais um movimento herético do século IV, quando estavam sendo definidas as verdades cristológicas e trinitárias. Macedonianismo é o título dado à heresia que negava a divindade do Espírito Santo. Esse nome é referência ao patriarca de Constantinopla, Macedônio I. Outro título para esse mesmo movimento é *pneumatómacos*, significando "adversários do Espírito". Em um contexto de grandes disputas teológicas, mormente as discussões arianas, que negavam a consubstancialidade entre o Filho e o Pai, os macedonianos afirmavam que o Filho era consubstancial ao Pai, mas que o Espírito Santo era uma criatura do Filho, sem a natureza divina. Assim, sendo o Espírito uma criatura do Filho, vem ao mundo como servo do Pai e do Filho.

O líder macedônio. Arcebispo da cátedra de Constantinopla no século IV (de 342 a 346 e de 351 a 360), Macedônio I chama o Espírito Santo de criatura do Filho e servidor do Pai e do Filho. Foi criticado duramente por importantes Padres da Igreja, entre eles Basílio de Cesareia, Atanásio, o Grande, Gregório de Nissa, Ambrósio de Milão e outros. Vários concílios locais condenaram sua doutrina, mas foi o Concílio Ecumênico de Constantinopla (381) que rejeitou sua proposição, afirmando: "Creio no Espírito Santo, Senhor e fonte de vida, que procede do Pai (e do Filho); e com o Pai e o Filho é adorado e glorificado: Ele falou pelos profetas". Este acréscimo é feito no Concílio de Constantinopla, completando Niceia, exatamente para responder a Macedônio I, que pregava que o Filho era uma figura similar (*homoiousia*) ao Pai, porém não da "mesma essência" (*homoousia*).

Macedônio I está na origem da doutrina, ainda que, provavelmente, só depois de sua morte, por volta de 360, é que seus seguidores propagaram seus ensinamentos. Não existem escritos e seu pensamento é conhecido apenas por outros escritores que o criticaram e combateram. Finalmente, o imperador Teodósio I suprimiu essa heresia.

Rejeição oficial. Vários sínodos, além dos padres capadócios, condenaram a doutrina de Macedônio I. Oficialmente, o Concílio de Constantinopla I professa: "Cremos no Espírito Santo, Senhor e fonte de Vida, que procede do Pai (Jo 15,26), adorado e glorificado juntamente com o Pai e o Filho, e falou pelos profetas". Eram 150 padres ortodoxos e 36 macedonianos, e a heresia foi condenada. Abriu-se outra questão, que é a procedência do Espírito Santo. Os gregos professam que o Espírito procede do Pai pelo Filho, enquanto os latinos ensinam que o Espírito procede do Pai e do Filho (*Filioque*). O *Filioque* fez parte do Credo nas regiões de língua latina, mas não foi consenso no Oriente, abrindo portas para novas controvérsias sobre a pessoa divina do Espírito Santo.

DROBNER, H. R. *Manual de Patrologia*. Petrópolis: Vozes, 2003. p. 122-123; FRANGIOTTI, R. *História das heresias*. São Paulo: Paulus, 1995. p. 45-46; MONDONI, D. *O cristianismo na Antiguidade*. São Paulo: Loyola, 2014. p. 130-132; PADOVESE, L. *Introdução à teologia patrística*. São Paulo: Loyola, 1999. p. 66-67.

Maniqueísmo

A origem deste título vem do seu fundador, Maniqueu (Mani ou Manes), e foi um sistema filosófico e religioso com composição sincrética de grandes religiões, especialmente do zoroastrismo, budismo e cristianismo. Por sua concepção dualista, com dois entes divinos, professa a existência eterna de dois princípios, o Bem, que é Deus, e o Mal, que é o diabo. Como normalmente ocorre nas concepções dualistas, o mundo material é mau, enquanto o mundo espiritual representa o bem.

Itinerário religioso do fundador. De origem nobre, Mani nasceu na Babilônia (215), em uma família nobre. Ainda jovem sentiu-se chamado por um anjo para cumprir a missão de anunciar uma nova religião, que unisse os povos. Para cumprir sua missão, fez experiência em vários movimentos religiosos e migrou para as províncias orientais do Império Greco-romano para anunciar sua mensagem. Seu contato com o cristianismo aconteceu através do gnosticismo pregado por Marcião (*marcionitas*). Mani considerava-se um grande profeta, no seguimento de Adão, Buda, Zoroastro e Jesus, destinado a transmitir uma mensagem universal. O maniqueísmo converteu muitos cristãos e, sobretudo, influenciou o pensamento e a espiritualidade cristã. Agostinho de Hipona pertenceu ao maniqueísmo por nove anos e, por toda a vida, depois de sua conversão, foi um forte combatente dessa mesma heresia. A popularidade e a fama de santidade de Mani cresceram muito ao ser perseguido e preso pelos sacerdotes do zoroastrismo. Foi preso e crucificado (data incerta entre 274 e 277) pelos mandatários do rei Bahram I e seu corpo ficou exposto no portal da cidade, que, em sua homenagem, recebeu o nome de "porta de Mani". Foi a mística que mais influenciou a espiritualidade e os valores cristãos.

Doutrina maniqueísta. Por sua visão gnóstica, Mani compreende o universo de forma dualista, onde o bem, que é a luz, e o mal, que são as trevas, se confrontam como duas forças antagônicas, agindo na harmonia e no caos das coisas criadas, inclusive empreendem esse combate dentro do ser humano. Segundo ele, para a vitória do bem, o ser humano precisa vencer as tentações do prazer, da matéria e das ilusões e valorizar o espírito. O caminho, a perfeição para o bem é o jejum, a abstinência e o ascetismo. Por sua materialidade, Mani também rejeita o Antigo Testamento, que, segundo ele, foi inspirado por um espírito maligno, e considera a revelação de Jesus Cristo muito sábia e divina. Além disso, acredita que não pode ser o mesmo Deus que inspirou os dois Testamentos da Bíblia, pelo fato de considerar a Antiga Aliança muito material, defendendo os prazeres e as riquezas, e a Nova Aliança de Jesus Cristo representar uma proposta de renovação espiritual do mundo.

Tinha grande consideração pelos livros apócrifos do Novo Testamento, sobretudo os mais espiritualistas, que identificam Jesus com um ser espiritual.

Sua cristologia defende que Jesus se manifesta primeiramente a Adão, revela sua doutrina gnóstica no mundo espiritual e depois se apresenta como Filho de Deus, embaixador de Deus Pai, manifestando-se em um corpo espiritual.

A Igreja maniqueísta. Considerando-se um apóstolo de Jesus Cristo, Maniqueu propõe o seguimento de seus discípulos em diferentes níveis, conforme o grau de aperfeiçoamento espiritual. Seus seguidores eram governados por 12 instrutores ou filhos da misericórdia, iluminados pelo sol ou luz do conhecimento. São guias (*epíscopos*) auxiliados por seis presbíteros ou filhos da inteligência. No próximo círculo de sua hierarquia estavam os inúmeros eleitos, cognominados "filhos da verdade" ou "filhos dos mistérios". A tarefa desses eleitos era pregação, louvação, escrever e traduzir mensagens para os seguidores. No quinto círculo estão os fiéis, que são auditores, a quem Mani chamava de "filhos da compreensão". O maniqueísmo segue dez mandamentos, assim descritos por seu fundador:

1) Não adorar nenhum ídolo;
2) Purificar o próprio interior: não praguejar nem mentir, tampouco levantar calúnias;
3) Purificar o que entra pela boca: não comer carne nem ingerir álcool;
4) Venerar as mensagens divinas;
5) Ser fiel ao seu cônjuge e manter a continência sexual durante os jejuns;

6) Auxiliar e consolar aqueles que sofrem;
7) Evitar os falsos profetas;
8) Não assustar, ferir, atormentar ou matar animais;
9) Não roubar nem fraudar;
10) Não praticar nenhuma magia ou feitiçaria.

Estamos diante de um caminho ascético de grande exigência pessoal, porém com a visão negativa da dimensão corpórea do ser humano.

Resposta ortodoxa. Por ter conhecimento do maniqueísmo, em razão de sua participação profunda e duradoura entre os maniqueístas, Agostinho de Hipona responde-lhe de forma objetiva, com argumentos filosóficos e teológico-cristãos. Na medida em que o maniqueísmo propõe o dualismo entre o bem e o mal, Agostinho argumenta que são forças incompatíveis e, assim, não podem ter procedência mútua, ou seja, nem o mal pode proceder do bem e vice-versa. Portanto, o mal não é substância. Antes de perguntar de onde vem o mal (*unde malum*), é necessário responder o que é o mal (*quid malum*). Se não definirmos o que é o mal, buscamos a origem de algo que não sabemos ou que estamos procurando e nunca teremos a resposta correta. Agostinho argumenta que o mal não é uma substância em si mesma, mas apenas uma categoria da substância. Se o mal fosse substância, ele se autodestruiria, mas ele é um acessório que ataca a natureza. Assim, a ferrugem não é senão uma composição que ataca o metal.

Deus único criador. Todas as coisas são boas como criação, uma vez que Deus criador é perfeito e tudo o que criou é bom. Entre as coisas existe a inadequação das relações e, se ajustadas, atingimos a perfeição do mundo. Pois bem, o mal consiste na corrupção, a qual não existe em si mesma, a não ser em outra substância que a corrompa. Portanto, a corrupção não se pode entender sem a existência de "alguma coisa", quer dizer, um determinado bem. Se idêntico à corrupção, o mal não pode ser natureza, mas a privação de algum bem próprio de um sujeito, seja uma pessoa, um ser vivo, seja até mesmo uma "coisa". Finalmente, conclui Agostinho, como substância existe apenas o "bem"; o "mal" é a inadequação da ordem das coisas. Deus é único e criou somente o bem.

BOGAZ, A. S.; COUTO, M. A.; HANSEN, J. H. *Patrística: caminhos da tradição cristã*. São Paulo: Paulus, 2014. p. 157-162; DI BERARDINO, A. Mani-Maniqueísmo. In: DPAC, p. 874-876; DROBNER, H. R. *Manual de Patrologia*. Petrópolis: Vozes, 2003. p. 408-409; MONDONI, D. *O cristianismo na Antiguidade*. São Paulo: Loyola, 2014. p. 118-119.

Martírio

Mártir, que significa "testemunha" ou "confessor", é o título dado ao fiel que sofreu o martírio, compreendendo perseguição, tortura, humilhações e morte, ao arriscar a própria vida em vista da fé que professa ou de uma causa assumida. Pode ser usado também em sentido profano, como a morte pela causa de um ideal social ou político. Por certo, no campo religioso, em que o termo se tornou mais conhecido, se refere à execução de um fiel ao professar a própria fé, pela qual ele vive e, se preciso for, entrega sua vida. Os relatos do martírio são impressionantes na história das religiões, e no cristianismo compõem as mais belas páginas da literatura patrística. Nos tempos patrísticos, o martírio de sangue designa os que morreram pela fé; o Batismo de sangue indica cristãos que morreram antes do Batismo, durante o catecumenato, e o martírio branco compreende a entrega da própria vida, realizada pelos monges depois que desapareceu a política de perseguição aos cristãos pelos romanos (Édito de Milão, 313).

A Igreja considera mártires as crianças que foram sacrificadas em Belém, a pedido de Herodes de Antipas, na esperança de exterminar entre elas o "menino rei que nasceu" e que, segundo ele, ameaçava seu trono: "Vendo, então, Herodes que tinha sido enganado pelos magos, ficou muito irritado e mandou massacrar em Belém e nos seus arredores todos os meninos de dois anos para baixo, conforme o tempo exato que havia indagado dos magos" (Mt 2,16). O próprio Mestre sofreu o martírio da cruz (Mt 27; Mc 15; Jo 19), sendo contado como modelo para todos os cristãos. Seguiu-se o martírio de Estêvão (At 7,58-60) e de Tiago, que é narrado nas Escrituras. Segundo a tradição histórica, de todos os apóstolos de Jesus, apenas João, filho de Zebedeu, não sofreu o martírio de sangue, mas viveu em Éfeso e na Ilha de Patmos, como exilado, os últimos anos de vida.

Opção pela causa de Jesus Cristo. Os cristãos fizeram opção radical pelo Cristo, cabeça e corpo de toda a Igreja (Ef 1,23). Essa decisão implica manter-se fiel ao Evangelho e viver seus ensinamentos, mesmo que represente sofrimento e morte. Não é uma opção pelo martírio, mas pela causa de Cristo, ainda que resulte na entrega violenta da própria vida. Com o ideal de viver o chamado divino e a convicção de que a morte gera vida nova e eterna, os eleitos assumem viver na insegurança, na clandestinidade e na perseguição. O testemunho verdadeiro é a chave de uma opção radical pelo Senhor, afinal, o martírio é o certificado mais sublime do nome de cristão.

Nos primeiros tempos das pregações, os cristãos foram perseguidos pelos judeus do templo (1Ts 2,15) e depois pelos romanos, cujas perseguições se iniciaram no ano de 63 e se estenderam até 313, quando Constantino decretou-lhes o fim, no conhecido Édito de Milão. As perseguições foram diversificadas no Império, sendo por vezes parciais e outras vezes universais, com períodos de tolerância. Em uma contagem aproximada, os cristãos sofreram nesses três séculos aproximadamente 130 anos de perseguição. Não existem registros objetivos, apenas levantamentos quantitativos estimados, mas acredita-se que pelo menos 100 mil cristãos foram martirizados, o que é um grande número, dado o fato de que o Império não ultrapassava 65 milhões de habitantes no período.

O verdadeiro seguidor de Deus, que no Antigo Testamento vive e morre pela lei e pela tradição, no cristianismo está disposto a viver e morrer em nome do Mestre. No martírio, a fidelidade é posta à prova e a paixão de Cristo torna-se símbolo da verdadeira conversão. Hermas, o Pastor, um padre apostólico das primeiras décadas, confere o título de confessor ao fiel que sobreviveu apesar das perseguições e o nome de mártir ao confessor que derramou seu sangue até a morte. O testemunho é *martiría* e caracteriza a perseguição até a morte, como ocorre no caso de Policarpo de Esmirna. Inácio, nas cartas que escreve às Igrejas, na iminência de seu martírio, testemunha ser "trigo moído para fazer pães para os cristãos". Ele repete: "Eu vos suplico, não mostreis comigo uma caridade inoportuna. Permiti-me ser pasto das feras, pelas quais me será possível alcançar Deus; sou trigo de Deus e quero ser moído pelos dentes dos leões, a fim de ser apresentado como pão puro a Cristo. Escutai, antes, as feras, para que se convertam em meu sepulcro e não deixem rasto do meu corpo. Então serei verdadeiro discípulo de Cristo" (*Carta aos cristãos de Roma*, 4).

Contexto histórico. A religião no Império Romano é uma função do Estado, mais um departamento como a guerra, os transportes e outros setores da administração. Todas as cidades nasciam sob o estigma da religião e o culto era propriedade do Estado, que tinha poder sobre as atividades religiosas dos templos. Desde Augusto, o imperador é denominado "senhor" (*dominus*). O culto ao Estado era personificado no imperador como forma de unificá-lo e fortalecê-lo, juntamente com o exército, a moeda e a língua. O imperador é Augusto, que preserva a vida e se intitula *Pontifex Maximus, Dominus et Deus* (Sumo Sacerdote, Senhor e Deus). O cristianismo não assume essa proposição pagã nem se submete a suas ordens; por esse motivo, é considerado *collegium illicitum* (associação ilícita). A infração contra o Estado era considerada "crime de lesa-majestade", e os infratores eram punidos como rebeldes, subversivos e criminosos. Confessando Jesus Cristo como Senhor, os cristãos se tornavam ateus diante do Império e eram forçados a prestar culto aos deuses e ao deus-imperador, mas se recusavam. Ainda que Paulo insista na submissão à autoridade (Rm 13,1-7), o Apocalipse, décadas mais tarde, denomina o Império como "besta", simbolizado no dragão e em outros mitos. De fato, por que o cristianismo foi escolhido como vítima de perseguição é simples de entender: os cristãos não aceitavam o senhorio do imperador, pois seu Senhor é Jesus Cristo e suas normas são antagônicas às imperiais, como o respeito à vida, a negação da pena de morte e do aborto, a recusa de participar dos jogos violentos e a não admissão dos espetáculos com orgias e politeísmos.

O Império sustentava uma grande casta de opressores que viviam na opulência, entre os quais os patrícios, senadores e nobres, enquanto multidões de pobres e escravos serviam a seus interesses. Para sustentar o sistema, a *Pax Romana* torna-se um modo de pacificação forçada e de submissão dos povos, que, assim como os pobres, viveriam em paz se não se rebelassem. A *Pax Romana* se sustenta com ideologias como "guerrear contra os romanos é guerrear contra Deus" (Flávio Josefo, in *Bell. Lud* V, 378), ou "se quer a paz, prepara a guerra". Nessa situação, o poder do Estado, na figura do imperador, era absoluto e garantia o sistema, pela lei e pela espada. Nesse conflito de poderes entre os romanos e povos conquistados e entre os poderes imperiais, os cristãos clamam por uma sociedade fundamentada no direito e na justiça dos Evangelhos, proclamando a *Pax Christiana* (Paz cristã). A pregação não é ingênua, uma vez que provoca mudanças de atitude nas castas do poder e da riqueza, e então o martírio é legitimado pelos poderosos; porém, os cristãos resistem com coragem. Tertuliano escreve como testemunho que "o cárcere é escuro, mas vós (cristãos) sois luz; têm correntes, mas estais soltos para Deus" (*Exortação aos mártires*, 4). E a fileira dos mártires continuou pelos séculos como garantia de que a Igreja segue fiel a seu Senhor.

Itinerário dos martírios. Como vimos, o seguimento de Cristo provocou perseguições aos seus adeptos, tanto pelas autoridades judaicas quanto pelos imperadores romanos. Ainda incipientes, as primeiras perseguições romanas ocorreram de forma desordenada no governo do imperador Cláudio (41-54 d.C.) até o governo de Cômodo (180-192 d.C.). Cláudio expulsa de Roma os judeus e com eles os cristãos que ainda convivem nas sinagogas. Sob o comando de Nero (54-68 d.C.), dá-se a segunda perseguição, porque ele responsabiliza os cristãos pelo incêndio de Roma, em uma região que pretendia urbanizar. Ainda ocorrem perseguições parciais com Domiciano (81-96 d.C.), que se intitula *Dominus et Deus* (Senhor e Deus) e inclui o culto e o juramento ao imperador. João, na ocasião, exila-se em Patmos. Trajano (98-117 d.C.)

desencadeia duas perseguições em Antioquia (110 d.C.) e impõe a exigência de denunciar os cristãos (112 d.C.). Na primeira, Inácio é transladado a Roma e martirizado na arena pública. Em seguida, acontecem as perseguições de Adriano (132-135 d.C.), que esmaga a revolta dos judeus e ataca os cristãos; ele também muda o nome de Jerusalém para *Aelia Capitolina*. Vieram depois Antonino, que martiriza Policarpo de Esmirna (156 d.C.), e Marco Aurélio (161-180 d.C.), em cujo governo são martirizados aproximadamente 50 cristãos em Lião.

Nos próximos períodos do Império, os comandos de martírio são amplos e universais. Dão-se os períodos mais cruéis, com execuções mais numerosas. Septímio Severo (202 d.C.) proíbe a conversão ao cristianismo. Depois de quatro décadas de tolerância, Décio impõe veneração aos deuses e o culto ao imperador. Valeriano (253-260 a.C.) obriga o clero a sacrificar aos deuses e proibe o culto mesmo nos cemitérios. Com Galieno (260-268 d.C.) se inicia um período de quatro décadas de tolerância, até Aureliano (270-275 d.C.), o qual introduz o culto ao *sol invictus*, e ,depois Diocleciano (284-305 d.C.), que torturou e matou cristãos como jamais acontecera nos séculos anteriores. Com o fim do seu reinado, teve início a era constantiniana, com o seguinte edital: "Convém, pois, que a tua excelência saiba que, suprindo completamente as restrições contidas nos escritos enviados anteriormente à tua administração a respeito do nome dos cristãos, nós decidimos abolir as estipulações que nos pareciam totalmente inadequadas e estranhas à nossa mansidão, e permitir, daqui para a frente, a todos aqueles que têm a determinação de seguir a religião dos cristãos, que o façam livre e completamente, sem ser inquietados nem molestados" (*Carta de Constantino ao Governador da Bitínia – Édito de Milão*, 313).

Modelos bíblicos. Em todos os povos e nos grupos religiosos, encontramos cenas de martírio impressionantes, pois alguns elementos da narrativa revelam crueldade e passividade extremas. Desconcertando a crueldade dos algozes, deparamo-nos com a serenidade das vítimas. Os primeiros cristãos têm como modelo fundamental o próprio Cristo, que do alto da cruz perdoa seus assassinos (Lc 23,34). A coragem diante do martírio encontra no Antigo Testamento passagens expressivas, como: a resistência dos três jovens que suportaram a tortura na fornalha ardente, diante da tentativa de renegação do nome de Javé, proposto por Nabucodonosor (Dn 3); o mártir Daniel na cova dos leões, que provoca a conversão do rei Dario e sua defesa do povo hebreu (Dn 6); e, ainda, a bravura da mãe dos sete irmãos macabeus, que prefere ver seus filhos martirizados do que renegarem o nome de Deus (2Mc 7). Nessas narrativas, os algozes ficam fascinados diante da coragem, resistência e fidelidade dos mártires, mesmo diante de grandes sofrimentos.

No Novo Testamento, depois do exemplo de Cristo, que assume as dores e resiste diante de tantas provocações e tentativas de suborno de sua missão, seguem-se outros exemplos, como a decapitação de João Batista (Mc 6,17-29), o apedrejamento de Estêvão (At 6,8-15; 7,55-60; 8,2), que, como o Mestre, morre perdoando seus agressores, e o depoimento do apóstolo Tiago (1Cor 12,2), que prefere morrer que renegar o nome de Cristo. Os passos do martírio são semelhantes nas narrativas bíblicas:

1) Crescente conspiração dos inimigos para justificar publicamente o martírio, deteriorando a imagem do acusado;
2) Apresentação da sentença, com motivação e processo de execução;

3) Processo sumário ou debate no tribunal, pelo qual o acusado confessa seus princípios e desafia os acusadores;

4) Proposta de renúncia das causas do martírio (confissão da fé) ou possibilidade de apelação a estâncias superiores, na condição de renegar a si mesmo. Manifestação de coragem e convicção profundas;

5) Difamação do acusado como subversivo e perturbador da ordem social. Serenidade com os humildes e, diante dos poderosos, grande indignação;

6) Processo de execução, descrevendo tormentos e humilhações públicas, para servir de exemplo;

7) Detalhes das torturas e dos ferimentos e do momento final da morte. Os mártires rejeitam a amenização dos suplícios;

8) O martírio é sinal de liberdade, por isso o acusado caminha até o patíbulo. Não quer a morte, mas sua causa é a razão de sua vida, que pode levar à morte. Uma razão para viver é a razão para morrer;

9) Recolhimento, quanto possível, dos restos mortais do mártir para sepultamento, que levará à sua veneração como testemunha verdadeira da fé.

Os mártires são valorizados pelos demais fiéis como verdadeiros seguidores de seus mestres, que assumiram até as consequências mais atrozes a sua opção, servindo de estímulo para todos os irmãos.

Modelos das narrativas. Na Patrística, conhecemos muitos mártires e suas histórias seguiram sendo contadas e celebradas na história da Igreja, como capítulos preciosos da autenticidade dos cristãos. Suas memórias foram veneradas nas comunidades e, quando deixaram de existir mártires na era constantiniana, o translado de suas relíquias para outros lugares tornou-se um forte elemento da espiritualidade cristã. Os textos narrativos dos martírios trazem dados históricos, sentimentos humanos de sofrimento e resistência, descrições culturais das formas de acusação e, sobretudo, hinos e diálogos dignos de preces. Os mártires motivavam conversões e resistências e valorizavam o cristianismo nascente com grande honorabilidade. Tornaram-se importante material para as celebrações litúrgicas e as meditações dos cristãos. São três os modelos de escritos:

1) *Acta ou gesta martyrium:* relatos mais legítimos e verdadeiros, pois descrevem os processos dos próprios tribunais, registrados por taquígrafos. Nestes, os textos são trazidos na íntegra com grande objetividade, como narrativa imparcial dos movimentos e diálogos vividos no tribunal. São poucos, pois a maioria dos cristãos não era levada aos tribunais, mas sofria condenação e execução sumárias. Tornaram-se arquivos valorosos para as leituras litúrgicas e são apreciados até nossos dias. Recordamos as Atas dos mártires da Sicília, de Cipriano de Cartago e aqui, brevemente, a do martírio de Justino e de seus companheiros: "Aqueles homens santos foram presos e conduzidos ao prefeito de Roma, chamado Rústico. Estando eles diante do tribunal, o prefeito Rústico disse a Justino: 'Em primeiro lugar, manifesta tua fé nos deuses e obedece aos imperadores'. Justino respondeu: 'Não podemos ser acusados nem presos, só pelo fato de obedecermos aos mandamentos de Jesus Cristo, nosso Salvador'. Rústico indagou: 'Que doutrinas professas?'. E Justino: 'Na verdade, procurei conhecer todas

as doutrinas, mas acabei por abraçar a verdadeira doutrina dos cristãos, embora ela não seja aceita por aqueles que vivem no erro'. O prefeito Rústico prosseguiu: 'E tu aceitas esta doutrina, grande miserável?'. Respondeu Justino: 'Sim, pois a sigo como verdade absoluta'. Rústico perguntou: 'Então tu és cristão?'. Justino afirmou: 'Sim, sou cristão'";

2) *Passiones martyria:* descrevem o martírio testemunhado pelos presentes nos acontecimentos. São descrições corretas, mesmo que contenham interpretações particulares, como forma de exaltar o mártir e entusiasmar os demais fiéis. Além dos fatos narrados, contêm as impressões dos seus narradores. O teor histórico é bastante detalhado, temperado com as emoções que tocaram o coração do autor. São mais numerosas: Martírio de Policarpo, Cartas de Viena e Lyon, Paixão de Perpétua e Felicidade, Martírios de Papilo, Agatônia e Apolônio. Assim é descrita a coragem dos Mártires de Cartago: "Despontou o dia da vitória dos mártires. Saíram do cárcere, entraram no anfiteatro, como se fossem para o céu, de rosto radiante e sereno; e se algum tinha a fisionomia alterada, era de alegria e não de medo. Perpétua foi a primeira a ser lançada aos ares por uma vaca brava e caiu de costas. Levantou-se imediatamente e, vendo Felicidade caída por terra, aproximou-se, deu-lhe a mão e ergueu-a. Ficaram ambas de pé […]. Os mártires levantaram-se espontaneamente e foram para onde o povo queria; depois deram uns aos outros o ósculo santo, para coroarem o martírio com este rito de paz";

3) *Legendário dos mártires:* narrativas fascinantes, descritas ao longo dos tempos, como se fossem apócrifos do martírio.

Partindo de bases históricas, considerando que existiram os personagens e o contexto martirial, os fatos foram adornados com acontecimentos excepcionais, com licenças poéticas formidáveis, comprometendo a veracidade dos fatos. São histórias nas quais os acontecimentos miraculosos extasiam e romanceiam as descrições. São histórias que compõem a piedade popular: Santa Inês, Santa Cecília, Santo Hipólito, Santa Bárbara, São Lourenço, São Sixto, São Sebastião e tantos mais. Um exemplo como o de Santa Inês esclarece o estilo das narrativas: "Para não trair sua condição de cristã, Inês deixou-se conduzir ao lupanar, próximo ao circo de Domiciano. Hoje, nesse local mal afamado se ergue a Igreja de Santa Inês de Agone, situada à praça Navona. No bordel, deu-se o milagre: nenhum homem ousou aproximar-se da mocinha. Um, que se atreveu a fazê-lo, caiu a seus pés, sem vida. O prefeito acorreu ao local e, para pôr à prova o poder miraculoso da jovem, disse: 'Se ressuscitares esse infeliz, sairás daqui livre'. Inês ergueu os braços ao céu, invocando o nome de Jesus, e o homem ressuscitou. 'É uma feiticeira', exclamaram os presentes; o prefeito, pondo o termo à discussão, entregou-a aos carrascos".

Mística do martírio. Sempre o sangue dos mártires é *testis*, ou seja, "testemunho" fiel e entrega até a morte, derramando-se o sangue e unindo-se ao sacrifício do Cristo. Tratado como o mais elevado dos batismos, o mártir é morto por governantes ou grupos que agem por ódio à fé (*odium fidei*) e ódio à justiça divina (*odium iustitiae*), recordando as bem-aventuranças (Mt 5,10; 10,22). É a batalha dos falsos deuses e doutrinas contra o Deus verdadeiro;

batalha do pecado contra a graça. Tem valor *soteriológico*, pois seu sacrifício se une ao sacrifício de Jesus para redimir a humanidade, *escatológico*, pois o mártir vence a morte e entra no Reino, e *sacramental*, uma vez que se torna símbolo da fé e da comunidade dos cristãos.

O testemunho é marcante. O mártir, diante dos poderosos que podem tirar sua vida, anuncia "sou de Cristo" (*christianus ego*), adversamente ao decreto "não sou cristão" (*ut christianum non sint*). Diante da promulgação do direito imperial que considera o cristianismo "religião ilícita" (*religio ilícita*) ou "uma nova e má superstição" (*superstitio nova et maléfica*), os cristãos ficam vulneráveis e são vitimados sumariamente. Nessa realidade crucial, o cristão é levado à prova extrema e pode negar o nome de Cristo ou por ele dar a vida. Bastava confirmar no tribunal "sou cristão" (*christianus sum*) para ser condenado à morte. Confessar a fé é por si mesmo condenação, pois a lei declarou ilícito o cristianismo, decretando "vós não poderão ser [cristãos]" (*non licet esse vos*). Diante dessa afirmação, Justino defende os cristãos, afirmando que, "somente pelo nome, nunca se pode afirmar se uma ação é boa ou má" (*Apologia I*, 46).

O martírio é considerado a plena perfeição, pois consolida o verdadeiro amor a Jesus Cristo e garante o testemunho mais elevado que o cristão pode dar diante dos irmãos. Se Cristo é o modelo essencial (*arquimártus*), o mártir é companheiro e imitador de Cristo (*collega passionis cum Christo*) (Cipriano, *Epist.*, 6, 2, 1: PL 3, 240). Diante da fascinação e consideração moral dos mártires, Justino equipara, em um trocadilho de expressões, os cristãos (*kristianós*) ao adjetivo "bons" (*krestós*). Ele afirma: "Somos acusados de ser cristãos, quer dizer, de ser bons; pois bem, odiar o bom não é justo" (*Apologia I*, 46).

Em toda posteridade ao período martirial, a memória dos mártires enriqueceu os rituais litúrgicos, iluminou a espiritualidade cristã e inspirou seguidores fiéis de Cristo a viver seus dias pela causa de Cristo na Igreja.

BISCONTI, F. Martírio. In: DPAC, p. 895-903; BOGAZ, A. S.; COUTO, M. A.; HANSEN, J. H. *Patrística:* caminhos da tradição cristã. São Paulo: Paulus, 2014. p. 91-101; DROBNER, H. R. *Manual de Patrologia*. Petrópolis: Vozes, 2003. pp 98-109; EUSÉBIO DE CESAREIA. *História eclesiástica*. São Paulo: Novo Século, 1999. p. 68-74; LOPES, G. *Patrística pré-nicena*. São Paulo: Paulinas, 2014. p. 107-110; PADOVESE, L. *Introdução à teologia patrística*. São Paulo: Loyola, 1999. p. 158-163.

Modalismo

Em linhas gerais, essa corrente doutrinal ensinava que o Filho era o próprio Pai ou uma modalidade pela qual o Pai se manifestava; por conseguinte, o Pai teria padecido na cruz (daí o nome *patri*, de *pater*, "pai"; passianismo, de *passus*, padecido). Tal doutrina, devida a Noeto de Esmirna, foi levada para Roma e Cartago (África), dando origem ao partido patripassiano, que agitou muito a comunidade de Roma. O Papa Zeferino (198-217), em uma declaração oficial, afirmou a divindade de Cristo e a unidade de essência em Deus, sem, porém, negar, como faziam os patripassianos, a diversidade de pessoas do Pai e do Filho.

O modalismo foi estendido por Sabélio, em Roma, ao Espírito Santo. Esse pregador professava três revelações de Deus: uma, como Pai, na criação e na legislação do Antigo Testamento; outra, como Filho, na Redenção; e a terceira, como Espírito

Santo, na obra de santificação dos homens. Ele designava cada uma dessas manifestações como *prósopon*, palavra grega que significava originariamente "máscara ou papel de ator de teatro" e, posteriormente, passou a significar também "pessoa". A doutrina de Sabélio tornou-se ambígua e conquistou muitos adeptos, que de boa-fé lhe aderiram sem querer negar a Trindade de Pessoas em Deus. Como se vê, o grande problema consistia em afirmar a Trindade de Pessoas em Deus sem cair no triteísmo ou sem professar três deuses.

A controvérsia havia de arder por todo o século IV, envolvendo todas as camadas da população, desde o imperador até os mais simples fiéis. E a ingerência do poder imperial, que desde 313 era simpático ao cristianismo, contribuiu para tornar difíceis e penosas essas discussões teológicas, as quais assumiam, não raro, um caráter direta ou indiretamente político. A problemática suscitou na Igreja os esforços de numerosos santos e doutores, que, com seus talentos intelectuais e sua vida, colaboraram decisivamente para a reta formulação da fé cristã. O período áureo da literatura cristã está precisamente ligado às disputas teológicas.

DROBNER, H. R. *Manual de Patrologia*. Petrópolis: Vozes, 2003. p. 123-132; FRANGIOTTI, R. *História das heresias*. São Paulo: Paulus, 1995. p. 45-51; MONDONI, D. *O cristianismo na Antiguidade*. São Paulo: Loyola, 2014. p. 131-132; PADOVESE, L. *Introdução à teologia patrística*. São Paulo: Loyola, 1999. p. 6-67.

Monaquismo

Etimologicamente, o monaquismo se origina no termo *monos*, que significa "único", "sozinho", e indica um modelo de vida no qual a pessoa se consagra a Deus para viver mais próximo dele, pelo silêncio, pela meditação e pela oração. Na mentalidade comum, aponta também uma vida de afastamento e alheamento da vida civil profana, para viver mais próximo do mundo sagrado. Considera-se o monaquismo como estilo de vida solitário, em uma união íntima com Deus e cumprindo as normas estabelecidas em regras rigorosas. Via de regra, a vida monástica implica compromissos de pobreza, obediência e castidade. Não é uma invenção do judaísmo nem do cristianismo, pois esse mesmo estilo se encontra em outras religiões, com grandes semelhanças, mas sempre com algumas peculiaridades. Em todos os casos, o monaquismo é definido como estilo de vida universal, no qual os fiéis desenvolvem uma mística espiritual buscando a perfeição mais elevada, que os aproxima da plenitude divina.

Características do monaquismo. O estilo de vida monástica é uma opção concreta de grande radicalidade, com variações conforme os lugares, tempos e diversos carismas de seus fundadores. Muito comum em outras religiões, o monaquismo tem valor inestimável no cristianismo, em que é considerado um projeto de santidade e de imitação de Cristo pobre, obediente e casto. Em todos os vários modelos, porém, algumas características são convergentes, como silêncio, contemplação, ascese, sacrifícios de aperfeiçoamento humano e espiritual, participação na vida comunitária, equilíbrio dos instintos e dos prazeres, vida de castidade e renúncia à formação de uma família e acolhida livre e serena das regras e da disciplina que regem todos os membros da comunidade monástica.

Tipos de religiosidade. Pela radiografia dos vários modelos de monaquismo, consideramos dois tipos diferenciados:

1) O primeiro modelo é a consagração monástica pessoal ou carismática, em que o indivíduo não se vincula a uma instituição nem a suas tradições. A entrega é feita de forma individual, em uma vocação pessoal, sem o seguimento de ordens estabelecidas. Muitas vezes, esses eleitos assumem uma postura crítica à religião oficial, como profetas que denunciam a comodidade dos outros membros e suas estruturas. Fazem também uma crítica à sociedade consumista e às riquezas dos poderosos;

2) O segundo modelo é a consagração institucional, em que o vocacionado se integra em uma comunidade organizada e assume seus compromissos e estilo de vida. Seguem a autoridade constituída e obedecem às regras como parte de sua entrega. Seus responsáveis são sacerdotes, reis e abades, tidos como líderes espirituais. No mundo extrabíblico, temos os *grupos pitagóricos*, que vivem em comunidade, renunciam a seus bens e à vida sexual e, assim, conquistam a contemplação mais elevada e os bens espirituais. Existe ainda em nossos tempos o *monacato budista*, o qual propõe formas ascéticas, que incluem celibato, "fuga do mundo" (*fuga mundi*), silêncio, trabalho, pobreza, como meios para atingir a libertação das paixões humanas e a plena contemplação de Deus.

Monaquismo no judaísmo. No judaísmo, o grupo monástico mais conhecido é o dos *nazireus*, que vivem a consagração carismática pessoal, como detalha o profeta Amós (Am 2,11-12). Suas regras fundamentais são: não cortar o cabelo, abster-se de vinho e bebidas alcoólicas e não tocar em cadáveres. No final da consagração, realizam rituais de purificação. Em geral, esses monges são conhecidos como profetas, pois guiam o povo nos períodos difíceis de sua história, com a missão de corrigir, denunciar e proteger, e clamam sempre por conversão mais radical. Ainda se encontram pequenos grupos que vivem esse projeto de vida em nossos tempos, particularmente os mais ortodoxos. São tidos como eleitos de Deus para uma missão espiritual entre os fiéis judeus.

Indícios do monaquismo cristão. Jesus convida seus discípulos, que deixam tudo e passam a viver o seguimento radical do Senhor. Eles deixam os bens, as famílias e as profissões e convivem com o Mestre na sua vida itinerante (Mc 12,16-20). Os vocacionados seguem Jesus em dois modelos de seguimento. No *primeiro modelo, mais radical,* os seguidores deixam tudo, convivem com Jesus, partilham sua missão e seu modo de viver e saem pelas cidades para anunciar o Reino de Deus. Devem pregar o Evangelho, expulsar demônios e curar os doentes (Mc 3,15). No *segundo modelo, mais brando,* seus membros vivem a conversão ao Reino de Deus no âmbito da própria família e do convívio social e profissional.

Os seguidores de Cristo são virgens e ascetas itinerantes, que vivem a consagração em comunidade, ou cristãos comuns que vivem o Matrimônio e testemunham o amor a Cristo pela vida sóbria, guiados pelo amor ao próximo.

Mística do monaquismo. Os estudiosos da Patrística acenam o crescimento impressionante do monaquismo como resposta crítica ao cristianismo integrado ao poder imperial. A liberdade dos cristãos custou a perda da radicalidade dos seguidores de Cristo, ao passo que a Igreja passa a ter privilégios e riquezas, com conversões em massa, sem mudança de vida. A partir de Constantino (313), mas sobretudo com Teodósio I (380), grupos de cristãos procuram caminhos para viver os propósitos do catecumenato primitivo.

Muitos vão para os desertos ou campos distantes para reviver a Igreja perseguida, quer dizer, a prática do cristianismo mais radical e a vivência da integridade do cristianismo. A versão mais primitiva da vida monástica se alastra nos desertos de Palestina, Síria, Egito e Grécia e torna-se um fenômeno eclesial. São semelhantes aos modelos helênicos, pitagóricos, essênios e terapeutas, nome dado à comunidade egípcia do primeiro século. Orígenes é o precursor do monaquismo no Egito, que foi um fenômeno de massa, onde seus integrantes viviam em comunidade dedicando-se às Sagradas Escrituras, à oração ininterrupta, à vida celibatária e à ascese, para vencer as tentações da matéria. Alimentando-se da espiritualidade bíblica, com simplicidade, os primeiros monges levavam vida sóbria e humilde. Sempre eram admirados pelo povo das cidades e dos lugarejos, que os visitavam e veneravam como santos.

Monaquismo primitivo. Os primeiros ministros são os épiscopos, presbíteros, diáconos ou diaconisas, que vivem o seguimento de Jesus Cristo e exercem seu ministério. Os primeiros cristãos vivem corajosamente o martírio, buscando "ser como Cristo". Nesse sentido, acredita-se que "não existe maior amor que dar a vida pelos irmãos" (Jo 15,13). Nesse período, o mártir é venerado como testemunho de vida, recebe visitas devocionais nos cárceres, é cultuado nos sepultamentos e seus restos mortais e relíquias são preciosos. São verdadeiros profetas que denunciam a idolatria e as desigualdades. Na concepção cultural desse período, a virgindade é o "modelo monástico" privilegiado e acontece nas comunidades, no contexto urbano. Podem viver isolados, habitando sozinhos ou em comunidades, integrando a comunidade local.

A comunidade cristã valoriza os "evangelizadores" que seguem o exemplo do próprio Cristo, em uma vida casta, pobre e itinerante. Mais ainda os "mártires" são apreciados, pois testemunham mais proximidade com Cristo. Nos tempos de tolerância, até o século IV, e na era constantiniana são os modelos monásticos (virgens, ascetas e evangelizadores itinerantes) que resgatam a radicalidade da opção cristã. O Decreto *Perfectae Caritatis* recorda esse propósito, quando afirma: "Existiram desde os primórdios da Igreja homens e mulheres que se propuseram pela prática dos conselhos evangélicos seguir a Cristo com maior liberdade, e imitá-lo mais de perto, e levaram, cada qual a seu modo, vida consagrada a Deus" (PC 1).

Monaquismo nas primeiras décadas. Na gênese da consagração, virgens ou continentes são descritos pelos apóstolos (At 21,9) e, em seguida, pelos padres apostólicos (Clemente Romano e Atenágoras) e pelos padres apologistas (Justino, Taciano e Minúcio Félix) como servidores da comunidade, no serviço aos pobres, na liturgia e na animação da vida espiritual. Segue mais detalhada ainda a narração de sua missão, quando alguns padres, entre eles Tertuliano, Cipriano, Orígenes e Metódio de Olimpo, escrevem verdadeiros tratados sobre a identidade e a missão de virgens e consagrados nas comunidades.

Aos poucos, os ascetas, que vivem o estilo monástico urbano, tornam-se presbíteros e mesmo monges são eleitos epíscopos, dando origem à figura do monge-bispo, que recebe o título de *vir apostólicus* (apóstolo). O exemplo mais conhecido dessa figura é Basílio de Cesareia, o qual conduz a comunidade monástica e a comunidade dos leigos, unificando a vida ascética e a evangelização.

Evolução do monaquismo. No monaquismo oriental, encontramos modelos originários, como as formas eremítica, cenobítica e semi-eremítica, que estão na base do monaquismo clássico. Seus protagonistas são Antônio, o Grande (Antão), Pacômio e Basílio.

Todos se entusiasmam com o modelo de Antônio, o Grande, mas a vida solitária do deserto é difícil e arriscada; sendo assim, os anacoretas buscam agrupamento sob um pai espiritual (superior), criando os cenóbios, que são monges vivendo a solidão em comunidades. Pacômio († 346) é o principal representante desse movimento e criou oito fundações masculinas e duas femininas, em um total de cinco mil monges no Egito, no final do século IV. São defensores da ortodoxia e da autenticidade cristã, vivem a mística, com grandes momentos de oração, e a ascética, marcada por vida sóbria, sacrifícios e trabalhos. Todo monge tem como propósito de vida a oração constante, a luta contra as tentações das paixões e a ascese como forma de martírio, pois é um ser espiritual que exala a graça de Deus e dedica-se ao estudo das Sagradas Escrituras e da tradição.

Tanto o anacoreta, que privilegia a oração, o silêncio e a solidão, quanto o cenobita, que vive o monaquismo em comunidade, devem viver a unidade com Deus, o sentido espiritual do martírio, a austeridade corporal, para "sofrer com Cristo", e a busca da perfeição evangélica.

Alguns modelos monásticos. A vida monástica representa a "sucessão carismática dos apóstolos", sem hierarquia de poder, mas em fraternidade entre irmãos, sendo um sinal que lembra que a Igreja é de Cristo e vive unida a ele. A profecia é sinal de denúncia contra as riquezas e os poderes mundanos. O ideal da vida angélica é marcado pela oração e louvação constantes, além da castidade plena e de viver como seres ressuscitados.

Mosteiros de São Basílio. Seus membros não vivem no deserto, mas estabelecem-se em comunidades próximas às cidades, como uma família, com estruturas rigorosas e normas bem definidas. Nesse modelo, podem viver em grupos grandes, atingindo centenas ou milhares de monges, mas com simplicidade e pobreza. As relações são organizadas a partir dos membros, que elegem líderes vitalícios ou temporários. A fraternidade se compõe de irmãos e no início eram comunidades cristãs que se tornaram depois verdadeiros mosteiros. Fundamentalmente vivem os conselhos evangélicos, e a Palavra de Deus é a bússola de cada monge, em que o "irmão maior" vigia a fidelidade dos membros.

Mosteiros de Agostinho de Hipona. Nesse modelo, Agostinho propõe que seus membros vivam a caridade, a comunhão fraterna e a unidade de vida. A vida comum é o elemento constitutivo mais importante e exigido com maior rigor. Viver a vida comunitária "num só coração e numa só alma" é a base do modelo agostiniano. Todo monge deve ter como propósito fundamental viver em comunhão perfeita com Deus. O modelo espiritual dessa vivência é o mistério trinitário, assim como os discípulos de Jesus. Praticar a caridade é antes de tudo viver fraternalmente com todos os membros da comunidade.

Mosteiros de Bento de Núrsia. Bento, que viveu por anos no silêncio e na solidão eremítica, abre-se às exigências dos povos bárbaros, que pretendem construir novos modelos de seguimento de Cristo. Seguindo estudiosos, ele integra a civilização romana e os povos bárbaros, passando do nomadismo para a fixação de mosteiros organizados. Seu projeto monástico propõe a estabilidade e a comunidade organizada. Dentre tantos conflitos e violências nos meios urbanos, oferece o ideal da paz, que se pode viver em comunidades monásticas. Como instrumento para construir esse modelo de vida, insiste na "leitura divina" (*lectio divina*), na liturgia e no trabalho, para que se edifiquem famílias monásticas e famílias civis. Sem perder o valor da ascese e a busca de Deus, seu projeto monástico determina a formação de abadias, onde o responsável é o "pai espiritual" de todos os monges, que lhe devem obediência e veneração e esperam dele testemunho e proteção.

O mosteiro beneditino é simplificado e tem poucos pontos fundamentais, valorizando, sobretudo, a estrutura dos ofícios diários, a humildade do abade e dos monges, a dedicação aos doentes e a obediência absoluta como caminhos de santificação. Cada mosteiro é escola de fidelidade e radicalidade evangélica, iluminado por um abade, que é o mestre, tendo nas mãos as regras. Seu binômio fundamental, que perpassa os séculos, é "oração e trabalho" (*ora et labora*).

O Papa Gregório Magno, monge beneditino, propaga e expande o monaquismo em toda a Europa; assim, surgem mosteiros na Irlanda, com a Regra de São Columbano, na Península Ibérica, com São Martinho de Dume e São Frutuoso de Braga, na Gália e na Grã-Bretanha, destacando-se particularmente o monaquismo celta. Mais tarde, a partir do século XII, surgiram inúmeras construções de Igrejas e abadias, elevando o poder da cristandade, com suas grandes catedrais góticas. O progresso material, com seu luxo e privilégios, provocou a renovação espiritual, como forma silenciosa de denúncia à Igreja institucional. As ordens monásticas surgiram e cresceram, entre elas os cartuxos (Bruno de Colônia, 1084), os cistercienses (Bernardo de Claraval, 1098) e outros grupos que proliferaram em todo o continente europeu. Esse estilo de vida austero, com trabalho, contemplação, catequese e estudos, tornou-se ao longo dos séculos um modelo privilegiado do seguimento mais radical do cristianismo e deixou marcas profundas na cultura ocidental.

BUENO, J. A. *Caderno de história monástica 1*. São Paulo: Abadia São Geraldo, 2003; CABRA, P. G. *Breve curso sobre a vida consagrada*. São Paulo: Loyola, 2016; CANU, J. *Les Ordres Religieux Masculins*. Paris: Fayard, 1959; CODINA, V. *Vida religiosa: história e teologia*. Petrópolis: Vozes, 1990; COMBY, J. *Para ler a história da Igreja*. Porto: Perpétuo Socorro, 1988; DONINI, A. *História do cristianismo:* das origens a Justiniano. Lisboa: Edições 70, 1988; GRIBOMONT, J. Monaquismo. In: DPAC, p. 953-955; MURRAY, B. *As Ordens monásticas e religiosas*. Lisboa: PEA, 1986; ORLANDIS, J. *História breve do cristianismo*. Lisboa: Rei dos Livros, 1985; ORLANDIS, J. *Historia de la Iglesia I*. Madrid: Palabra, 1987; PADOVESE, L. *Introdução à teologia patrística*. São Paulo: Loyola, 1999. p. 145-150; ROPS, D. *A Igreja dos tempos bárbaros*. São Paulo: Quadrante, 1991.

Monarquianismo

O monarquianismo é a matriz de várias novas modalidades de doutrinas que incorreram em heresias, no tocante aos dogmas trinitário e cristológico. Na busca da fidelidade monoteísta, vários Padres da Igreja desviaram a doutrina ortodoxa em monarquismo modalista (modalismo) ou monarquismo subordinacionista (subordinacionismo). O princípio fundamental do monoteísmo cristão ortodoxo é que não pode haver um segundo (ou terceiro Deus), o que geraria ou biteísmo ou triteísmo, e até mesmo abriria as portas para o politeísmo.

O princípio absoluto e intocável do monoteísmo é a fé em um Deus único, repetida na premissa *monarchiam tenemus* (temos a monarquia). O monoteísmo cristão é sequência da doutrina judaica, na qual a pluralidade de deuses é condenada pela tradição. No entanto, os primeiros cristãos se debatem internamente para determinar a plena divindade de Jesus Cristo, ao lado de sua plena humanidade. Os monarquianos temiam que a profissão de Jesus Cristo como Deus contradissesse a unidade da divindade, pois o entendiam como "segundo Deus" (*deutero-theós*).

Para assegurar a plena ortodoxia, que se tornara uma resistência incessante, vários Padres da Igreja elaboraram doutrinas, nas quais puderam garantir a divindade de Cristo e do Espírito Santo, sem desviar-se da máxima dogmática: "Um único Deus".

Definições básicas. A base fundamental dessa doutrina, intitulada "modalismo", ensina que Jesus Cristo é Deus, mas não é uma pessoa distinta do Pai, mas a própria divindade. Essa divindade se apresenta em uma "forma" ou "modalidade", sendo o próprio Pai que, revelado de outra forma ou modo, é o Filho. O próprio Deus Pai desceu do céu e habitou o ventre de Maria de outro "modo". Como Filho, Deus sofreu, morreu e ressuscitou pela salvação da humanidade. As duas principais variações desse conceito monarquiano são o "modalismo" ou "modalistas" e o "patropassionismo" ou "patripassianos". De fato, na doutrina patropassionista se encerram dois elementos: *pater*, que designa Deus Pai, e *passio*, recordando a paixão de Cristo na cruz. Significa que essa heresia ensina que o Pai sofreu a paixão na cruz, a morte e a ressurreição na pessoa do Filho.

Para os monarquianos, o enunciado Filho, repetido várias vezes nas páginas do Novo Testamento, mais que fazer uma distinção entre o Pai e o Filho, indica o mesmo ser divino implicado na missão redentora. Segundo esses heréticos, algumas passagens fundamentam suas posições, como as que seguem: "Faço somente as obras que o Pai quer" (Jo 3,34; 5,30; 10,25.37; 17,4), em que se revela interpendência entre as duas pessoas; "Eu e o Pai somos um" (Jo 10,30), onde a identificação pessoal entre os dois é explicitada no discurso sacerdotal de Jesus; e "Quem me viu, viu o Pai [...]. Não crês que estou no Pai e o Pai está em mim? [...] Crede-me, eu estou no Pai e o Pai está em mim" (Jo 14,9-11), que os monarquianos interpretam como uma identificação entre as duas pessoas divinas, como se fossem a mesma pessoa. Para salvaguardar o monoteísmo, os monarquianos destituem a autonomia e a identidade do Filho, confundindo as pessoas da Santíssima Trindade.

Monarquismo adocionista e dinamista. Esta proposição considera que Jesus era meramente humano e que no Batismo foi revestido do poder divino (*dynamis*). Teódoto de Bizâncio, grande conhecedor da cultura grega, iniciou essa doutrina, mas foi excomungado pelo Papa Vitor (190). Os seus discípulos o seguiram e organizaram uma pequena Igreja cismática, mas pouco tempo após se retrataram.

Muito próxima dessa doutrina, Luciano de Samósata defende a doutrina do *monarquianismo adocionista*. Da cidade de Samósata, na Síria, ele tinha origem humilde, mas conquistou grande fortuna e tornou-se bispo de Antioquia. Segundo historiadores, vivia no fausto e provocava muitas celeumas com outros eclesiásticos, pois se sentia fortalecido pela proteção da rainha Zenóbia. Esse herético pregava que não havia as três pessoas na Santíssima Trindade e, para explicar sua tese, dava o nome de Pai ao Deus criador de todas as coisas, de Filho ao homem Jesus e de Espírito Santo à graça que reside nos apóstolos. Segundo Luciano de Samósata, em Jesus reside uma graça especial que o faz maior que todos os profetas da Antiga Aliança, mas ele não é o Logos, pois este é maior que Jesus; portanto, o Logos não é uma substância (*ousía*), não tem hipóstase própria, nem é uma pessoa, mas apenas uma força (*dynamis*) de que Deus se serve para atuar no mundo. Então, Jesus permaneceu sempre ser humano e nele o Logos fez morada, como em um templo.

Esse herético envolveu-se, assim, na heresia trinitária, negando a triunicidade divina das três pessoas consubstanciais, e na cristológica, uma vez que não aceita a encarnação do Verbo em sua plenitude. Como tais heresias se espalharam e conquistaram muitos adeptos, o imperador Aureliano o condenou como herege. Acredita-se que seu interesse pelos católicos ortodoxos se devia mais pela sua necessidade de combater, por meio da doutrina de Paulo de Samósata, a rainha de Palmira, Zenóbia, e conquistar seu território.

Monarquianismo de Noeto. Noeto era natural de Esmirna e, conforme escreve Hipólito, um homem orgulhoso que se achava especialmente inspirado pelo Espírito Santo. Ele considerava a pessoa de Cristo e sua divindade como fundamentais, e queria honrar e glorificar seu nome. Hipólito afirma sobre Noeto: "Cristo é o Pai mesmo e é o Pai mesmo que nasceu, sofreu e morreu [...]. Então, tendo-o convencido do erro, o expulsaram da Igreja" (*Ad. Noetum*, 1). Noeto argumenta com textos do Antigo Testamento: "Eu sou o Deus de teus pais [...] e não terás outro Deus diante de mim" (Ex 3,6; 20,3), para defender que o Pai e o Filho são uma única pessoa. Depois ainda se serve de outra passagem para definir o monoteísmo, a partir das pregações de Paulo: "Aos quais pertencem os patriarcas e dos quais descende o Cristo, segundo a carne, que é, antes de tudo, Deus bendito pelos séculos" (Rm 9,5). Assim, defende a unicidade de Deus em uma única pessoa, que se revela de modos diferentes.

Práxeas e o patripassionismo. Prisioneiro pela fé, Práxeas esteve em Roma no ano de 190 e, como confessor, por ter suportado o martírio sem renegar o nome de Jesus Cristo, encontrou muitos simpatizantes. Atacando as posições de Montano em Roma, foi hostilizado e transferiu-se para a África. Pela mesma razão, Tertuliano fez campanha contra Práxeas, atacando sua doutrina: "O demônio tem lutado contra a verdade de muitas maneiras, até mesmo defendendo-a para destruí-la" (*Ad Práxeas*, 1). Segundo Tertuliano, o patripassionismo de Práxeas professa que o Pai desceu do céu, encarnou-se no ventre de Maria e sofreu a paixão. Simplesmente o Pai foi pessoalmente o Filho. Ainda afirma Tertuliano, combatendo tal heresia: "Práxeas expulsou o Paráclito e crucificou o Pai" (*Ad Práxeas*, 1).

Sabelianismo e as tríplices operações. As tentativas de Noeto, Epígono, Cleomenes e de outros monarquianistas para garantir o monoteísmo cristão são recorrentes no século II. Entre todos, destaca-se a figura de Sabélio († 260), que defendia incisivamente o monarquianismo doutrinal. Para esse herege, a divindade é uma unidade que se revela em três operações distintas: o Pai na criação, revelado no Antigo Testamento, o Filho na encarnação e na redenção e o Espírito Santo em Pentecostes e na sua presença perene na história, sendo mesmo assim uma única hipóstase. Na sua obra abrangendo várias heresias, Epifânio, bispo de Salamis, declara que "os sabelianos professam e ensinam que o Pai, o Filho e o Espírito Santo são uma única e mesma essência, quer dizer, três nomes dados para uma mesma e única essência. O Pai é o corpo, o Filho é a alma e o Espírito Santo está para a divindade o que o espírito está para o homem" (*Ad. Haer.*, LXI, 1). Sabélio ensina que o Pai, o Filho e o Espírito Santo constituem uma única hipóstase, uma só pessoa e três modos de ser (*prósopa*). Servindo-se da categoria filosófica, a divindade é uma "mônada" (substância única, indissolúvel e indestrutível) que se desdobra em três operações distintas. Quando o Papa Calisto percebe que esta heresia está muito disseminada, lança a excomunhão contra ele, que foge para o Oriente e depois para o Egito.

Novacianos. O sacerdote Novaciano fundou uma Igreja cismática em Roma (século II) e, como tal, tornou-se um novo antipapa, em oposição ao Papa Cornélio (251). Sua Igreja proliferou em Roma até o papado de Inocêncio I (401-4017), que cerrou as portas de várias de suas Igrejas, e finalmente o Papa Celestino I expulsou os novacianos de Roma. A proposta de Novaciano e de seus seguidores era a radicalidade e o rigorismo cristãos, a ponto de acusar o Papa Cornélio de fraqueza, uma vez que tinha readmitido os "lapsos" (*lapsi*) de volta à comunhão eclesial. Acreditando em uma Igreja verdadeira, composta somente de puros, como aparece descrita na obra de Eusébio de Cesareia (*História eclesiástica*, VI, 43, 1), ele não admitia que os que abandonaram a fé voltassem para a prática dos sacramentos. Para ele, a comunidade cristã pertencia aos salvos guiados pelo Espírito Santo (*De Trin.*, 29, 26); e essa Igreja messiânica seria formada por heróis, profetas e mártires.

Para expandir a Igreja, Novaciano enviou missionários a Cartago (o sacerdote Máximo e o diácono Augendo) e a Roma (Maqueu e Longino). As tentativas de ordenar bispos e presbíteros encontraram grande resistência das comunidades de Cartago e, sobretudo, de Cipriano. Segundo os estudiosos, Cipriano escreveu sua obra *De Unitate Ecclesiae* contra Novaciano e sua Igreja cismática. Próximos dos donatistas, os novacianos se espalharam pela Gália, Espanha e pelo Oriente. No Concílio de Niceia (325), os novacianos professaram o *homoousios*, a fé católica, e repudiaram seus erros, exigindo a imposição das mãos aos lapsos, mas não um novo Batismo. A busca da autenticidade do cristianismo é sempre um apelo profético, mas não deve impor-se como exigência absoluta a ponto de excomungar os mais frágeis, mas sim ser uma busca contínua de todos os seguidores de Jesus Cristo.

DE SIMONE, R. J. Novacianos. In: DPAC, p. 1013; DROBNER, H. R. *Manual de Patrologia*. Petrópolis: Vozes, 2003. p. 123-132; FRANGIOTTI, R. *História das heresias*. São Paulo: Paulus, 1995. p. 45-46; KLIJIN, A. F. J. Ebionitas. In: DPAC, p. 437; MONDONI, D. *O cristianismo na Antiguidade*. São Paulo: Loyola, 2014. p. 130-131; SIMONETTI, M. Milenarismo. In: DPAC, p. 936-937; SIMONETTI, M. Sabélio-Sabelianos. In: DPAC, p. 1238-1239; SIMONETTI, M. Subordinacionismo. In: DPAC, p. 1315.

Monoteletismo/monogertismo

Depois do combate à heresia monofisita, condenada no Concílio de Calcedônia (451), que defendia que o Cristo tinha apenas a natureza divina, seus defensores insistem em outro desvio doutrinal referente a Cristo. Essa nova tese, semelhante à monofisita, declara que em Jesus apenas uma capacidade de agir é ativa; assim surge o *monogertismo*. Propagador dessa doutrina, o patriarca de Constantinopla, Sérgio, ensina que no Verbo de Deus existe apenas uma faculdade operativa e que a sua capacidade humana foi absorvida pela capacidade divina. O imperador Heráclito (610-641) acolheu a nova fórmula doutrinal e então unificou o Império com os grupos monofisitas. Diante da resistência de Sofrônio, que o acusa de *monofisismo monogernista*, o patriarca assume uma doutrina diferenciada, ou seja, o *monoteletismo* (*mónos-thélema*), que afirma que em Jesus somente a vontade divina é real e que esta absorveu a vontade humana.

Discussões magisteriais. A situação é mais complexa, pois estamos diante de suas proposições doutrinais, sendo que a primeira defende que em Jesus Cristo se realiza apenas uma única operação (*monogertismo*), e a segunda afirma que nele existe uma única vontade (*monoteletismo*). Nos dois casos a dimensão humana é suprimida pela divina. Mesmo que o patriarca de Alexandria, Ciro de Fásis, tenha acolhido a doutrina, o patriarca de Jerusalém, Sofrônio, a rejeitou, acusando o patriarca Sérgio de Constantinopla de ser traidor das decisões do Concílio de Calcedônia (451). O patriarca Sérgio pede apoio ao Papa Honório para que acolha sua decisão em favor da harmonia das comunidades e declare-se favorável à "única vontade e única energia" na pessoa de Cristo. Eles afirmavam que as duas naturezas de Cristo, atuando em harmonia, se unificariam em uma única vontade. A acolhida do Papa Honório e o Édito *Ekthesis* (638), decretado pelo imperador Heráclito, foram significativos para a expansão destas doutrinas, pois todos os cristãos foram obrigados a confessar que em Jesus Cristo existe uma só vontade. Várias substituições de imperadores e patriarcas foram registradas, até que Constante II promulgou o Édito *Typos* (Regra), ainda reforçando a doutrina da "única vontade" em Jesus Cristo e perseguindo seus opositores, entre eles o monge Máximo Confessor, chegando mesmo a cortar-lhe a mão direita e a língua.

Decisões conciliares. Diante de situações graves, o Papa Agatão convoca o III Concílio de Constantinopla (*Trullo*, 680-681), que condena o monoteletismo e o monogertismo, afirmando que "pregamos duas vontades naturais em Cristo, bem como duas operações, sem divisão, sem mudança, sem separação, sem partilha e sem confusão". O III Concílio Ecumênico de Constantinopla, em 681 (Mansi, XI, 635 C ss), que organizou a vida religiosa e clerical de então, tocou em questões estruturais da Igreja e também disciplinares do clero; como tarefa mais significativa, condenou o monotelismo (ou monoteletismo) e o monogertismo e professou que em Cristo coexistem, além de suas duas naturezas, duas energias e duas vontades.

FRANGIOTTI, R. *História das heresias*. São Paulo: Paulus, 1995. p. 153-160; MONDONI, D. *O cristianismo na Antiguidade*. São Paulo: Loyola, 2014. p. 172-176; SIMONETTI, M. Monoenergismo--monotelismo. In: DPAC, p. 956.

Montanismo

O montanismo é um movimento fervoroso de renovação espiritual, enquadrado nos movimentos milenaristas dos primeiros tempos do cristianismo, na esperança férvida da parusia e do juízo final. Também conhecido como "Heresia Frígia" por Eusébio de Cesareia (*História eclesiástica*, V, 14-16), dada sua origem na região do Norte da África, na Frígia, teve grande expansão na Ásia Menor. Seu fundador é Montano (155-160), que se sente porta-voz do Espírito Santo, no qual se encarnou o Paráclito. Pregando a mais profunda rigidez e radicalidade no seguimento de Jesus Cristo, Montano e suas discípulas Prisca e Maximila iniciaram um movimento profético e escatologista que anunciava o fim dos tempos e convocava os cristãos para se reunirem em Pepusa, a nova Jerusalém celestial. Por seu messianismo personalista, Montano acreditava que estava em um novo tempo e em uma nova era da revelação divina.

Espiritualidade montanista. Por se apresentar como presença viva do Espírito Santo, pretendia ser a revelação perfeita, ao afirmar: "Vim, não como anjo ou mensageiro, mas como o próprio Deus Pai, pois sou o Pai, o Filho e o Espírito Santo". Segundo a tradição e a denúncia de seus opositores, considerava-se mediador divino do fim dos tempos e afirmava: "[...] o homem é como a lira, eu sou o arco; o homem dorme e eu velo por ele". Desse retorno ao escatologismo dos primeiros tempos, nos movimentos tidos como "milenaristas", esse pregador queria renovar a Igreja e inaugurar a era do Espírito Santo.

Nascido no paganismo, tinha sido um sacerdote da deusa da fecundidade Cibele, e sua conversão o faz impetuoso e emergente na conquista de novos adeptos, na esperança do juízo final. Seu pensamento era apreciado de diversas formas, com conotações distintas, que são assim elencadas:

1) É um movimento de superstição religiosa semelhante aos movimentos apocalípticos africanos, que incitam o resgate da perfeição, da pureza e da radicalidade dos primeiros cristãos;

2) Semelhante a outros movimentos eclesiásticos de contestação, o montanismo propõe a volta aos primeiros tempos do cristianismo e luta contra a organização monárquica da hierarquia;

3) Possui forte teor político, uma vez que se aproxima do cristianismo camponês e critica os bispos e as comunidades, as quais perdiam a simplicidade evangélica;

4) Sua pregação eclesiológica opta pela linguagem simples, valoriza a religiosidade popular e organiza seus ritos mais autênticos, promovendo assim o cristianismo rural mais conservador, em desfavor da urbanização e da helenização do pensamento e da prática dos cristãos.

Para Montano, os convertidos devem seguir a ascese de santificação, praticando jejuns e longas penitências, bem como orações prolongadas, mesmo na ansiedade pelo martírio. A exigência primária era a fuga dos pecados capitais, (apostasia, adultério e homicídio) e a lista das normas secundárias citava a proibição de cargos públicos e o impedimento de se dedicar às pinturas, às esculturas e às ciências profanas.

Milenarismo e parusia. A situação crítica do Império Romano, o qual promovia guerras de colonização na África, revoltava o povo e o vulnerabilizava para acolher as profecias escatológicas. Também denominado "quiliasmo" (*kilias* quer dizer "milênio" em grego), a dimensão milenarista do montanismo e de outras heresias consiste na fé em um reino terrestre de Cristo, com a duração de mil anos, até a nova Jerusalém. Por isso, um ditado popular repetia, antes da virada do segundo milênio: "De mil passará, dois mil não chegará". Esse novo tempo seria um reino maravilhoso, profetizado na revelação neotestamentária de João como um reino de paz, alegria, sem morte nem dor: "Eu, João, vi a santa cidade, a nova Jerusalém, que de Deus descia do céu, adereçada como uma esposa ataviada para o seu marido [...]. Deus limpará de seus olhos toda lágrima; e não haverá mais morte, nem pranto, nem clamor, nem dor; porque já as primeiras coisas são passadas" (Ap 21,2.4). A fundamentação bíblica está em Paulo: "Irmãos, quanto aos tempos e épocas, não precisamos escrever-lhes, pois vocês mesmos sabem perfeitamente que o dia do Senhor virá como ladrão à noite" (1Ts 5,1-2).

As evidências comprobatórias para o anúncio do fim dos tempos fomentam o sentimento montanista. Entre eles, a morte de Nero (68), a destruição do templo por Tito (70), a destruição de Jerusalém por Adriano (135) e o caos social e político do Império no final do século II. Nesse período, alguns autores cristãos como Tertuliano prenunciam o fim das gerações e clamam por mais radicalidade no seguimento de Cristo.

Montano foi condenado em vários sínodos regionais. Sua excomunhão pontifícia foi executada pelo Papa Vitor, no final do século II e, finalmente, no VII Concílio Ecumênico em Constantinopla (680-681). Fica sempre o apelo desses profetas e cristãos austeros de que, apesar de terem incorrido em heresias, provocaram sérias reflexões na forma de encarnar o cristianismo na simplicidade e na autenticidade.

BOGAZ, A. S.; COUTO, M. A.; HANSEN, J. H. *Patrística: caminhos da tradição cristã.* São Paulo: Paulus, 2014. p. 201-208; DROBNER, H. R. *Manual de Patrologia.* Petrópolis: Vozes, 2003. p. 121-122; FRANGIOTTI, R. *História das heresias.* São Paulo: Paulus, 1995. p. 55-59; MONDONI, D. *O cristianismo na Antiguidade.* São Paulo: Loyola, 2014. p. 120-121.

Nestorianismo

Este conceito é mais um dos capítulos da polarização do cristianismo primitivo entre as escolas de Alexandria e Antioquia, com seus devidos patriarcas, poderes imperiais e teólogos. Significa mais uma doutrina cristológica, defendida por Nestório, patriarca de Constantinopla (428-431), que encontra seus indícios no pensamento de Teodoro de Mopsuéstia, da Escola de Alexandria. Seu pensamento sobre a identidade de Cristo é contestado por Cirilo de Alexandria, que defendia o título de *Theotókos* (*theós* [Deus] + *tókos* [mãe]), pelo qual se promulga o título de Mãe de Deus a Maria no Concílio de Éfeso (431), condenando a doutrina do *Christotókos* (Mãe do Cristo). No seguinte Concílio, em Calcedônia, o dogma foi ratificado e os nestorianos, declarados heréticos; e, como não se retrataram, provocaram o "cisma nestoriano". São seguidos por alguns grupos fiéis até nossos dias.

A controvérsia. Nestório (Germânica Cesareia – Síria, 380) se tornou patriarca de Constantinopla (428-431) por Teodósio II. Depois de deportado, foi um forte combatente dos judeus, arianos e apolinaristas, sempre com o apoio do poder imperial. Na sua posse, na sede patriarcal em Constantinopla, discursou: "Dá-me, oh imperador, a terra limpa de hereges e eu te darei o céu; ajuda-me a combater a heresia e eu te ajudarei a lutar contra os persas". Nesse período, procede-se à cristandade mais plena, em que o "cesaropapismo" é a política de relação entre o Estado e a Igreja. O cristianismo torna-se a religião oficial do Estado e as heresias são condenadas civilmente como crimes políticos.

Nestório professa a imutabilidade de Deus e não admite a união substancial e real entre as duas naturezas de Cristo. Em sua doutrina, Jesus Cristo tem duas naturezas (humana e divina) e duas pessoas distintas. Por essa razão, a pessoa divina tem filiação em Deus e a pessoa humana, em Maria, negando assim a união hipostática do Verbo encarnado. Jesus, nascido em Nazaré, não é divino; na sua pessoa habita o Logos, sendo ele, portanto, pleno ser humano, sem alma (espírito divino). Para Nestório, Maria é *anthropotókos* (mãe do homem Jesus), considerando que Deus jamais poderia nascer nas condições humanas. Como poderia o Filho de Deus nascer envolto em panos?

Tese Anthropotókos. Na proposição nestoriana, Maria gerou apenas o "homem Jesus" em sua condição natural, consubstancial com a humanidade. Em nenhuma hipótese o Verbo pode ser ontologicamente unido a Deus, pois é impossível a união ontológica entre Deus e o homem Jesus. Nestório apresenta quatro modos de união, porém sempre afirmando que Maria deu à luz apenas Jesus, ser humano:

1) *União de habitação:* o verbo habitou na humanidade de Jesus como em um templo;
2) *União de afeição:* refere-se à relação amigável entre o Verbo e Jesus;
3) *União de operação:* o Verbo se serve de Jesus, como corpo material, para realizar seus prodígios;
4) *União de graça:* a união entre ambos se efetiva por graça santificante.

Dessa reflexão, entende ele que Jesus tem duas naturezas e duas pessoas, e, portanto, Maria é a mãe do homem Jesus.

Tese Theotókos. Na proposição "ciriliana" não é possível separar as naturezas do Verbo de Deus encarnado em duas pessoas distintas. Para Cirilo de Alexandria, realiza-se em Jesus a união hipostática, significando a união substancial das duas naturezas em uma única pessoa. Depois de várias discussões verbais e epistolares, o Papa Celestino I convocou um Sínodo (Roma, agosto de 430), no qual Nestório foi condenado. O pedido de retratação de Nestório deveria ser entregue por Cirilo, que não o fez, mas convocou outro Sínodo (Egito, novembro de 430) e escreveu uma carta sinodal a Nestório com 12 anátemas. O primeiro deles representava seu pensamento: "Se alguém não confessar que o Emanuel é o verdadeiro Deus e que, portanto, a Santa Virgem é Mãe de Deus (*Theotókos*), porquanto deu à luz, segundo a carne, o Verbo de Deus encarnado, seja anátema". Todos os anátemas versavam sobre a unidade absoluta da pessoa de Jesus Cristo, incluindo as definições anteriores dos outros concílios.

Resposta conciliar de Éfeso. Diante da situação que se agravara, o Papa Celestino I convocou um Concílio, que se realizou em

Éfeso (431) e foi inaugurado por Cirilo, mesmo sem a presença do patriarca de Antioquia, dos delegados de Roma e de mais outros bispos. Cirilo apressou-se em defender sua doutrina e condenou as teses de Nestório. Porém, diante do descontentamento dos que chegaram dias depois, Cirilo foi excomungado e preso, mas três meses depois foi restabelecido e confirmaram a condenação a Nestório. Teodósio II, que anteriormente renegara o Concílio, o confirmou para compor com o papa, que o reconhece. Nestório é abandonado, destituído de seu patriarcado e suas obras são destruídas. Exilado em Petra e depois em Oásis (Egito), seguiu com suas pregações. Em 434, foi exilado para a Arábia e, finalmente, para uma prisão estatal em Panápolis. Nesse período escreveu o *Livro de Heráclides*, expondo sua autodefesa. Mesmo depois da união das Igrejas oriental e ocidental, que juntas anatematizaram Nestório, sua doutrina se expandiu na China, Pérsia, Mongólia, Índia e Turquia.

A partir de Éfeso, Maria é aclamada "Mãe de Deus", substituindo as divindades femininas da deusa-mãe Ártemis, aclamada como deusa pelos gregos, como testemunhamos nos Atos dos Apóstolos (At 19,24-35), e Ísis, deusa e mãe universal dos egípcios. Para os cristãos, "porque a união das duas naturezas se realizou e porque confessamos um só Cristo, um só Filho, um só Senhor, confessamos a Santa Virgem, Mãe de Deus, porque o 'Deus-Logos' se encarnou" (PG 77, 176-177).

BOGAZ, A. S.; COUTO, M. A.; HANSEN, J. H. *Patrística:* caminhos da tradição cristã. São Paulo: Paulus, 2014. p. 181-188; FRANGIOTTI, R. *História das heresias*. São Paulo: Paulus, 1995. p. 123-137; MONDONI, D. *O cristianismo na Antiguidade*. São Paulo: Loyola, 2014. p. 161-162; PADOVESE, L. *Introdução à teologia patrística*. São Paulo: Loyola, 1999. p. 112-113.

Nicolaísmo

É uma das heresias mais antigas do cristianismo, quando ainda não tínhamos estruturas eclesiásticas eficazes para designar os ortodoxos ou heréticos, mas que os apóstolos e seus seguidores rejeitaram em seus escritos. Alguns textos bíblicos, particularmente o Apocalipse, denunciam esses falsos pregadores com grande veemência. João é muito incisivo quando afirma: "Tens, porém, isto: que odeias as obras dos nicolaítas, as quais eu também odeio" (Ap 2,6), e em sua crítica àqueles que seguem as doutrinas de Balaão e de Jezabel: "Mas algumas poucas coisas tenho contra ti, porque tens lá os que seguem a doutrina de Balaão, o qual ensinava Balaque a lançar tropeços diante dos filhos de Israel, para que comessem dos sacrifícios da idolatria, e fornicassem" (Ap 2,14).

Essas doutrinas estiveram presentes desde o período bíblico e acredita-se que foram falsos apóstolos que envolveram os cristãos em movimentos doutrinais e éticos, com grande libertinagem. Estiveram presentes nas comunidades mesmo no século II, pois a presença desses grupos é denunciada na *Didaqué*: "Nem todo aquele que fala inspirado é profeta, a não ser que viva como o Senhor [...]. Todo profeta que ensina a verdade mas não a pratica é um falso profeta" (*Didaqué*, XII, 8, 9).

Identidade nicolaíta. Os integrantes dessa seita-heresia não tinham escrúpulos em participar dos banquetes sagrados dos pagãos (Ap 2,114-15), que, aliás, eram sempre envolvidos em práticas imorais. Balaão, conforme a tradição e a exegese do Antigo Testamento, aconselhou o rei Balac de Moab a oferecer aos israelitas mulheres moabitas para levá-los à idolatria (Nm 31,16). Jezabel se referiu à rainha fenícia que induziu o marido Acab aos cultos idolátricos (1Rs 16,31; 2Rs 9,22). Os dois títulos são referenciais para identificar os movimentos heréticos.

Na sua etimologia, *nico* quer dizer "conquistar" e *laíta*, "pessoas" ou "povo". Esse nome que congrega vários movimentos é empregado para designar os "nicolaítas" que seguem o herético Nicolau (*nikolaos*), cujo nome quer dizer "vitorioso sobre os leigos/povo". A indicação de Nicolau, diácono prosélito de Antioquia (At 65), não é consenso entre todos os escritores da Patrística. Há quem considere que o nome *nikólau* seja a tradução do hebraico para o grego de *Bala'am*, significando "vencedor e dominador do povo".

Confrontos eclesiásticos. A rejeição ao movimento é muito explícita nos textos do Apocalipse e seu desvio moral é denunciado pelo ministro da Igreja de Tiatira: "Reprovo-te, porque deixam em paz Jezabel, esta mulher que se afirma profetiza. Ela ensina e seduz meus servos a se prostituírem, comendo as carnes sacrificadas aos ídolos" (Ap 2,20) Os nicolaítas foram combatidos por vários Padres da Igreja, sobretudo os mais rigorosos no seguimento de Jesus Cristo, como Irineu de Lião, Epifânio de Salamis e Teodoreto. Mais ainda veemente são as críticas de Hipólito de Roma, Beda Venerável e Eusébio de Cesareia. Não são hereges doutrinais, mas desviam as práticas morais, admitindo a libertinagem, a idolatria e a complacência com os cultos pagãos.

FRANGIOTTI, R. *História das heresias*. São Paulo: Paulus, 1995. p. 12-14; PEDRO, A. *Dicionário de termos religiosos e afins*. Aparecida: Santuário, 1993. p. 212.214; PERETTO, E. Nicolaísmo. In: DPAC, p. 998-999; PETROSILLO, P. *O cristianismo de A a Z*. São Paulo: Paulus, 2012. p. 191; RAHNER, K.; VORGRIMLER, H. *Petit dictionnaire de théologie catholique*. Paris: Seuil, 1970. p. 186.

Ortodoxia

Este vocábulo tem algumas variações, conforme o seu emprego e seu contexto. Pode significar a verdadeira doutrina, aprovada pela Igreja, em contraposição às heresias, conforme foram decretadas pelos concílios, ou, com letra maiúscula, indica as duas famílias de Igrejas cristãs que não estão em comunhão com a Igreja Católica Apostólica Romana nem em comunhão entre si, a partir das separações que se efetivaram no Concílio de Calcedônia (451). Falamos ainda em Ortodoxas para uma quantidade de Igrejas orientais e algumas ocidentais que estão na origem dos primeiros patriarcados. Em termos profanos, ortodoxia é a conformidade dos grupos com os princípios de suas instituições sociais ou políticas. Podemos exemplificar com ortodoxia marxista, republicana e mesmo ortodoxia dentro de grupos específicos, veganos, vegetarianos, ecologistas etc. Em termos de cristianismo católico, a ortodoxia é a designação dos cristãos que estão em plena conformidade e fidelidade com seu credo e suas instituições.

Terminologia e semântica. A composição do termo vem do grego *orthós*, que significa "correto", e *dóxa*, que indica "opinião ou crença". Os termos são muito utilizados pelos gregos, especialmente Platão (*Filebo*, 11), mas sua importância maior se revela na Patrística grega; porém, não aparece na Sagrada Escritura, mas várias passagens indicam a ortodoxia como combate às heresias que surgem nas primeiras comunidades.

Os estudiosos das doutrinas cristãs definem "ortodoxia" como a doutrina correta e sem erros, e este conceito extrapola o campo teológico e indica as doutrinas aceitas em todos os campos de estudos. Para a ortodoxia cristã, a base fundamental é a Sagrada Escritura, pois os escritores das epístolas do Novo Testamento insistem que a transmissão da mensagem seja coerente com os ensinamentos das pregações de Jesus Cristo. Quando Paulo escreve aos Gálatas, afirma que prega a verdadeira fé, que ele antes combatia (Gl 1,23); e Judas também fala da fé que tem um conteúdo com identidade clara, capaz de excluir seus desvios. Ele está preocupado com as falsas doutrinas e os falsos pregadores: "Caríssimos, estando eu muito preocupado em vos escrever a respeito da nossa comum salvação, senti a necessidade de dirigir-vos esta carta para exortar-vos a pelejar pela fé, confiada de uma vez para sempre aos santos. Pois certos homens ímpios se introduziram furtivamente entre nós, os quais desde muito tempo estão destinados para este julgamento; eles transformam em dissolução a graça de nosso Deus e negam Jesus Cristo, nosso único Mestre e Senhor" (Jd 3-4).

Acenos bíblicos. Embora encontremos preocupação com a ortodoxia em várias passagens das cartas paulinas, nas cartas pastorais a ênfase é mais recorrente. Quando falam do verdadeiro ensinamento (*didaskalía*), estão preocupados com a doutrina verdadeira (1Tm 1,10; 2Tm 4,3; Tt 1,9; 2,1) e denunciam as proposições heréticas ou heterodoxas (1Tm 3; 6,3). Paulo acusa de falso os pregadores que anunciam "outro Jesus" (2Cor 11,4) ou outro Evangelho (Gl 1,6-9). A percepção das pregações que se desviam desde o tempo dos apóstolos está na base da definição de ortodoxia, que se torna um conceito usual entre os Santos Padres para distinguir a verdade das heresias. Em termos oficiais, o vocábulo é usado, sobretudo, a partir do século IV, considerando que os Concílios de Éfeso (431) e de Calcedônia (451) servem-se da definição de ortodoxia tanto para indicar a doutrina correta como igualmente para designar a doutrina universal da Igreja, que tem origem em Jesus Cristo e foi transmitida por seus apóstolos e garantida pela sucessão apostólica.

Ortodoxia e heresia. A heresia não aparece pronta nas discussões teológicas entre os mestres e pastores. A compreensão das verdades encontra-se em uma encruzilhada, com duas posturas contraditórias de um mesmo tema, que, para não haver dissonância na fé universal, exige ser discutido, refletido e resolvido, ainda que seja necessário convocar sínodos ou concílios. A definição encontrada legitimamente pelo Concílio torna-se a verdadeira ortodoxia e a posição divergente é tomada como heresia, e seus representantes são convocados a renunciá-la, sob pena de exclusão da comunidade. Nos primeiros concílios, os patriarcados principais, sobretudo a pentarquia, decidiam colegialmente os processos, definições e votações; porém, mais tarde a Igreja de Roma passou a ter preponderância nas decisões, com a possibilidade de ficar nas mãos do Pontífice Romano. A Igreja do Oriente emprega o termo para designar a verdadeira doutrina e também os patriarcados legítimos e históricos.

No Ocidente, a ortodoxia é considerada a doutrina aprovada pelos pastores, fundamentada nos textos bíblicos, compondo a tradição ao longo dos séculos. A fé cristã tem raízes na Palavra de Deus e na tradição, que são as práticas, ritos e ensinamentos orais que passaram de geração em geração, sempre com a aprovação eclesiástica, quer dizer, do magistério. Mesmo tendo em conta o aspecto fundamental entre fé e ortodoxia, consideramos essencial o aspecto subjetivo da fé (*fides qua*), mas também a verdade objetiva da revelação (*fides quae*). Apesar do seu aspecto subjetivo, é importante vincular a ortodoxia ao *sensus fidelium*, que não são sinônimos e, no entanto, não podem ser contraditórios. A ortodoxia incorpora a diversidade de expressões e percepções das verdades reveladas e tornadas doutrinas, desde que não contradigam elementos essenciais dos dogmas nem sejam contraditórias entre si, apenas diferentes em categorias e jamais na substância essencial das proclamações dogmáticas. Afinal, por se considerar verdadeira, a fé cristã sempre assegura a ortodoxia, a despeito de toda heterodoxia.

Rumos da ortodoxia na história. Acolhendo a definição de ortodoxia como aceitação e cumprimento pleno das decisões, preceitos e ideais dos dogmas ou doutrinas de uma instituição religiosa, os defensores da ortodoxia consideram que seus argumentos são fundamentados em princípios científicos e metafísicos evidentes. No entanto, o rigor pode ser diferenciado, como notamos entre as Igrejas Ortodoxas do Oriente e a Igreja Católica do Ocidente. Sem a clareza da ortodoxia, as comunidades religiosas se esfacelam e desorientam seus fiéis.

Considerando ortodoxia como substantivo próprio, temos duas famílias de Igrejas Ortodoxas. Quando o Concílio de Calcedônia professa "um só e mesmo Cristo, Senhor, Filho Único, que devemos reconhecer em duas naturezas", as Igrejas que acolhem a definição são denominadas calcedonianas ou católicas ortodoxas, e as que a rejeitam, "ortodoxas orientais".

As Igrejas Ortodoxas calcedonianas aceitam apenas os primeiros sete concílios ecumênicos, enquanto as demais aceitam mais concílios. Em geral, essas Igrejas estão em comunhão com a Igreja de Constantinopla e seguem o rito bizantino nas suas celebrações. Algumas Igrejas Ortodoxas orientais aceitam apenas os três primeiros concílios (Niceia, Constantinopla I e Éfeso) e professam a fé no Cristo como "única natureza do Verbo de Deus encarnado". São as Igrejas mais antigas e que não participaram dos concílios seguintes. Entre elas estão as Igrejas Copta, Síria, Armênia, Etíope, Eritreia e Indiana, e todas têm seus ritos próprios, seus grandes santos e suas festas antiquíssimas.

COMBY, J. *História da Igreja:* das origens ao século XV. São Paulo: Loyola, 2001. p. 89-104; GROSSI, V. Ortodoxia. In: DPAC, p. 1054; HAMMAN, A. G. *Para ler os Padres da Igreja.* São Paulo: Paulus, 1995. p. 25-37; LOPES, G. *Patrística pré-nicena.* São Paulo: Paulinas, 2014. p. 16-19.

Padres da Igreja

Mesmo que se use este termo para tantos mestres, místicos e doutores da Igreja de todos os tempos, o conceito designa os teólogos, pastores e místicos do cristianismo nos seus primeiros séculos. Entre eles nomeamos epíscopos, presbíteros, diáconos, religiosas, abadessas e muitos leigos. Consideramos também monges e mártires, que deixaram textos escritos próprios ou que tiveram suas pregações e ações registradas por escritores desconhecidos. A partir da experiência, das reflexões e dos ensinamentos registrados nas páginas neotestamentárias, esses mestres do cristianismo buscaram refletir e registrar as doutrinas, rituais e dogmas da Igreja, atualizando os princípios e os ensinamentos das comunidades cristãs e, inclusive, produzindo uma rede de comunicação entre os patriarcados, escolas de teologia e conhecimentos profanos. Preocupavam-se ainda com o testemunho cristão, o sentido da vida e da fé e a representação dos batizados diante das autoridades. Muitos desses textos foram elaborados no processo de discussão das doutrinas, de onde se definiram os dogmas e se inscreveram as heresias. São Jerônimo é o primeiro escritor a elencar os grandes Padres da Igreja e inclui todos os grandes "produtores de textos patrísticos", seja aqueles que se acomodaram na ortodoxia, seja aqueles que, após discussões e definições conciliares, foram declarados heréticos. Descreve-se aqui um processo histórico complexo e muito delicado, que os historiadores eclesiásticos, os teólogos e mesmo os pastores da Igreja tratam com parcimônia e delicadeza, para não confundir os escritos com a vida cristã dos escritores, uma vez que vários dos que professaram "elementos contra a doutrina cristã aprovada nos sínodos e concílios viveram profundamente a mística e as virtudes dos Evangelhos". Em um grande mutirão de estudos, discussões, criatividade e fidelidade, esses escritores compuseram textos que permanecem na história do cristianismo e na literatura universal como pérolas do pensamento humano. As obras, com testemunhos, reflexões, rituais e louvações, trazem grande variedade de temas, línguas e simbologia e são escritas de forma lógica e extensiva, sem contradições nas suas teses fundamentais e na sua essência doutrinal.

Características peculiares. Nem todos os escritores patrísticos são denominados "Padres da Igreja", embora muitos de seus textos importantes estejam incluídos nas coletâneas da doutrina cristã, como o DS. O cânon oficial dos Padres da Igreja tem como exigência algumas características necessárias:

1) *Ortodoxia:* todos os escritos dos "Padres da Igreja" não podem ter heresias ou desvios da doutrina aprovada pela Igreja, quer dizer, devem conter os verdadeiros ensinamentos da Igreja e, se houver erros, não podem contradizer o essencial dos dogmas. Esta apreciação não é retroativa, pois alguns padres trazem afirmações incorretas para séculos ou concílios posteriores, pois, quando de sua afirmação, ainda não tinham sido definidos;

2) *Santidade:* são considerados exemplos de vida e cristãos em busca de santidade. Não significa que sejam canonizados pela Igreja, mas que deram testemunho de uma

vida consagrada a Deus na comunidade, professando e vivendo Jesus Cristo. Muitos pertencem ao clero, outros à consagração religiosa, sobretudo monges e monjas, e tantos outros entre os leigos. Muitos viveram profunda conversão, outros se desviaram, mas todos buscaram a santidade na prática das virtudes cristãs, na fraternidade e na obediência à Igreja e a seus pastores;

3) *Membros da Igreja primitiva:* em todos os séculos surgiram na Igreja grandes nomes de teólogos, místicos e sábios, que muitos denominam "Padres da Igreja". Trata-se de licença poética, pois é na verdade uma designação imprópria. Em sentido estrito, "Padres da Igreja" é o título dado àqueles que integraram o período da antiguidade da Igreja. Desde o final da tradição cristã até Gregório Magno (604), ou Isidoro de Sevilha (636), no Ocidente, e João Damasceno (749), no Oriente, Padres e mães da Igreja escreveram doutrina, orações, hinos e ensinamentos que compõem a Patrística e tornaram-se paradigma para todos os tempos. É o grupo de escritores mais próximo da revelação cristã;

4) *Aprovação da Igreja:* podemos considerar este conceito como um título honorífico da Igreja. Da mesma forma que a Igreja instituiu o "cânon" dos santos, o "cânon" bíblico determinou uma lista canônica dos Padres da Igreja. Nem todos os fiéis de santidade estão na lista dos santos; nem todos os textos sagrados estão na lista dos livros canônicos. De modo similar, nem todos os grandes escritores da Patrística integram a lista dos Padres da Igreja antiga. De fato, considerando a vida santificada, a ortodoxia e a

proximidade das fontes bíblicas, a Igreja instituiu o "cânon" da Igreja patrística;

5) *Colegialidade:* nenhum escritor patrístico está inscrito como "Padre da Igreja" se não estiver em comunhão com toda a Igreja e não dedicar seus escritos à catequese e à evangelização. Alguns dos padres antigos tiveram maior influência em todos patriarcados, abrangendo a Igreja universal, enquanto outros estiveram presentes em Igrejas particulares, regiões metropolitanas ou mosteiros. De uma ou de outra extensão, todos escreveram e viveram em comunhão espiritual com a Igreja e com seus pastores. São Padres da Igreja ao darem sua contribuição para a formação da tradição cristã dos primeiros séculos.

Os padres e suas obras. Muitos padres se tornaram mais conhecidos por escritores tardios, sobretudo nas histórias eclesiásticas, particularmente de Tertuliano e Eusébio de Cesareia, mais ainda em citações de outros escritores patrísticos. O elenco de obras é imenso, mas algumas características definem seus escritos, compondo um conjunto harmônico de volumes:

1) Ainda que sejam textos para a Igreja cristã, são igualmente acolhidos como literatura greco-romana e integram a literatura universal, pois tratam de temas importantes da filosofia, da teologia, da antropologia e da cultura de tantos povos;

2) Os escritores e seus escritos pertencem ao primeiro período da Igreja e se dedicam a estender para as comunidades e os povos mais longínquos, de outras línguas e culturas, o querigma primordial da pregação cristã;

3) Aprofundando a fé dos seguidores do Nazareno, os padres antigos definem todos os pontos da doutrina e também dão respostas cristãs para as questões do ser humano, na sua existência terrena e na dimensão transcendental;

4) Com grande liberdade e abertura às discussões breves ou longas, atualizam e encarnam o mistério cristão, realizando a inculturação nas várias línguas, religiosidades e costumes dos povos convertidos;

5) Delinearam a identidade dos cristãos e as razões de sua existência em tempos de martírio, como também na era constantiniana, buscando formas de evangelizar e viver a coerência da conversão;

6) Entre as discussões filosóficas, teológicas e filológicas, com grande senso pragmático e comunitário elaboraram rituais litúrgicos e normas morais para os cristãos;

7) Com grande conhecimento dos textos bíblicos, dos quais elaboraram teologia e exegese, defenderam a unidade da Igreja, a uniformidade da eclesiologia e a unanimidade das doutrinas, sempre respeitando a pluralidade cultural dos povos e integrando a ortodoxia e sua ortopráxis. Dessa forma, a Patrística é referencial para todos os povos e todos os tempos, e nos processos de renovação da Igreja. A volta às fontes indica sempre uma referência ao período patrístico da Igreja, como paradigma do ideal de cristianismo.

DROBNER, H. R. *Manual de Patrologia*. Petrópolis: Vozes, 2003; HAMMAN, A. *Para ler os Padres da Igreja*. São Paulo: Paulus, 1997; KERKER, B.; STUIBER, A. *Patrologia*. São Paulo: Paulus, 2004; LOPES, G. *Patrística pré-nicena*. São Paulo:

Paulinas, 2014. p. 16-19; PADOVESE, L. *Introdução à teologia patrística*. São Paulo: Loyola, 1999; PAULY, W. *História da teologia cristã*. São Paulo: Loyola, 2013.

Padres apologistas

A partir de meados do século II, testemunhamos uma grande mudança na vida da Igreja, sobretudo pela conversão e aproximação de novos fiéis que integraram as fileiras cristãs, dentre eles importantes nomes da filosofia e das ciências linguísticas. O discurso querigmático assume dimensões mais acadêmicas e propicia obras de cunho mais científico e especulativo, respondendo a questões propostas pelos próprios seguidores do Nazareno, mas também pelos adversários dos cristãos.

No primeiro período pós-revelação bíblica, os escritores procuraram conservar e transmitir a mensagem evangélica, as instituições eclesiais e as exigências para a vida cristã coerente e fecunda; haverá, portanto, a preocupação de aprofundar e estabelecer as comunidades de forma perene, uma vez que a parusia do Senhor, esperada com ansiedade, passa a ser compreendida em um sentido simbólico e kairológico.

Mudança de contexto. Se nos escritos dos primórdios os autores estão voltados à organização da vida cotidiana dos fiéis, à missão dos ministros, ao enfrentamento das perseguições e até mesmo à superação dos conflitos internos, na segunda hora os Padres da Igreja se aproximam de todas as camadas da população e devem responder também aos desafios dos mais instruídos e acadêmicos. Desse modo, os cristãos oriundos das academias filosóficas e linguísticas se interessam em introduzir nas reflexões a erudição filosófica e retórica e, assim, explicam as doutrinas cristãs, com o intuito de fundamentar e defender a racionalidade dos argumentos e convencer os pagãos da veracidade dos dogmas.

No primeiro período o cristianismo passa despercebido, sendo encarado como mais um dos tantos grupos religiosos que pululavam nas camadas mais pobres dos povos conquistados pelos romanos, sem nenhuma ingerência na vida pública e até visto como um grupo-seita judaico. Na metade do século cresce o número de cristãos, o que preocupa os poderes civis e políticos, que promovem e divulgam ataques e calúnias aos cristãos, obrigando seus responsáveis a responder a esses ataques. Tal contexto promove a produção de obras literárias cristãs de caráter catequético, com dimensão apologética.

Identidade da apologia patrística. Compreende-se como "apologia cristã" o conjunto de escritos dos chamados "padres apologistas", com características próprias para defender a fé diante dos ataques dos adversários. Os escritores são cristãos com formação acadêmica, capazes de lidar com conceitos filosóficos e eficientes na arte de pregar e escrever. São "Padres da Igreja" com grande cultura, que se convertem ao cristianismo e estão impressionados pelo testemunho dos cristãos, os quais vivem em edificante fraternidade e sem medo de enfrentar o martírio. De fato, diante da cultura e da religião judaica, mas sobretudo diante das crenças politeístas pagãs e dos ataques do Império, os apologistas se apressam em fundamentar a fé cristã. Se nos tempos apostólicos a preocupação eclesial era mormente *ad intra* (interna), em direção *ad extra* (externa) esse grupo de padres fundamentam a fé, servindo-se dos mesmos instrumentos dos sistemas clássicos dos escritores pagãos. O conhecimento das ciências do ser humano, da literatura, da filosofia e da filologia dá-lhes capacidade para responder às indagações dos adversários da fé cristã. Como o Estado promove perseguições contra a comunidade e antes procuram difamar e justificar suas ações, os escritos apologistas servem para contrapor as calúnias sociais e as propagações contra o modo de viver dos cristãos. Com argumentos e provas palpáveis, mostram que não são impiedosos, apesar de não terem seus grandes templos, pois seus cultos se realizam de forma simples e comunitária nas próprias casas ou lugares improvisados. Acusam ainda os pagãos, que sustentam mitos como verdades e praticam ritos sem fundamentos, uma vez que acreditam na revelação universal e eficaz de Jesus Cristo, o Nazareno. Seus argumentos racionais e sistemáticos fundamentam sua doutrina, servindo-se de elementos culturais e intelectuais da filosofia grega, sobretudo o platonismo, e personalizam os símbolos e os ritos das religiões mistéricas com as revelações do próprio Cristo.

Crescimento das conversões. Como percebemos no contexto histórico e eclesial, passou a chamar a atenção da sociedade o alargamento da presença dos cristãos, em especial na Palestina e depois na Síria, Egito e partes da Ásia Menor, sobretudo a Anatólia; também a presença visível nas cidades da África do Norte. Narram os historiadores que existiam, no período, comunidades até mesmo próximas do mar Negro, devido à grande expansão dos fiéis, pelo seu ardor missionário. Por certo, despertou a atenção dos governantes, pois estes não tinham ascendência sobre os convertidos, os quais não cultuavam os deuses romanos e colocavam as regras do Evangelho sobre as leis do Estado. Além disso, entre os cristãos surgiam convertidos de nível social e cultural mais elevado, incluindo famílias abastadas e homens do exército, o que representava um perigo para o poder instituído. Essa realidade social e política provocou ataques efetivos pelas armas e pelas propagandas, fazendo com que os cristãos, para fundamentar seus ensinamentos éticos e doutrinais, buscassem no helenismo, que preponderava naquele período, argumentos para justificar a fé dos cristãos e a razão que os levava a mudar de vida e mesmo a suportar o martírio. Afinal, vários apologistas viveram o martírio, selando suas teses com a própria vida.

Razões da apologia cristã. Os estudiosos apontam algumas razões que justificam e legitimam o método apologético que perpassou os escritos cristãos na segunda metade do século II e princípio do século III. Mais que atacar os opositores, que raras vezes são nomeados nos escritos, esses autores justificam e fundamentam a fé dos seus fiéis. Não são temas unívocos que respondem a ataques particulares dos opositores, mas explanações abrangentes sobre todos os elementos constitutivos do cristianismo nascente. Suas motivações são elencadas de forma sistemática:

1) Uma vez que os cristãos são acusados de sectarismo e separatismo, mostram-se dedicados e obedientes aos seus governos terrenos;

2) Como eram acusados de canibalismo, por causa de seus cultos mistéricos e pela noção de "Eucaristia" (partilhar o corpo e o sangue do Senhor), testemunham que vivem na simplicidade e na austeridade;

3) Despreparados para responder aos ataques cotidianos dos opositores, preparam os fiéis para dialogar e se proteger das acusações em seus ambientes sociais e de trabalho;

4) Elevam a autoestima dos próprios cristãos, que, pelas acusações e propagandas, eram vistos como membros inferiores na ordem social;

5) Fortalecem a resistência pacífica diante da agressividade constante dos pagãos e dos poderes constituídos;

6) Diante das acusações de subversão, demonstram que os cristãos são cidadãos do Império, ainda que não cumpram normas antiéticas que contradizem sua profissão de fé;

7) Apresentam o conteúdo da fé para que os próprios cristãos tenham clareza das verdades que professam;

8) Insistem no testemunho e na coerência de suas vidas, em consonância com os valores do cristianismo, herdado dos apóstolos.

Os padres apologistas elaboram obras que, sem perder o sentido fundamental dos ensinamentos cristãos, abordam os temas a partir dos conceitos filosóficos e das normas da retórica clássica. Seus escritos destacam muitos temas importantes, tanto doutrinais quanto rituais e eclesiásticos, mas defendem fortemente quatro dogmas importantes: a ressurreição dos mortos e da carne, a humanidade e a divindade de Cristo, o monoteísmo e a triunicidade divina e os valores cristãos.

Principais apologistas. Os apologistas podem ser divididos em "menores" e "maiores", conforme a importância e a extensão de seus escritos. Entre os apologistas menores, temos *Carta a Diogneto*, Aristides de Atenas, Taciano, o Sírio, Atenágoras de Atenas, Teófilo de Antioquia e Hérmias, o Filósofo.

Carta a Diogneto: dedicada a um pagão, com 12 capítulos, esta carta apologética é da metade do século II e denuncia as práticas idolátricas e os ídolos dos pagãos. Além disso, condena o culto judaico, quer dizer, o formalismo e o rigorismo exterior. De sua parte, os cristãos professam a fé em Jesus Cristo, "que Deus fez descer do céu". Sobre a alma do mundo, escreve: "Assim como a alma está no corpo, assim os cristãos estão no mundo [...]. A alma invisível está contida em um corpo visível; os cristãos são vistos no mundo, mas sua religião é invisível" (*Carta a Diogneto*, 6).

Aristides de Atenas: escritor de grande convicção, escreve de forma rude e ingênua. Interessa-lhe fortalecer os cristãos durante uma perseguição romana na cidade. Fundamenta seus ensinamentos em Platão para explicar a ordem cósmica, em Aristóteles para explicar a origem divina da criação e no estoicismo para justificar a providência de Deus. Para ele, a revelação cristã é definitiva à salvação. Explica sobre a idolatria: "Enganam-se os que creem que o sol é Deus, pois vemos que ele se move por necessidade, muda, passa de signo em signo, pondo-se e levantando-se a fim de aquecer as plantas e as ervas, para uso dos homens [...]. Por isso, não é possível pensar que o sol seja Deus, e sim obra de Deus" (*Apologia segundo os fragmentos gregos*, 7).

Taciano, o Sírio: discípulo de Justino de Roma, rigorista, sua antropologia é muito pessimista, desprezando a matéria e os prazeres humanos. Seu conceito cristão de Deus, como Logos da criação, e a doutrina da ressurreição da carne são muito convincentes. Quando escreve sobre a geração do Verbo, ensina que: "Deus existia no princípio, mas nós recebemos da tradição que o Princípio é a potência do Verbo [...]. Por vontade de sua simplicidade sai o Verbo e o Verbo, que não cai no vazio, gera obra primogênita do Pai" (*Discurso contra os gregos*, 5).

Atenágoras de Atenas: possuidor de grande cultura filosófica e retórica, em uma petição rejeita o ateísmo e afirma que os cristãos professam a fé no Deus Uno e Trino. Ensina que o Filho de Deus é espírito, conjugado com o Logos, e o Espírito Santo vem de Deus. O ser humano busca a felicidade, que tem seu auge na ressurreição, sobre a qual escreve: "O homem, composto de alma e corpo, que recebe o julgamento de cada uma das obras por ele feitas [...] isso acontece depois da morte, uma vez que não existe mais o composto humano, pois a alma está separada do corpo e este disperso novamente naqueles elementos de que foi composto" (*Tratado sobre a ressurreição dos mortos*, 18).

Teófilo de Antioquia: de origem pagã, tem formação grega e, pela leitura dos profetas, acolhe o cristianismo. Entre outras obras, escreveu *A Autófilo*, para responder às acusações de um pagão e mostrar a superioridade da fé cristã. Quando escreve sobre a cosmologia, aponta o Cristo como mediador, explicando que, "tendo Deus o seu Verbo imanente em suas próprias entranhas, gerou-o com a sua própria sabedoria, emitindo-o antes de todas as coisas. Teve este Verbo como ministro da sua criação e por meio dele fez todas as coisas. Este se chama Princípio, pois é Príncipe do Senhor de todas as coisas por ele feitas" (*Primeiro livro a Autófilo*, 10).

Hérmias, o Filósofo: autor da *Sátira dos filósofos gregos*, quer demonstrar a nulidade da filosofia pagã, incapaz de ensinar sobre a essência de Deus, chegando a ridicularizar Platão e Aristóteles. Na sua obra sobre o escárnio aos filósofos do paganismo, com desdém afirma que "como os filósofos não foram capazes de encontrar de modo unânime a natureza da alma do homem, menos ainda iriam afirmar a verdade sobre os deuses ou o mundo. Isso é no mínimo um atrevimento, para não dizer uma idiotice" (*Escárnio dos filósofos pagãos*, 3).

Apologistas maiores. Os estudiosos não são unânimes ao elencar os apologistas maiores, pois não temos um período bem definido para suas obras. Concordam no fato de que são importantes na elaboração da doutrina cristã, diferentemente do judaísmo e do paganismo, com identidade própria. Os dois mais importantes no século II são Justino de Roma e Irineu de Lião.

Justino de Roma: de suas obras herdamos apenas o *Diálogo com Trifão*, em confronto com o judaísmo, e as *Apologias I e II*, em que ataca a filosofia e os mitos pagãos. As duas *Apologias* defendem, diante de Antonino Pio e o Senado romano, o valor do cristianismo e pedem proteção para os cristãos. Ele afirma que os cristãos são cidadãos fiéis ao Império, e não ateus. No *Diálogo com Trifão*, distingue o judaísmo do cristianismo. Escreve sobre o messianismo de Cristo, a doutrina do "Logos divino" e a encarnação de Cristo, pela teoria do *lógos spermatikós*. Sua formação no estoicismo, no pitagorismo, na escola peripatética e no platonismo foi essencial à elaboração de sua doutrina cristã e apologética. Mártir em Roma com mais seis companheiros, deixou seu testemunho nas *Atas do Martírio*.

Irineu de Lião e o gnosticismo: rejeita veementemente o gnosticismo e, por ter sistematizado a doutrina cristã, é considerado o primeiro teólogo. Suas obras são: *Contra as heresias* e *Demonstração da pregação apostólica*. Combate o *marcionismo* e o *montanismo*, doutrina de Montano, que pregava grande austeridade moral. Sua origem está em Esmirna, onde se converteu pelas pregações de Policarpo, mas transferiu-se para Lião, tornando-se bispo. Participou da discussão sobre a controvérsia pascal em Roma, junto ao Papa Vitor I. Combatia o dualismo gnóstico e ensinava que Jesus Cristo revelou a verdade aos apóstolos, e não aos gnósticos, que se consideram mais iluminados que os demais cristãos. Defendia a doutrina da restauração do ser humano por Jesus Cristo, que veio ao mundo para recapitular o universo. Sua antropologia defendia que o ser humano foi criado no seio da matéria, que não é má, e o corpo humano é pneumatizado. Segundo ele, *Imago Dei* (imagem de Deus) se refere à materialidade de nossa existência e *similitudo Dei* (à semelhança de Deus) à dimensão espiritual, que está em processo constante de evolução na direção da plenitude divina. Foi mártir sob Septímio Severo.

BOGAZ, A. S.; COUTO, M. A.; HANSEN, J. H. *Patrística: caminhos da tradição cristã*. São Paulo: Paulus, 2014. p. 74-90; DROBNER, H. R. *Manual de Patrologia*. Petrópolis: Vozes, 2003; EUSÉBIO DE CESAREIA. *História eclesiástica*. São Paulo: Novo Século, 1999. p. 126-134; HAMMAN, A. *Para ler os Padres da Igreja*. São Paulo: Paulus, 1997; KERKER, B.; STUIBER, A. *Patrologia*. São Paulo: Paulus, 2004; LOPES, G. *Patrística pré-nicena*. São Paulo: Paulinas, 2014. p. 110-140; MEUNIER, B. *O nascimento dos dogmas cristãos*. São Paulo: Loyola, 2005; MORESCHINI, C. *História da filosofia patrística*. São Paulo: Loyola, 2013.

Padres apostólicos

O título "padres apostólicos" é empregado para designar um grupo de padres antigos que deixaram seus escritos em sequência imediata aos textos canônicos bíblicos. De fato, esses autores foram pastores de patriarcados e conviveram com os apóstolos e suas comunidades. Jean-Baptiste Cotelier (1629-1286), um estudioso teólogo francês, compreendeu que essa denominação seria coerente para designar esses escritos pioneiros da Patrística. Ele enumerou apenas cinco nomes, quais sejam, Barnabé, apóstolo e companheiro de Paulo; Clemente, bispo de Roma e terceiro sucessor de Pedro; Hermas, discípulo de Paulo; Inácio de Antioquia, escritor de várias cartas, e Policarpo de Esmirna, que esteve próximo do apóstolo João. Mais tarde, Andrea Gallandi (1709-1780) acrescentou Pápias, bispo de Hierápolis, e um discurso apologético, denominado *Carta a Diogneto*. Descoberta em 1873, a *Didaqué*, ou *Instrução dos apóstolos aos cristãos*, foi incluída na lista dos padres apostólicos. São os primeiros escritores da Igreja primitiva, que deixaram um legado precioso da formação das comunidades primitivas, com suas catequeses, testemunhos e controvérsias. Oriundos de várias regiões do Oriente Médio, mostram os caminhos de sua expansão e a integração entre as várias comunidades. Por seus escritos, entendemos como foram edificadas as primeiras comunidades, como viviam e a fé que professavam, com simplicidade e grande zelo.

Características e contexto. Por serem muito próximos dos próprios apóstolos e terem sido escritos no contexto de graves martírios, esses textos têm força, segurança e pujança de verdadeiros evangelizadores. Por ser o eco vivo das pregações e dos testemunhos dos apóstolos, que foram quase todos martirizados, têm o teor da verdade e da inspiração dos chamados "discípulos da primeira hora".

Em todos esses escritos, sempre muito pessoais e dialogantes, descrevem experiências pessoais e das comunidades, anotando os sentimentos cristãos a partir dos ensinamentos do Mestre. Os escritos manifestam a fé consumada dos seguidores de Cristo, como experiência pessoal, sem discussões teóricas e especulações filosóficas, pois o fundamental é o querigma e seu seguimento. Muitas são as passagens que descrevem as virtudes dos fiéis, as doutrinas básicas do Credo Apostólico e as normas de comportamento de cada neófito ou batizado na comunidade. Os padres apostólicos navegam entre o detalhamento das verdades cristãs, as estruturas eclesiásticas simples e seus ministros e ministérios, a evolução de rituais em seus elementos iniciais e o comportamento ético-moral, que é fundamental para o testemunho entre todos e a conversão de novos membros do paganismo e do judaísmo.

Como reflexo das epístolas dos apóstolos e das pregações orais, ainda ecoantes entre os seguidores de Cristo, essas cartas são autênticos ensinamentos dirigidos às comunidades como novas formas de evangelização, homilias e textos sagrados poéticos, que as comunidades liam e intercambiavam entre elas, como tesouros preciosos. Percebe-se ainda e bem paulatinamente a evolução das comunidades e seu crescimento. São vários os temas abordados, mas o estilo das obras é muito coerente e complementar, respondendo às necessidades e às circunstâncias de cada grupo em suas próprias dinâmicas.

Os principais temas que podem ser nucleados abordam a doutrina sobre Cristo, as virtudes dos seguidores, a vida e a dinâmica das comunidades e os rituais com seus ministros e ministérios. O tema do martírio é muito sentido, sobretudo na obra de Policarpo e Inácio, pois estão vivendo os ardores da resistência diante das perseguições. Nesse caos político, trazendo angústia e morte, o tema do destino humano é muito frequente, com a promessa repetida da ressurreição dos mortos e do prêmio eterno aos que morrerem por causa da fé. Os escritos destacam a figura de Jesus Cristo como um evento recente e ainda recordado pelos mais anciãos, que o testemunham com emoção, pois são recordações muito vivas. Todos estão preocupados com os novos cristãos e com a perseverança dos que já se consagraram ao nome de Jesus Cristo.

Além disso, os autores mostram aos fiéis o sentido da salvação revelada nos Evangelhos e os fortalecem para ficar firmes na esperança da volta triunfal do Senhor. Ainda não estão preocupados com explicações filosóficas e teológicas da doutrina, mas simplesmente com as verdades fundamentais do carisma.

Ensinamentos principais. Os padres apostólicos apresentam espontaneamente temas importantes da vida dos cristãos. O *querigma* fundamental é o mistério pascal de Cristo, que viveu e morreu pela humanidade e nos convida a partilhar seu destino. São os artigos da fé que devem ser professados, vividos e propagados aos povos.

Acreditamos que esses autores sagrados da Patrística são importantes tanto pelos escritos como também, acima de tudo, porque viveram o cristianismo em sua essência e radicalidade. Seus escritos são testemunhais e narram fatos da própria história tornados ensinamentos e, no meio das narrativas, as verdades que creem e assumiram para si mesmos. A proximidade dos apóstolos de Jesus é importante, mas sobretudo devem ser considerados os seus temas, quer as doutrinas, ensinamentos morais, ministérios nas comunidades, rituais litúrgicos, quer problemas internos com seus encaminhamentos e defesa da fé, sobretudo diante dos algozes, dentre os judeus e principalmente os poderosos do Império.

Breve relato das obras.

Didaqué: este opúsculo é o documento mais antigo da nossa tradição, talvez contemporâneo a alguns textos bíblicos. É uma obra orientadora e instrucional, com elementos preciosos da vida da comunidade primitiva, provavelmente a Síria. Entre tantas hipóteses, acredita-se que foi escrita no final do primeiro século e transcreve ensinamentos dos livros bíblicos e trechos dos Evangelhos. Alguns capítulos são dedicados à moral (I-VI), outros à vida litúrgica, especialmente Batismo e Eucaristia (VII-X), depois às normas eclesiais e seus ministérios (XI-XV) e o último capítulo (XVI) apresenta doutrinas referentes aos últimos tempos. O metropolita Filóteo Bryennios encontrou em Nicomédia uma cópia dessa obra em grego do século XI, e há fragmentos dela em siríaco, copta, grego e latim.

Clemente Romano: terceiro sucessor da cátedra de Pedro, pois viveu em Roma. Foi consagrado pelo próprio apóstolo Pedro, mas renunciou ao pontificado em favor de Lino, sucessor de Pedro. Foi mártir na mesma cidade, no ano XII do reinado de Domiciano. Sua epístola escrita aos cristãos de Corinto exorta os fiéis a viverem em unidade, superando as divisões internas, pois a comunidade, antes tão exemplar, naquele momento causava escândalo aos pagãos. Também apoia e fundamenta a estrutura hierárquica que se origina e afirma a sucessão apostólica, bem como explica o significado da ressurreição por analogia, ensinando os cristãos que a vida é imortal, como ocorre com a fênix, na conhecida lenda árabe, onde depois da morte a ave volta das cinzas.

Inácio de Antioquia: segundo bispo desta cidade, foi martirizado no reinado de Trajano, juntamente com vários membros da comunidade. Escreveu sete cartas apostólicas com grandes testemunhos e ensinamentos, as quais, primorosas obras da Patrística, foram endereçadas às comunidades de Éfeso, Magnésia, Trália, Filadélfia, Esmirna e Filipos. Duas outras cartas foram escritas, uma para Policarpo, estimulando a viver a fé, e outra aos cristãos de Roma. Inácio ensina que Deus tem um plano de salvação para a humanidade e envia seu Filho ao mundo para resgatar seus filhos das mãos do mal; esse plano se iniciou com os profetas e patriarcas e foi levado à plenitude por Jesus Cristo. Tal missão é viabilizada pela encarnação de Jesus Cristo, que garante sua humanidade e sua divindade.

Policarpo de Esmirna: consagrado bispo pelo apóstolo João, conforme testemunha Tertuliano, bispo de Esmirna, na Ásia Menor, participou em Roma (155) da discussão e da unificação da celebração da Páscoa, que mais tarde foi definida para o primeiro domingo depois do primeiro plenilúnio de primavera. Traído por um escravo, foi martirizado na velhice (86 anos), enquanto seus fiéis clamavam: "Eis o doutor da Ásia, o pai dos cristãos" (*Mart.*, 12, 2). Na sua Carta aos Filipenses, ensina que para viver a fé é preciso acreditar na paixão de Jesus e em sua ressurreição gloriosa.

Hermas: Eusébio e Orígenes acreditam que seja este o neófito citado por Paulo na Carta aos Romanos (Rm 16,14). Provavelmente, Hermas escreveu a obra *O pastor* no período em que Pio, seu irmão, era bispo em Roma (141-155). Hermas foi um escravo que se tornou rico como comerciante em Roma. Um dia teve uma visão, na qual "uma mulher vinda do céu" o convida à conversão ao cristianismo. Sua obra tem estilo literário apocalíptico e um apelo à penitência para toda a Igreja.

Barnabé: Orígenes e Clemente de Alexandria atestam que ele foi um catequista em Alexandria. Sua epístola, escrita no princípio do século II, apresenta uma apologia contra os judeus e destaca os valores da vida e da missão da Igreja. Denota-se na sua obra certa rejeição ao Antigo Testamento. Fundamental para a tradição cristã é a doutrina dos "dois caminhos" e a cristologia, em que professa a identidade divina do Filho de Deus e, em consequência, sua obra de redenção da humanidade (*Carta*, 5, 15).

E, finalmente, *Pápias:* discípulo de João e companheiro de Policarpo de Esmirna, no testemunho de Irineu de Lião, sua identidade não é bem esclarecida e sua mensagem foi conservada, sobretudo, na tradição oral.

Os primeiros escritos patrísticos foram ganhando novas formas literárias com os escritos dos padres apostólicos. Estes estão unidos à tradição bíblica por serem sucessores dos discípulos e inaugurarem o período patrístico, estabelecendo seus alicerces mais originais. Esses teólogos, catequistas e bispos preocuparam-se com a organização de suas comunidades e com o conteúdo da evangelização, e, como padres apostólicos, elaboraram a fé cristã, resgatando o testemunho dos apóstolos de Jesus Cristo.

ANCILLI, E.; PONTIFÍCIO INSTITUTO DE ESPIRITUALIDADE TERESIANUM. *Dicionário de espiritualidade*. São Paulo: Paulinas/Loyola, 2012. v. 3, p. 1869-1870; BOGAZ, A. S.; COUTO, M. A.; HANSEN, J. H. *Patrística:* caminhos da tradição cristã. São Paulo: Paulus, 2014,65-72; FRANGIOTTI, R. *Padres apostólicos*. São Paulo: Paulus, 1997; LOPES, G. *Patrística pré-nicena*. São Paulo: Paulinas, 2014. p. 45-103; PADOVESE, L. *Introdução à teologia patrística*. São Paulo: Loyola, 1999. p. 95-98; PEDRO, A. *Dicionário de termos religiosos e afins*. Aparecida: Santuário, 1993; PETROSILLO, P. *O cristianismo de A a Z*. São Paulo: Paulus, 2012; RUIZ BUENO, D. *Padres apostólicos*. Madrid: BAC, 1985.

Patriarcado

Do grego *patrós* (pai), o patriarca é o chefe supremo de um patriarcado, que é um território eclesiástico. Normalmente, o título é atribuído aos bispos da Igreja Ortodoxa do Oriente e a alguns do Ocidente, como uma "patente eclesiástica", pensando na antiquíssima pentarquia, constituída primeiramente por Roma, Alexandria e Antioquia e depois por Jerusalém e Constantinopla. Embora a nomenclatura seja variável, conforme as concepções das Igrejas, as orientais consideram nove patriarcados, entre eles

Alexandria, Antioquia, Jerusalém, Constantinopla, Moscou, Sérvia, Romênia, Bulgária e Geórgia. No Ocidente, algumas dioceses mais importantes ou com tradição antiga são denominadas "patriarcados", como Lisboa e Veneza. Esses patriarcas têm brasão de armas, cruz arquiepiscopal e outros símbolos. Como direito perpétuo, são nomeados cardeais no consistório seguinte a sua investidura. No princípio, os patriarcados eram títulos dados às Igrejas que tiveram na sua pedra fundamental a presença de algum dos apóstolos, mas essa configuração tomou novas direções, por questões políticas e econômicas.

Dados históricos e contexto. Considerando que nos primeiros séculos a pentarquia era fundamental no governo da Igreja cristã, percebemos os movimentos que os patriarcados fizeram para responder aos desafios dos séculos. Ocorreram as controvérsias entre Roma e Constantinopla e as mudanças do patriarcado grego de Antioquia para Damasco (século XIII), onde estão outros patriarcados, como o sírio-católico, melquita e ainda outros.

Na origem, esse *pater familias* (pai de família) evolui para o "ato de governar" tanto na família civil como na ordem eclesiástica, basta lembrar a época bíblica patriarcal com Abrão, Isaac e Jacó, denominados "patriarcas do povo de Israel". Na Patrística, o termo tem conotação eclesiástica e indica bispos das principais Igrejas Ortodoxas, que reúnem metropolitas, arcebispos e bispos. São ainda chamados de católicos (*katholikós*), dada a universalidade de seu ministério e de seu poder diante das demais Igrejas.

No Oriente, os patriarcados mais antigos são de: *1. Constantinopla*, com liderança de toda a Igreja Ortodoxa; *2. Alexandria*, com ascendência na África, também líder da Igreja grega ortodoxa similar; *3. Antioquia*, líder também da Igreja grega e do Oriente

Médio; e *4. Jerusalém*, líder em Israel, Palestina, Jordânia e Arábia. Outros patriarcados denominados "jovens" são reconhecidos pelo patriarca ecumênico de Constantinopla, entre eles: Bulgária (927); Geórgia (1008); Sérvia (1375).

Os cinco patriarcados mais novos, criados depois da consolidação da pentarquia, em ordem cronológica de seu reconhecimento como patriarcados pelo patriarca ecumênico de Constantinopla, são: Bulgária (927), Geórgia (1008), Sérvia (1375), Moscou (1589), Romênia (1925). Ainda outros estão em processo de reconhecimento, mas exigem acolhida dos demais patriarcados. Excluídos da comunhão ortodoxa, temos outros patriarcados, como a Antiga Igreja Ortodoxa Russa, a Igreja Ortodoxa Ucraniana, a Igreja Autocéfala Ucraniana e outras. Elencamos ainda a Igreja Jacobita Siríaca Malancara da Índia e os patriarcados da Armênia, da Etiópia, da Eritreia, do Líbano e copta, com inúmeras divisões menores. Seguem ainda inúmeros patriarcados ocidentais, latinos, históricos e atuais e católico-orientais. As Igrejas orientais unidas a Roma precisam da aprovação do Pontífice Romano para confirmar seus patriarcas, enquanto algumas outras apenas solicitam ao papa a renovação da comunhão eclesiástica.

Evolução dos patriarcados orientais. Um decreto do Concílio Vaticano II (*Orientalium Ecclesiarum*) sobre as Igrejas orientais católicas renovou a importância da tradição patriarcal oriental. Antes de tudo manifesta sua reverência: "A Igreja Católica aprecia as instituições, os ritos litúrgicos, as tradições eclesiásticas e a disciplina cristã das Igrejas orientais" (OE, n. 1) e os define com poder e jurisdição: 'Os patriarcas com os seus sínodos constituem a instância suprema para todos os assuntos do patriarcado, não excluído o direito de constituir novas eparquias e de nomear bispos do seu rito dentro dos limites do território patriarcal'. De fato, eles têm jurisdição própria e devem ser respeitados como verdadeiros patriarcados: 'Desde antiquíssimos tempos vigora na Igreja a instituição do patriarcado, já reconhecida pelos primeiros concílios ecumênicos. Pelo nome de patriarca oriental entende-se o bispo que no próprio território ou rito tem a jurisdição sobre todos os bispos, não excetuados os metropolitas, sobre o clero e o povo, de acordo com a norma do direito e salvo o primado do Romano Pontífice" (OE, 7).

O Direito Canônico da Igreja Católica (1983) esclarece que o "o título de patriarca e de primaz, além da prerrogativa de honra, não implica, na Igreja Latina, nenhum poder de regime, a não ser que conste o contrário quanto a algumas coisas, por privilégio apostólico ou por costume aprovado" (CDC 438).

Finalmente, pode-se afirmar que o título de "patriarca" e os títulos dos cinco bispos da pentarquia, mais tarde, se tornam múltiplos no Oriente, com verdadeira jurisdição, conforme os ritos próprios. Do ponto de vista histórico, no Oriente, o único patriarcado é Roma, embora nos séculos outros prelados tenham recebido o título, que é honorífico e sem jurisdição. Se nas Igrejas primitivas, fundadas pelos apóstolos, o título de "patriarca" é dado aos seus bispos, no Ocidente, o título de "primaz" é dado ao ordinário da primeira Igreja instituída em cada nação.

BOGAZ, A. S.; THOMAZELLA, R. C. *Edificar a Igreja:* caminhos, protagonistas e a mística da Igreja na história. 1. ed. Campinas: Associação do Senhor Jesus, 2006. p. 22-23; COMBY, J. *História da Igreja:* das origens ao século XV. São Paulo: Loyola, 2001. p. 105-115; HAMMAN, A. G. *Para ler os Padres da Igreja*. São Paulo: Paulus, 1995. p. 94-96; LACOSTE, J.-Y. *Dicionário crítico de teologia*. São Paulo: Paulinas/Loyola, 2004. p. 218; PETROSILLO, P. *O cristianismo de A a Z*. São Paulo: Paulus, 2012. p. 1354-1355.

Patrística

Ainda que se use de forma indiscriminada, a distinção entre Patrística e Patrologia é bastante objetiva. De fato, enquanto Patrística se refere a um período da Igreja cristã, compreendendo sua história, contexto, formação das comunidades e patriarcas, elaboração doutrinal, textos doutrinais e litúrgicos e seus personagens, a Patrologia trata do estudo desses elementos essenciais dos primeiros séculos pós-revelação e de sua hermenêutica.

De fato, a Patrística compreende o conjunto dos escritos da era cristã, designada como "Igreja primitiva", em que se registram suas experiências, ensinamentos, rituais, normas éticas e morais e a vida eclesial, que são os pilares que se elevam na constituição eclesial dos seguidores de Jesus Cristo. O teólogo luterano alemão João Gerhard († 1637) cunhou o título "patrística" para distingui-lo dos escritos bíblicos e do período escolástico. Sua obra foi publicada em 1653, depois de sua morte, com o título *Patrologia sive de primitivae ecclesiae christianae doctorum vita ac lucubrationibus opusculum*, e tinha por objetivo justificar as ideias dos reformadores diante das críticas dos teólogos e do magistério católico. Os escritores desses textos são denominados "Padres da Igreja antiga", e a Patrística distingue outros setores da teologia, como bíblica, canônica, moral, pastoral e sistemática, ainda que a Patrística forneça a matéria-prima para todas essas áreas do conhecimento teológico cristão, além de sua mística e religiosidade peculiares. Considerando o período como "Patrística", a Patrologia estuda as origens, a evolução histórica, os protagonistas e o conteúdo teológico e místico dos primeiros séculos, os quais são paradigma para a Igreja ao longo dos séculos. Todas as renovações eclesiais nos séculos posteriores consideram a volta às fontes como uma busca desse período, tomado como modelo originário da Igreja, gerador da fidelidade ao cristianismo mais genuíno.

Identidade da Patrística. Enquanto a Patrística designa todos os acontecimentos e escritos, a Patrologia estuda esses fenômenos em sua complexidade. A primeira se refere ao objeto, a sua própria identidade, e a segunda se debruça no estudo literário, histórico e religioso desse mesmo objeto.

Patrística é um adjetivo que se vincula à teologia, como outros atributos da teologia em geral. Dessa forma que se tornou um modo de separar o período mais antigo, como uma peça bem delineada dos setores da Igreja, e assim distinguir os vários períodos, como a bíblica, a escolástica, a moderna ou contemporânea. Dentro do bojo da Patrística, encontramos estudos bíblicos, tratados temáticos da doutrina, como Cristologia, Trindade, Eclesiologia, entre tantos. Assim, a Patrística é o período no qual ocorrem esses fatores básicos da fé cristã, que estabeleceram as estruturas do cristianismo, como rituais litúrgicos, estruturas eclesiásticas, compêndios ético-morais e tratados doutrinais. Do ponto de vista histórico, a Patrística implica o período entre o final da revelação bíblica e os últimos Padres da Igreja (século VII no Ocidente, em especial Isidoro de Sevilha [† 636], e século VIII, no Oriente, em especial João Damasceno [† 749]).

Estilo da literatura. A Patrística compreende um período testemunhal da vida da Igreja e dá seus fundamentos, os quais não se referem apenas ao legado dos textos literários, mas também incluem as tradições rituais, as composições ministeriais, as organizações da instituição, os exemplos de vida das comunidades e seus protagonistas. Estamos diante de um universo revelador de uma Igreja que aos poucos se organiza como "esposa de Cristo", para espalhar sua mensagem entre as nações. São quase oito séculos de vida eclesial, com todos seus valores, que formam os pilares fundamentais do cristianismo, tendo como inspiração ou matéria-prima as revelações contidas nas páginas bíblicas, como referência primordial.

A experiência dos discípulos com o Mestre, nos anos da vida pública na Palestina, aproxima-se da realidade greco-romana, em que o processo de helenização é progressivo. Os primeiros Padres da Igreja procuram integrar o pensamento grego, seja o platonismo, seja o neoplatonismo, com os ensinamentos bíblicos, revelados na linguagem metafórica e contextual do pensamento semita. O grande elenco de teólogos, filósofos, filólogos, pastores e místicos, sempre no seio da comunidade, edificou a Igreja de Jesus Cristo, sempre a partir das experiências vividas com o povo.

Os principais temas do período patrístico são colocados para completar lacunas nas questões doutrinais, litúrgicas e morais, e muitos desses argumentos são aprofundados para superar e definir verdades doutrinais, diante das grandes dissensões ou heresias surgidas no confronto com o paganismo, com o judaísmo e com as filosofias mistéricas de outros povos. Assim, os temas principais foram sobre criação, revelação divina, origem e destino do ser humano, soteriologia, pessoas divinas, identidade da Igreja, sacramentos e sacramentais, caminho da santidade, graça e livre--arbítrio e outros tantos. Promulgou-se um universo doutrinal, eclesial e espiritual, que é a grande riqueza da fé cristã durante seus dois milênios.

Protagonistas da Patrística. Os Padres da Igreja, como expressão literária das comunidades, são responsáveis não só por delinear e confirmar a fé e a disciplina da Igreja cristã, diante das controvérsias, como também, sobretudo, por iluminar os caminhos dos seguidores de Cristo. Nesse itinerário, elucidam de forma progressiva, lógica e contínua os dogmas e todo o repertório institucional da tradição cristã, designada como "catolicismo fundamental". Por certo, a definição de termos foi fundamental para uma identidade objetiva e conceitual do Símbolo Apostólico, na busca de uma síntese unificada e sem contradições. Os conceitos do pensamento grego, sobretudo na área doutrinal, serviram de base para entender a identidade dos temas cristãos. Nesse caminho, dá-se também a passagem da metafísica própria da filosofia para a transcendência, referente à dimensão espiritual da religião, objeto mais específico da teologia. No entanto, importante frisar que a Patrística não se encerra na produção literária dos grandes escritores místicos e teólogos, pois seria grande reducionismo. Os pastores, místicos, leigos, constituindo comunidades e suas grandes experiências, compõem a grandeza desse precioso período da Igreja cristã, que se torna a base fundamental do seguimento de Jesus Cristo por todos os séculos.

BOGAZ, A. S.; COUTO, M. A.; HANSEN, J. H. *Patrística: caminhos da tradição cristã.* São Paulo: Paulus, 2014, p. 23-54; HAMMAN, A. Patrologia-Patrística. In: DPAC, p. 1103-1106; LOPES, G. *Patrística pré-nicena.* São Paulo: Paulinas, 2014. p. 23-32; PADOVESE, L. *Introdução à teologia patrística.* São Paulo: Loyola, 1999. p. 21-24; STUDER, B. Argumentação patrística. In: DPAC, p. 148-149.

Patrologia

A origem do termo é muito simples, pois é a junção dos termos *patrós*, reportando-se aos Padres da Igreja, e *lógos*, "estudo"; portanto, é o estudo dos Padres da Igreja. Refere-se aos estudos dos escritores do período da Patrística, que compreende os primeiros séculos da Igreja cristã, incluindo seus textos e testemunhos. O grande legado deixado pelos padres, em uma quantidade imensa de escritos, permite conhecer e entender a formação do patrimônio cristão, particularmente a doutrina, os rituais, as normas morais. Estuda, ainda, a organização da Igreja e suas estruturas, que se foram edificando aos poucos, chegando ao modelo de cristianismo que perpassa os séculos. A Patrologia trabalha em uma indagação histórica, bibliográfica e literária, tocando não apenas as obras dos autores cristãos como também o contexto, por meio de estudos históricos, as bases filosóficas e literárias que influenciaram a vida eclesial e propiciaram os escritos patrísticos.

A Patrologia estuda essa literatura cristã antiga, envolvendo-se nos seus aspectos estilísticos e filológicos, a vida e a obra dos escritos antigos. Pela Patrologia, podemos entender o caminho da formação do cristianismo, que está na base do catolicismo de nossos tempos. Essa área das Ciências da Religião parte da narrativa histórica dos acontecimentos objetivos e misteriosos do evento Jesus Cristo e aprofunda seu encaminhamento, por meio dos seus primeiros seguidores e de sua evolução em outros povos evangelizados. Toca, inclusive, questões existenciais mais profundas, como as relações entre Deus e o fiel, a convivência dos fiéis entre si, com as instituições e com o universo. A literatura cristã é de responsabilidade eclesiástica e, servindo-se das categorias da cultura e da cosmovisão greco-cristã, aproxima a mensagem dos

Evangelhos da espiritualidade humana, para entender o significado da existência humana. Todas as línguas, culturas e expressões religiosas processam a simbiose com os ensinamentos transmitidos pelos apóstolos. Os testemunhos dos primeiros cristãos e suas formas de viver e celebrar são objetos de compreensão dentro dessa disciplina da ciência religiosa. Na Patrologia se inicia a profissão de fé de seus protagonistas e o seu encontro com a filosofia, antropologia, linguística e as teorias humanistas de cada situação concreta, em que o cristianismo se encarnou. Estudam-se ainda as verdades da fé, em uma teologia sistemática, metodológica e racional dos ensinamentos da tradição. Essa é uma importante ciência para compreender como a revelação de Jesus Cristo se encontrou com os fiéis e a sociedade da época, dando-nos a conhecer os primórdios da vida cristã e sua iluminação para todos os tempos.

BOGAZ, A. S.; COUTO, M. A.; HANSEN, J. H. *Patrística: caminhos da tradição cristã*. São Paulo: Paulus, 2014. p. 23-54; HAMMAN, A. Patrologia-Patrística. In: DPAC, p. 1103-1106; LOPES, G. *Patrística pré-nicena*. São Paulo: Paulinas, 2014; PADOVESE, L. *Introdução à teologia patrística*. São Paulo: Loyola, 1999. p. 34-44; STUDER, B. Argumentação patrística. In: DPAC, p. 148-149.

Patrologia Grega

Podemos nos referir aos trabalhos de edição dos escritos dos Padres da Igreja que se encontram nas obras de J. P. Migne e ao Curso Completo de Patrologia (*Patrologiae Cursus Completus*), na sua Série Grega (*Series Graeca*). É uma referência às obras dos Padres da Igreja, na maioria cristãos, mas também de outras religiões, escritas em *koiné* ou no grego medieval. São 161 volumes e incluem obras tanto de autores orientais quanto de ocidentais, escritos antes que o latim predominasse na literatura dos escritos patrísticos. Entre esses estão particularmente os padres apostólicos, Padres apologistas e os padres da Capadócia.

Temas dos padres gregos. Os temas mais comuns são referentes aos mistérios da Trindade e da pessoa de Jesus Cristo, sobre os quais se debruçaram Atanásio de Alexandria († 373), com as obras *Oratio contra gentes*, *Oratio de Incarnatione Verbi*, *Orationes* e *Apologia contra os arianos*; Basílio de Cesareia († 379), que escreveu o *Tratado do Espírito Santo*, *Homilias sobre o Hexamerón*, *Contra Eunômio*; e ainda Gregório de Nazianzo († 390), Gregório de Nissa († 395), Cirilo de Alexandria († 444), João Damasceno († 749) e tantos outros. Todos se preocuparam em definir com maior precisão os conceitos gregos aplicados à compreensão dos dogmas, bem como os elementos da mística e dos valores cristãos.

Nomenclatura. Além da caracterização das obras como "Migne Grega" ou "Patrologia Grega", o conceito se refere aos padres que escreveram em grego, então definidos como "padres gregos". Nos dois primeiros séculos, em geral, e a partir do terceiro século, sobretudo no Oriente, os textos foram escritos em grego e em outras línguas específicas, que eram conhecidas em regiões e tribos cristianizadas, como coptas, armênios, siríacos e tantas outras. Os grandes padres gregos, mais conhecidos e popularizados nas comunidades primitivas, são Irineu de Lião, Clemente de Alexandria, Atanásio de Alexandria, João Crisóstomo, Cirilo de Alexandria. Além desses, destacaram-se os padres da região da Capadócia, que trataram de forma mística as questões doutrinais, especialmente Basílio de Cesareia, Gregório Nazianzo, Gregório de Nissa, Pedro de Sebaste, entre os principais.

COMBY, J. *História da Igreja:* das origens ao século XV. São Paulo: Loyola, 2001. p. 105-115; EICHER, P. *Dicionário de conceitos fundamentais de teologia.* São Paulo: Paulus, 1993. p. 644-648; HAMMAN, A. Patrologia-Patrística. In: DPAC, p. 1103-1106; LACOSTE, J.-Y. *Dicionário crítico de teologia.* São Paulo: Paulinas/Loyola, 2004. p. 1670; PADOVESE, L. *Introdução à teologia patrística.* São Paulo: Loyola, 1999. p. 21-24; RAHNER, K.; VORGRIMLER, H. *Petit dictionnaire de théologie catholique.* Paris: Seuil, 1970. p. 344; SAMANES, C. F.; TAMAYO-ACOSTA, J. J. *Dicionário de conceitos fundamentais do cristianismo.* São Paulo: Paulus, 1999. p. 575-584; STUDER, B. Argumentação patrística. In: DPAC, p. 148-149.

Patrologia Latina

É conhecida como Patrologia Latina a coletânea das impressionantes obras dos Padres da Igreja, que escreveram em latim. Trata-se de uma obra publicada por Jacques-Paul Migne, entre os anos 1844 e 1855, e os índices dessa extensa obra foram elaborados e publicados entre 1862 e 1865. Segundo estudiosos posteriores, essas reimpressões contêm limites quanto aos padrões atuais para estudos acadêmicos, mas são bastante utilizadas, pois muitas obras impressas não têm outras edições posteriores. Essa obra, juntamente com a Patrologia Grega, compõe a *Patrologiae Cursus Completus*. São obras patrísticas e medievais com traduções em latim. A Patrologia Latina é composta de obras de um período de um milênio, desde Tertuliano (Cartago, 115-220), autor do primeiro texto, até os escritos do Papa Inocêncio III (1161-1216). Os estudiosos dividem a obra em duas partes: a primeira inclui obras de Tertuliano (volume I) até Gregório de Tours (volume 73), publicadas entre 1844 e 1849; e a segunda parte inclui obras do Papa Gregório I (volume 73) até as de Inocêncio III (volume 217), de 1849 até 1855. Semelhantemente ao ocorrido com as obras da Patrologia Grega, o material de impressão foi destruído em um incêndio em 1868. Com a restauração da gráfica Garnier, puderam ser publicadas novas edições, a partir de 1880. Não são fiéis às obras originais, pois contêm imprecisões quanto aos textos e não há a qualidade e os arranjos originais.

Padres latinos. São muitíssimos os padres latinos, mas podemos destacar alguns mais conhecidos e que deixaram obras mais importantes para a formação do pensamento cristão. Entre eles citamos: Tertuliano e Cipriano de Cartago († 258), o qual escreveu *De Unitate Ecclesia, De Lapsis* e várias epístolas; Ambrósio de Milão († 397), que escreveu *De Officis Ministrorum, De Mysteriis, De Poenitencia*; e ainda Jerônimo (Eusebius Sophronius Hieronymus, † 420), que realizou um precioso trabalho de tradução da Bíblia denominada "Vulgata"; na verdade, é a versão latina da Bíblia usada extensivamente até nossos dias. Um dos mais importantes padres latinos é Agostinho de Hipona († 430), que escreveu *Confissões, Retractations, De Trinitate, De Civitate Dei* e tantas outras. Podemos ainda ilustrar os padres gregos citando Leão Magno († 461), autor de *Tomo ad Flavianum*, que serviu como base e foi assumido no Concílio de Calcedônia (451). Ele deixou para a Igreja um legado de muitos sermões.

Herança latina. As grandes discussões criativas da formulação do pensamento cristão ocorreram nesse período patrístico, sendo que no período posterior todo esse patrimônio foi conservado e sistematizado. Por certo, essa conservação é bastante fiel e ordena os temas dentro dos tratados, os quais servem para estudos, aprofundamentos e catequese dos cristãos. A Igreja se envolve com o mundo político e os seus líderes se tornam parte da organização social dos povos evangelizados. A continuidade dessa tradição tem alguns pontos específicos, conforme pode ser definida nos séculos medievais, entre eles:

1) A vida monástica conserva e aprofunda a literatura antiga e os textos dos padres latinos;
2) Os estudos foram elaborados e sistematizados a partir da metodologia aristotélica, que possibilitou a formatação das obras, especificando seus temas e conteúdos;
3) As obras foram dissecadas e detalhadas para servir de estudo das tradições cristãs latina e grega, como planos de estudos, fundamentais para a elaboração do patrimônio cristão à posteridade;
4) Destacam-se, em especial, os mosteiros, que concentraram incontáveis obras, sobretudo nas áreas da moral e dos textos litúrgicos.

Sistematização das obras. Os estudos dos padres latinos foram encaminhados por vários autores, como Boécio († 524), com as obras *Opuscula Sacra*, sobre a metafísica do ser e o conceito de pessoa, e *De Consolatione Philosophiae*, que traz uma meditação sobre a teodiceia. Ele também foi tradutor das obras de Aristóteles e organizou o esquema de estudos escolares, conhecido como *trivium e quadrivium*. Importante é a obra de Gregório Magno († 604), que tematiza a exegese alegórica e relativiza a experiência pessoal da alma, nas obras *Regula Pastoralis, Diálogos, Moralia in Iob* e *Homilias*. Cassiodoro († 583) realiza cópias de manuscritos, entre os quais *Institutiones Divinarum et Saecularium Literarum*, que é um manual de cultura de artes liberais, e *História Tripartita*. Considerado o último dos padres patrísticos latinos, Isidoro de Sevilha († 636), denominado o "primeiro pedagogo da Idade Média", escreveu *Etymologiae* (20 livros), *Libri Tres Sententiarum, Liber de Haeresibus, Contra Iudeos, Liber de Variis Quaestionibus*. Contamos ainda, entre outras, com as obras de Beda, o Venerável († 735), e Alcuíno de York († 804).

COMBY, J. *História da Igreja:* das origens ao século XV. São Paulo: Loyola, 2001. p. 105-115; EICHER, P. *Dicionário de conceitos fundamentais de teologia*. São Paulo: Paulus, 1993. p. 644-648; HAMMAN, A. Patrologia-Patrística. In: DPAC, p. 1103-1106; LACOSTE, J.-Y. *Dicionário crítico de teologia*. São Paulo: Paulinas/Loyola, 2004. p. 1670; PADOVESE, L. *Introdução à teologia patrística*. São Paulo: Loyola, 1999. p. 21-24; RAHNER, K.; VORGRIMLER, H. *Petit dictionnaire de théologie catholique*. Paris: Seuil, 1970. p. 344; SAMANES, C. F.; TAMAYO-ACOSTA, J. J. *Dicionário de conceitos fundamentais do cristianismo*. São Paulo: Paulus, 1999. p. 575-584; STUDER, B. Argumentação patrística. In: DPAC, p. 148-149.

Pax Christiana

A *Pax Christiana* refere-se à proposta dos primeiros cristãos, perseguidos pelos poderosos do Império Romano, para se contraporem à *Pax Romana*, que é a conquista da paz pelo poder militar, pela guerra e pela destruição dos inimigos. Roma, o grande Império, se originou como uma minúscula cidade-estado. Na segunda guerra púnica, quando havia grandes desigualdades, com tensões frequentes entre os grupos sociais, ocorreu a "revolução romana". O imperador Tibério Graco propôs uma reforma agrária, na qual nenhuma propriedade poderia superar 640 acres. Todo o excedente seria distribuído aos pobres pelo poder estatal.

Tibério foi assassinado, sua reforma fracassou, mas despertou os poderes contra os populares. Nesse contexto histórico, aparecem os grandes imperadores, que promovem grandes campanhas de expansão territorial, submetendo povos e territórios. Surge a era dos imperadores.

Imperadores e a Pax Romana. A era de Augusto é a mais séria e poderosa do Império Romano, segundo os historiadores. Ele institui a *Pax Romana*, que garantiu um período de paz e prosperidade com dois séculos de duração. Esse período se estende desde a ascensão de Augusto (primeiro imperador romano de 27 a 14 a.C.) até a morte de Aurélio (161 a 180 d.C.). Nesse período se unifica o Império e se garante a paz, mesmo que muitas vezes com espada e guerras. Segue-se a esse período a entrada do cristianismo no contexto social e político do Império, que aos poucos foi prosperando e se organizando.

Augusto imperador se considera o "salvador do mundo e primeiro entre iguais" (*salvator mundi et princeps*). Este título é empregado pelos seguidores do Nazareno, aclamado por seus fiéis como "salvador do mundo e príncipe da paz" (Jo 4,42). Jesus Cristo é uma proposta de paz universal, sem dominações ou nacionalismos. Ao mesmo tempo que no Império pululam guerras, sobretudo guerras internas e tentativas de novas conquistas, os evangelizadores apresentam a "era da *Pax Christiana*". Este conceito é usado para contrapor-se ao projeto imperial da *Pax Romana*, que era um projeto bélico para garantir o privilégio e o poder, dominando e derrotando os inimigos do Império. Os cristãos insistiam, pelo martírio e pela vida simples, na substituição da paz fruto das guerras pela paz que se constrói pela liberdade e pelo respeito. Desse modo, os cristãos suportaram a fúria dos poderes imperiais e substituíram a espada pela cruz. Foi assim que a evangelização chegou aos povos do Império, mais pelo caminho do sangue dos mártires e pela vida fraterna que pelas pregações teológicas. A fé da espada dos romanos foi substituída pela fé da cruz e tornou-se um modelo de vida e de expansão da mensagem pacífica de Jesus Cristo.

BOGAZ, A. S.; COUTO, M. A.; HANSEN, J. H. *Patrística: caminhos da tradição cristã.* São Paulo: Paulus, 2014. p. 91-102; BORRIELLO, L.; CARUANA, E; DEL GENIO, M. R.; SUFFI, N. *Dicionário de mística.* São Paulo: Loyola/Paulus, 2003; COMBY, J. *História da Igreja:* das origens ao século XV. São Paulo: Loyola, 2001. p. 41-49; EUSÉBIO DE CESAREIA. *História eclesiástica.* São Paulo: Novo Século, 1999. p. 319-345; SAMANES, C. F.; TAMAYO-ACOSTA, J. J. *Dicionário de conceitos fundamentais do cristianismo.* São Paulo: Paulus, 1999. p. 575-584.

Pelagianismo

Conceito teológico declarado herético por negar o "pecado original", defendido pela doutrina cristã, especialmente por Agostinho de Hipona. Pelágio, seu defensor, negava ainda a corrupção da natureza humana e a necessidade da graça divina para a salvação. Se todo ser humano é capaz da própria salvação, não é necessária a graça divina. Estamos diante da natureza e da extensão da corrupção da natureza humana, entendida como "pecado original".

Doutrina pelagiana. Nascido na Grã-Bretanha (354 – † 437), Pelágio é descrito por Jerônimo como monge de inteligência vivaz, consagrado à vida austera no caminho da perfeição evangélica. Em Roma, como monge (384-410), fica escandalizado com o nível moral dos cristãos e, nesse período, difunde suas ideias afirmando que a natureza humana é capaz por si mesma de praticar as virtudes. Escreve o *Tratado sobre a natureza na Sicília* no seu exílio, juntamente com Celestino, seu discípulo, exílio esse causado pela invasão dos bárbaros. Por sua antropologia otimista, criticada por seus opositores como "vaidade pelagiana", Pelágio considera que a queda de Adão não corrompeu senão a sua própria alma e que o pecado não é transmissível. Como consequência, o ser humano é dotado de liberdade e pode evitar o pecado e praticar as virtudes.

Na sua concepção antropológica, o ser humano tem que se esforçar para viver os costumes austeros e praticar a virtude pelo caminho da ascese, e, por possuir o livre-arbítrio como um dom especial e gratuito de Deus, pode escolher entre o bem e o mal. Cristo dá a graça aos cristãos para que escolham o bom caminho, e a graça divina é a força interior para a opção de cada pessoa, uma vez que a opção e a prática do bem são sustentadas pela graça de Deus que habita em nós. As ideias de Pelágio foram retomadas por seus discípulos Celestino e Juliano de Eclano, dispondo-se contra a corrupção da natureza humana, o Batismo de crianças e a liberdade autossuficiente do gênero humano.

Percurso histórico. Mais tarde na África (411) e em Jerusalém, conquistou a simpatia do patriarca João. Suas ideias foram criticadas e seus opositores, reunidos no Concílio de Cartago e depois em Diáspole (415), condenaram sua doutrina. Tal decisão é confirmada pelo Papa Inocêncio I (417). Em sua autodefesa, Pelágio escreve o *Libellus fidei* ao Papa Zózimo, que acolhe suas doutrinas. No ano seguinte, com a influência de Agostinho, o Sínodo Africano de Cartago (418) decide nova condenação, e então o Papa Zózimo retira seu apoio a Pelágio e Celestino e, na Carta Circular *Tractaria*, condena suas teorias. Pelágio, então, se apresenta em um Sínodo em Jerusalém, onde é condenado e expulso da cidade, partindo para Antioquia e depois para Alexandria.

A resposta sinodal. Agostinho apresenta a doutrina sobre o pecado e a graça, bem como sobre o livre-arbítrio. Acredita que "tudo no ser humano é graça de Deus". Determina ainda a liberdade e a responsabilidade do ser humano, sendo fecundadas pela ação divina no espírito humano. Defende algumas teses fundamentais, que estão no alicerce da antropologia cristã:

1) Nenhuma pessoa, sem a misericórdia divina, tem esperança;
2) A vontade humana, para cumprir a justiça, conta com a justiça divina;
3) O desejo de fazer o bem e renunciar ao mal é incutido na vontade humana por Deus;
4) Toda criatura que pertence à estirpe humana recebe a herança de seus antepassados;
5) A liberdade humana consiste na capacidade de não pecar, pois o pecado é escravidão e não liberdade;
6) O livre-arbítrio é o dom de praticar o bem com o auxílio divino e vem da consciência pura, graça de Deus.

Defendendo a graça divina e a liberdade humana, segundo Agostinho, Deus age em nossa fragilidade e nos presenteia com a redenção. Não são nossos méritos, mas nossa opção livre e sua misericórdia.

BOGAZ, A. S.; COUTO, M. A.; HANSEN, J. H. *Patrística:* caminhos da tradição cristã. São Paulo: Paulus, 2014. p. 167-172; DROBNER, H. R. *Manual de Patrologia.* Petrópolis: Vozes, 2003. p. 412-416; FRANGIOTTI, R. *História das heresias.* São Paulo: Paulus, 1995. p. 113-121.

Pentarquia primitiva

O cristianismo primitivo se organizou em patriarcados ou dioceses, organizando eixos que conduziam o destino social, político e doutrinal de todas as comunidades. Muitos são os centros de teologia e de governo eclesiástico, mas alguns deles foram marcantes, constituindo a pentarquia primitiva, que teve significativa importância na Patrística:

1) *Igreja de Jerusalém:* é considerada parte da pentarquia e denominada "patriarcado-mãe", com sua origem principalmente no apóstolo Tiago;

2) *Igreja de Antioquia:* teve grande importância pela grandeza de seus representantes, sobretudo na área de teologia, e grande desenvolvimento das comunidades. Seu apóstolo pioneiro é Simão Pedro;

3) *Igreja de Alexandria:* fundamental na formação do pensamento cristão, seu poder é muito grande, pois a Igreja da África teve grande desenvolvimento e força nas discussões teológicas. Segundo a tradição, foi iniciada pelo evangelista Marcos;

4) *Igreja de Roma:* iniciada pelos apóstolos Pedro e Paulo, que foram também martirizados na capital do Império; foi sempre o centro do governo da Igreja cristã;

5) *Igreja de Constantinopla:* denominada patriarcado no Concílio de Constantinopla (381), torna-se uma sede importante da Igreja, pois era a capital do Império Romano do Ocidente. Teve importantes nomes na organização doutrinal cristã.

Elementos históricos. Fundamental na história do cristianismo primitivo, a pentarquia (governo de cinco patriarcados) é o sistema eclesiástico que comanda os rumos e as grandes decisões da Igreja no período patrístico. São cinco regiões importantes, quais sejam, Jerusalém, Antioquia, Alexandria, Roma e Constantinopla. Essa ordem de governo tem valor jurídico na ordem canônica e na ordem civil, sobretudo na era constantiniana. A organização do "governo de cinco" foi definida por Justiniano, imperador que governou o Império cristão do Oriente (527-565), e oficializada pelo Concílio de Trulo ou Concílio Quinissexto (692). Essa organização, no entanto, é menos acolhida no Ocidente, onde a compreensão do poder eclesiástico é monárquica, pois considera o poder petrino dado por Cristo ao apóstolo Pedro, que viveu seus últimos anos e foi martirizado em Roma. A fundamentação bíblica da monarquia romana recorda que o mandato veio diretamente de Jesus Cristo. A passagem que comprova isso vem depois de Pedro afirmar que Jesus Cristo é o Filho de Deus: "Pois também eu te digo que tu és Pedro, e sobre esta pedra edificarei a minha Igreja, e as portas do inferno não prevalecerão contra ela. E eu te darei as chaves do Reino dos céus; e tudo o que ligares na terra será ligado nos céus, e tudo o que desligares na terra será desligado nos céus" (Mt 16,18-19). De qualquer forma, o termo é acolhido na Igreja ocidental como o governo primitivo de cinco chefes dos patriarcados, que fizeram uma aliança para o governo da Igreja, respeitando a primazia de Roma.

Patriarca e patriarcado. Patriarcado é originalmente um título de grande importância para a organização eclesiástica e garantia de grande prestígio e poder nas decisões importantes da Igreja. Mesmo que o título fosse oficializado a partir da era constantiniana, bispos das Igrejas mais antigas gozavam dos direitos que foram definidos como poderes patriarcais. Muitos estudiosos justificam que o título de patriarcado é dado às Igrejas fundadas pelos apóstolos e assim todas elas procuram comprovar historicamente a presença de pelo menos um dos apóstolos em suas sedes, ainda que em muito curto período. O título é usado pela primeira vez em uma carta que Teodósio II (401 – † 450) escreveu ao Papa Leão I (pontificado de 440-461). O uso do título é variável, uma vez que no Ocidente, do século V até o VI, todos os bispos mais notáveis eram assim nominados. Por sua vez, o imperador Justiniano (imperador romano de 527 a 565) designa com este título apenas os bispos da pentarquia e nos séculos posteriores é empregado como título das grandes sedes episcopais, sobretudo no Oriente, mas também algumas no Ocidente.

Poderes patriarcais. No Concílio de Niceia (325), ficou estabelecido que nas províncias de cunho político e civil os bispos deveriam ser chefiados por um bispo metropolita, automaticamente o bispo da capital da Província. Esse Concílio confirmou o poder jurídico de Alexandria, Roma e Antioquia sobre suas regiões geográficas e reconheceu a honra primordial da Igreja de Jerusalém.

Durante o período do martírio, o bispo de Roma, como patriarca com primazia, interveio para resolver questões nas Igrejas, no Oriente e no Ocidente. Esse poder romano se fortaleceu e se consolidou paulatinamente a partir da destruição de Jerusalém pelos romanos. Para confirmar a primazia da Igreja de Roma, os historiadores recordam que o Papa Clemente I escreveu a Carta aos Coríntios, para sanar uma contenda interna da comunidade. Também Inácio de Antioquia aponta a Igreja de Roma, que exerce a autoridade com a "presidência do amor" sobre todas as Igrejas, destacando a sua pureza de fé. Ainda revela esse poder do patriarcado de Roma e a ameaça de excomunhão, por parte do Papa Vítor I (189-199), os bispos orientais que continuassem celebrando a Páscoa no primeiro plenilúnio de primavera (14º de Nissan) e não no domingo seguinte.

Na pentarquia, o destaque importante é Alexandria, no Egito, pois o patriarca dessa sede tem poder sobre as demais Igrejas africanas e outras sedes metropolitanas que foram criadas. Antioquia, outro patriarcado da Pentarquia, tem seus indícios no final do século II, quando intervém nas Igrejas regionais e nomeia bispos das suas sedes. Antioquia tem em seu histórico a convocação de concílios, para os quais convida bispos da Síria, Palestina e províncias da Ásia Menor, os quais formam os "episcopados do Oriente" com jurisdição e privilégios próprios. Pode-se acreditar que esses patriarcados legitimem seu *status* em função da fundação por parte do apóstolo Pedro. Por sua vez, o patriarcado de Jerusalém é citado nos documentos de Niceia como lugar privilegiado por ter sido o lugar da paixão, morte e ressurreição de Cristo. Como vimos, a decisão justifica o poder desse patriarcado, pelo "reconhecimento dos direitos honorários da sé de Jerusalém" (Niceia, decisão 7), embora dependa canonicamente da sede de Cesareia.

Dinâmica dos patriarcados. Anos depois do Édito de Milão, no ano de 330, a capital do Império Romano foi transferida para Constantinopla e no Concílio de Constantinopla (381) decretou-se que: "O bispo de Constantinopla, no entanto, deve ter a prerrogativa de honra, após o bispo de Roma, porque Constantinopla é a nova Roma", ainda que não tenha jurisdição sobre as demais dioceses regionais. Nesse mesmo Concílio, definiu-se a jurisdição de Antioquia com poder sobre as províncias orientais do Império Romano. Com a pretensão inicial de ser um

"Concílio regional", os bispos ocidentais e o bispo de Roma não participaram dele. Alexandria, portanto, não acolhe essa decisão e cria-se um longo conflito entre estas duas sedes patriarcais. O poder de Jerusalém foi estendido às três províncias da Palestina no Concílio de Éfeso (431), e Calcedônia aceita o Concílio de Constantinopla, servindo-se deste para complementar o Credo Niceno; promulga-se, então, o Credo Niceno-constantinopolitano. Ainda em Éfeso (c. 28), reconhece-se a jurisdição do bispo de Constantinopla às Igrejas do Ponto, da Ásia Menor e da Trácia. Ainda nesse Concílio, Roma recebe os privilégios de honra e soberania, considerando sua tradição e suas origens. Constantinopla, por sua origem tardia, não é aceita como patriarcado, até que o imperador Justiniano (527-565) determina o título de "patriarca" somente para designar os bispos de Roma, Constantinopla, Alexandria, Antioquia e Jerusalém. Na renovação do Império, o direito romano, no *Corpus Juris Civilis*, definiu o poder e as funções desses patriarcados, para sempre conhecido como "patriarcados primitivos".

Patriarcados e primazia romana. Uma vez que a pentarquia foi dogmatizada por Justiniano II (692), alguns bispos e chefes civis orientais defenderam que a primazia de Roma deveria ser transferida para Constantinopla, mas nunca houve consenso e aceitação dessa decisão. Para formar a primazia, o decreto do Concílio de Trullo escreve que: "Renovando os atos dos 150 padres reunidos na cidade imperial protegida por Deus, e dos 630 que se reuniram na Calcedônia, nós decretamos que a Sé de Constantinopla deve ter privilégios iguais à Sé da antiga Roma, e serão altamente considerados em assuntos eclesiásticos como o é, e deve ser a segunda após ela. Depois de Constantinopla será classificada a Sé de Alexandria, em seguida a de Antioquia e depois a Sé de Jerusalém". A Igreja do Ocidente não aceitou esse Concílio e o Papa Sérgio (687-701) não aprovou seus cânones. Teodoro I, no ano de 642, refere-se ao bispo de Roma como "patriarca do Ocidente" para aproximar e unificar as Igrejas do Oriente e do Ocidente, sem determinar sua jurisdição. De fato, a noção de patriarcado é problemática, pois os patriarcas do Oriente não admitem que os ensinamentos do papa, patriarca de Roma, exerça poder sobre suas Igrejas. No século V, o Papa Leão I (446) impõe a autoridade de Roma sobre todas as Igrejas cristãs, afirmando que "o cuidado da Igreja universal deve convergir para a cadeira de Pedro, e nada deve ser separado de sua cabeça". Mais tarde, no século VI, o Papa Gregório I declarou "que nenhum Concílio ecumênico pode ser convocado sem a autorização de Roma". Nos séculos seguintes, o confronto entre os patriarcados orientais e Roma foi intenso e várias foram as tentativas de aproximação e conciliação. Várias delegações de Roma, em nome do Papa Leão IX, entre 1053 e 1054, visitaram Constantinopla na tentativa de tornar reconhecida a primazia papal, o que foi rejeitado pelo patriarca de Constantinopla. A excomunhão mútua resultou no cisma Oriente-Ocidente. Tentativas de reunificação no IV Concílio de Latrão (1215) e no Concílio de Florença (1439) não foram bem-sucedidas. A pentarquia é considerada eixo da Igreja primitiva para assuntos teológicos e eclesiásticos e ao patriarca de Roma é reconhecida a primazia sobre todos os patriarcados da Igreja cristã no Oriente e no Ocidente.

Em nossos tempos, a figura do patriarca representa a autoridade eclesiástica que tem ascendência jurídica e honorífica sobre um território eclesial, um rito e mesmo uma Igreja local. O Concílio Vaticano II (1962-1965) confere aos patriarcas das Igrejas orientais honras e privilégios, seguindo suas tradições antigas. Os patriarcas organizam e governam seus territórios eclesiásticos, criam eparquias e têm o poder de nomear seus metropolitas e bispos.

CROSSAN, J. D. *O nascimento do cristianismo.* São Paulo: Paulinas, 2004. p. 421-440; DROBNER, H. R. *Manual de Patrologia.* Petrópolis: Vozes, 2003; FROEHLICH, R. *História da Igreja.* São Paulo: Paulus, 2002; HIRSCHBERGER, J. *História da Filosofia na Idade Média.* São Paulo: Herder, 2016; MCGRATH, A. *Historical Theology:* An Introduction to the History of Christian Thought. Oxford: Blackwell Publishers, 1998; MONDONI, D. *O cristianismo na Antiguidade.* São Paulo: Loyola, 2014; SPINELLI, M. *Helenização e recriação de sentidos:* a filosofia na época da expansão do cristianismo, séculos II, III e IV. Caxias do Sul: EDUCS, 2015.

Períodos patrísticos

A escola patrística coincide com os primeiros séculos da era cristã. Os Padres da Igreja refletem os temas da existência de Deus Uno e Trino, na perspectiva ontológica, servindo-se de uma metodologia lógica e racional dos seus conteúdos. O período é muito intenso e mais ainda extenso do ponto de vista temporal e também geográfico, pois perpassa vários séculos e abrange inúmeras regiões e povos que foram sendo evangelizados. Além disso, uma mudança significativa ocorre com a acolhida imperial ao cristianismo, marcado pelo Édito de Milão (313), e poucos anos depois com o Concílio de Niceia (325). Outros estudiosos colocam a figura de Agostinho de Hipona como marco divisório no itinerário patrístico, porque suas obras são marcantes nas questões teológicas e antropológicas. Em geral, os autores que desenvolvem a reflexão dos temas aproximando-os da filosofia assumem o platonismo, que é o pensamento idealista que mais influenciou os padres. Assim, defendem que a essência e o fundamento da vida humana se encontram na sua dimensão transcendental, a qual se alcança pela fé.

Fé e razão. A razão é o método para compreender e sistematizar a doutrina que está na base da crença cristã e que define o destino humano, na história e na vida após a morte. Entre os autores desse pensamento, encontramos Clemente de Alexandria, Orígenes e, em sua evolução, Agostinho. A peculiaridade de Agostinho é buscar respostas cristãs para temas como graça, liberdade, pecado e livre-arbítrio; não mais contrapondo fé e razão, mas servindo-se da razão para entender a fé; quer dizer, servindo-se da razão para compreender a fé. Outros autores posteriores desenvolvem teorias para compreender as doutrinas cristãs, seguindo o caminho da razão para tornar a fé um fenômeno humano inteligível.

Para aprofundar esse período, considerando os elementos históricos e os próprios conteúdos, os estudiosos dividem a Patrística em três períodos ou épocas. Foram consideradas as divisões didáticas, elaboradas posteriormente em vista de estudos e comparações dos temas e dos contextos. Os períodos são denominados épocas.

1ª Época – Período das origens. Cronologicamente, esse período inclui todos os escritos que vão do final da revelação e começo da tradição e seu término é estipulado no Concílio de Niceia (325). No final do século I e, sobretudo, a partir do início do século II, surgem textos que são cartas apostólicas, instruções e testemunhos dos primeiros sucessores dos apóstolos. Alguns desses textos, sobretudo os primeiríssimos, não têm datação nem originais bem definidos, porque passaram por várias cópias e mesclas. Alguns deles, em alguns cânones bíblicos, foram incluídos no Novo Testamento, mas não foram oficializados. Dentre esses textos estão os dos padres apostólicos (Clemente Romano, Inácio de Antioquia, Policarpo de Esmirna, Pastor de Hermas, Carta de Barnabé e Pápias), dos padres apologistas (Carta a Diogneto, Aristides de Atenas, Ticiano, o Sírio, Atenágoras de Atenas, Teófilo de Antioquia e Hérmias, o Filósofo), de Justino de Roma, Irineu de Lião, Tertuliano, Hipólito de Roma e dos grandes escritores do século III, dentre eles Clemente de Alexandria, Orígenes, Cipriano de Cartago, entre outros. Os primeiros escritos procuram fundamentar a fé cristã para os catecúmenos, fornecendo material para a catequese e formação ética e moral. Seguem-se os textos que procuram dar razões da fé cristã e responder às provocações externas, sobretudo advindas dos pagãos e dos judeus. De fato, são textos com grande originalidade, que retratam os ensinamentos da tradição. Os temas são refletidos e sintetizados conforme as exigências das comunidades, sobretudo quando aparecem controvérsias ou questões iluminadoras.

2ª Época – Período de ouro. Esse é o período com maior produção e fecundidade da tradição patrística. Os marcos desse período são o Concílio de Niceia (325) e o Concílio de Calcedônia (451). Uma vez que o cristianismo está vinculado ao Império e não sofre mais perseguições, os padres, monges, místicos e as comunidades registram fatos, organizam rituais e elaboram a teologia dos temas relacionados à doutrina, com o auxílio da antropologia, da filologia, da filosofia, da linguagem religiosa e dos códigos contemporâneos. Por essa razão, as discussões e as obras envolvem tratados e temas centrais da tradição. Surgem nesse período grandes escritores, como Atanásio de Alexandria, Basílio de Cesareia, Gregório de Nissa, Gregório de Nazianzo, Monge Efrém, Cirilo de Jerusalém, João Crisóstomo, Ambrósio de Milão, Jerônimo e Agostinho de Roma, no século IV. No século V, as figuras de Cirilo de Alexandria e

Leão Magno foram fundamentais na edificação do patrimônio religioso dos cristãos. Há outros grandes padres e teólogos que não se mantiveram na ortodoxia, mas deixaram obras importantes. Vários elementos foram fundamentais para o cristianismo, como o Símbolo Apostólico, a organização eclesiástica, os rituais e dogmas canônicos, que foram elaborados e aprovados pelos pastores da Igreja, e, muito especialmente, os concílios ecumênicos. Com certeza, os sínodos e concílios foram fundamentais para o processo de lapidação dessa grande tradição.

3ª Época – Período do declínio. Uma vez que as grandes temáticas foram delineadas e dogmatizadas, surgem os temas menos nucleares da doutrina cristã; por isso, esse terceiro período é denominado "declínio", ainda que trate de questões importantes no contexto de cada comunidade ou patriarcado. Essa época vai do Concílio de Calcedônia (451) até o final da Patrística, com Isidoro de Sevilha (636) ou Gregório Magno (604), no Ocidente, e João Damasceno, no Oriente. Os principais nomes desse período são Cesário de Arles, Bento de Núrsia, Boécio, Cassiodoro, João Clímaco, Máximo, o Confessor, que trataram de temas relacionados a questões pastorais e religiosas, disputa iconoclasta e questões políticas entre a sociedade civil e a comunidade eclesiástica, quando são colocadas as bases para a transição ao período escolástico.

DROBNER, H. R. *Manual de Patrologia*. Petrópolis: Vozes, 2003; HIRSCHBERGER, J. *História da filosofia na Idade Média*. São Paulo: Herder, 2016; MCGRATH, A. *Historical Theology:* An Introduction to the History of Christian Thought. Oxford: Blackwell Publishers, 1998; SPINELLI, M. *Helenização e recriação de sentidos:* a filosofia na época da expansão do cristianismo, séculos II, III e IV. Caxias do Sul: EDUCS, 2015.

Ressurrectio carnis

Paulo, o apóstolo dos gentios, anuncia que, se não cremos na ressurreição, somos os mais infelizes de todas as criaturas (1Cor 15,19). Toda existência tem um destino providencial, pois culmina na ressurreição dos mortos, na vida que se eterniza. Os Padres da Igreja anunciam essa doutrina como segunda criação, pois, pela ação do Pai, criador, do Filho, vivo e ressuscitado, e do Espírito, que ilumina nossa história, seremos unificados em Deus para sempre. De fato, a ressurreição é essencial para a fé cristã e crer na ressurreição da carne indica que participamos plenamente da vida de Deus agora e na eternidade. A ressurreição dos mortos tem eficácia na ressurreição de Jesus. Como o Pai ressuscitou Jesus, que é ressurreição e vida (Jo 11,25), todos seremos nele ressuscitados, pela participação no Espírito Santo (Rm 8,11). Como somos habitantes do Cristo, este é o penhor da ressurreição plena de nossas vidas, nossos corpos.

O *Catecismo da Igreja* nos ensina que "nosso Credo culmina na proclamação da ressurreição dos mortos no fim dos tempos, e na vida eterna" (CaIC, 988), e por isso "nós cremos e esperamos firmemente que, tal como Cristo ressuscitou verdadeiramente dos mortos e vive para sempre, assim também os justos, depois da morte, viverão para sempre com Cristo ressuscitado, e que ele os ressuscitará no último dia" (CaIC, 989). Esse anúncio se fundamenta nos ensinamentos de Paulo aos cristãos de Roma (Rm 8,11).

Confronto com os gnósticos. Os Padres da Igreja ensinam que, como Cristo ressuscitou, todos os cristãos participam da mesma sorte, e essa doutrina, defendida nas contendas de Irineu de Lião contra os gnósticos, integra o Símbolo de Calcedônia (451), que finaliza professando: "Creio na ressurreição da carne e na vida eterna".

O fundamento dessa afirmação é bíblico, uma vez que, pelo Batismo, somos configurados em Cristo e, no "fim dos tempos", Deus restituirá a vida ao nosso corpo mortal e seremos reintegrados à nossa alma, de forma espiritual, mas concreta e real, como Cristo, que se apresentou aos discípulos depois de sua ressurreição e disse a Tomé: "Vede minhas mãos e meus pés: sou eu mesmo! Tocai em mim e vede. Um espírito não tem carne, nem ossos, como estais vendo que eu tenho" (Lc 24,39).

Tradição versus gnosticismo. A compreensão de "ressurreição da carne" não pode ser no sentido individualista, mas no de reavivamento de todo o cosmos, no fim dos tempos, pois todos os seres criados estão unificados entre si, assim como o corpo está ligado ao cosmos e todos os seres se integram como partículas da criação. Os Padres da Igreja se preocupam em fundamentar a ressurreição da carne dentro da antropologia cristã e cristológica. Somente uma correta antropologia conduz a uma correta soteriologia, a qual une a origem e o destino da vida humana. A ressurreição espiritual é uma questão de fé e, apesar de suas várias concepções, é acreditada facilmente pelas religiões e seus fiéis. A dificuldade enfrentada por Irineu de Lião se refere à ressurreição da carne, que causou contraposições nas filosofias dualistas que invadiram o pensamento cristão dos primeiros séculos e sempre rondam a compreensão doutrinal dos seguidores de Jesus Cristo. Porque a matéria era vista com desdém nas concepções dualistas, as quais privilegiam a alma racional e imortal, a doutrina cristã tem dificuldade em defender a incorruptibilidade e imortalidade da carne. De fato, na crítica às heresias, Irineu repete: "Estultos, completamente, os que rejeitam toda a economia de Deus, negam a salvação da carne, desprezam a sua regeneração, declarando ser ela incapaz de receber a incorruptibilidade" (*Contra as heresias*, V, 2,

2; 3, 2; 3, 1). Para os cristãos, o ser humano é passivo de redenção na fragilidade e na vulnerabilidade de sua carne, pois Deus a fez capaz de imortalidade. A carne é capaz de receber e conter o poder de Deus. Superando a primazia da alma e evitando a divisão do ser humano, unificam-se o corpo e a alma, como um único ser, e na sua inteireza é ressuscitado para a imortalidade.

Integralidade da vida humana. Sem primazia da alma e sem divisões, o ser humano reconciliado com alma e corpo não precisa combater a própria fraqueza. Ela se torna lugar do encontro com o poder de Deus, que ressuscita nossa mortalidade.

A discussão de Ireneu contra os gnósticos gira em torno de sua posição de defender a verdadeira encarnação de Jesus Cristo em um corpo verdadeiro, e não em uma aparência corpórea, como defendiam os docetistas, que afirmavam que a pessoa humana de Jesus era apenas uma aparência (*dokeo*). Negando a ressurreição da carne (*salus carnis*) e valorizando a sobrevivência da alma sem corpo, o ser humano perde seu princípio humanizador, condição intrínseca da nossa existência. No Verbo encarnado, a força divina assume a natureza humana e garante sua imortalidade. Ireneu combate a doutrina do *salus animae* (salvação das almas) defendida pelos cristãos dualistas (*Contra as heresias*, V, 2,2).

Tertuliano defende também a doutrina da "ressurreição da carne" elaborando uma antropologia integral que insiste que é na *salus carnis* que se concretiza a *salus animae*. Para esse autor, a integridade do corpo e da alma revela a integridade humana e a plenitude dessas duas dimensões do ser humano. De fato, Tertuliano insiste que "a carne recebe a unção para que a alma seja consagrada, a carne recebe o selo, para que a alma seja fortificada, a carne é assumida com a imposição das mãos, para que a alma seja iluminada pelo Espírito" (*La ressurrezione dei morti*, 8, 3). O autor entende que é na carne que se operam as oferendas e os sacrifícios da alma, e então ela é fundamental, pois é na carne que se processa a salvação da alma. O tempo na carne é fundamental para a redenção do ser humano. Não significa literalmente a reconstituição do corpo físico, mas a plenitude da pessoa (corpo e alma) que encontra a salvação na ressurreição de Cristo.

Quando Justino de Roma, em uma intuição formidável, defende a deificação do ser humano, ele compreende que o processo de divinização vem da ação do Espírito Santo na ressurreição da carne, pela qual a vida humana é divinizada pela graça de Deus. Essa graça propicia ao ser humano a imortalidade de seu corpo, como ação do próprio Criador, que resgata cada pessoa que ele criou e inseriu na história. Assim, pela ação divina, o ser humano deificado recebe a graça divina da imortalidade.

IRENEU DE LIÃO. *Contra as heresias:* denúncia e refutação da falsa gnose. São Paulo: Paulus, 1995; MOLTMANN, J. *El hombre:* antropología cristiana en los conflictos del presente. Salamanca: Sígueme, 1973; MOLTMANN, J. *O caminho de Jesus Cristo:* cristologia em dimensões messiânicas. Petrópolis: Vozes, 1993; MOLTMANN, J. Ressurreição da natureza: um capítulo da cristologia cósmica. *Concilium*, Petrópolis: Vozes, v. 5, n. 318, 2006; SUSIN, L. C. Ressurreição: o coração da vida e da fé. *Concilium*, Petrópolis: Vozes, v. 5, p. 123-128, 2006; VIDAL, S. A ressurreição na tradição israelita. *Concilium*, Petrópolis: Vozes, v. 5, n. 318, 2006.

Sacramentário

Os rituais litúrgicos da Igreja foram se elaborando ao longo dos séculos, até chegar aos Rituais para os Sacramentos e Sacramentais, promulgados depois do Concílio Vaticano II. Nos primeiros séculos do cristianismo, encontramos propostas e modelos de rituais ainda bastante espontâneos, que serviam às comunidades. Esses rituais eram regionais, mas havia grande intercâmbio entre as comunidades e as mais importantes influenciavam as demais. Encontramos modelos de consagração dos ministérios e seus rituais, bem como acenos para o repertório litúrgico em obras importantes, como a *Didaqué*, *Apologia I*, de Justino de Roma, *Tradição apostólica*, de Hipólito de Roma, e outros.

A partir do século IV, um importante movimento de criatividade produziu muitos *libelli*, que são pequenos opúsculos com os rituais para os sacramentos. Os mais antigos foram descobertos por Cipião Maffei (1713) e depois publicados por G. Bianchini (1735), com o título de *Sacramentarium Leonianum*, que se encontra na Biblioteca Capitular de Verona, com a inscrição de Códice 85. Foram vários os autores destes *libelli* compilados (Papa Leão, Papa Gelásio, Papa Vigílio) e sua edição mais bem elabora foi feita por L. C. Mohlberg, em Roma (1956), sob o título *Sacramentarium Verenense*.

Livros litúrgicos puros. Os sacramentários fazem parte de uma documentação litúrgica que se foi elaborando a partir do século VII, denominada "livros litúrgicos puros". Esses modelos de livros trazem os elementos das celebrações específicos para cada ministro da celebração. Os mais importantes são: o *sacramentário*, que é o livro do celebrante, seja bispo, seja presbítero; o *lecionário*, que traz trechos bíblicos, depois que passaram a ser escolhidos e especificados para cada dia do Ano Litúrgico; o *antifonário*, que contém os cantos da missa, servindo ao cantor ou ao coro, e normalmente também os graduais; os *ordines*, que trazem os rituais e suas estruturas, definidos como rubricas, quer dizer, orientações escritas em vermelho (*ruber*) para orientar os celebrantes nos gestos e movimentos. Seguem a estes os livros mistos ou plenários, às portas do segundo milênio, que fundem os vários livros, entre eles: o *Pontifical*, reservado ao bispo (pontífice), contendo fórmulas e ritos próprios do exercício episcopal (ordenações, confirmação, consagração de templos, bênçãos de abades e mesmo coroação de reis e imperadores); o *Missal*, para a celebração eucarística (*Missale, Liber Missalis* ou *Missale plenarium*); o *Ritual*, para uso dos presbíteros na celebração eucarística (*Agenda, Ordinarium, Manuale*); e o *Breviário*, que une o *Saltério*, com os Salmos, o *Homiliário*, com as leituras patrísticas, o *Hinário*, com hinos eclesiásticos para as diversas horas das orações, o *Antifonal*, que antecipa os Salmos, e finalmente o *Oracional*, que são as orações para as diversas horas canônicas. Depois desse processo de junção dos livros que unificam os vários elementos do repertório litúrgico, surgem os *livros tridentinos*, promulgados pelo Papa Pio V, no final do século XVI, que serviram à Igreja até o Concílio Vaticano II, com os rituais promulgados pelo Papa Paulo VI.

Principais sacramentários. Na segunda parte do primeiro milênio, surgiu uma grande quantidade de sacramentários, tanto nas Igrejas do Oriente como na Igreja do Ocidente, dos quais muitos são conservados, ainda que não mais utilizados depois da Reforma Litúrgica do Papa Gregório VII, no século XI. Sendo o livro do celebrante do altar, servia ao bispo ou presbítero, pois continha as fórmulas eucológicas não apenas para a Ceia Eucarística como também para os demais sacramentos. O primeiro desses sacramentários é o "Sacramentário gelasiano antigo", originado em 750, aproximadamente, e publicado em 1680 por G. Tomasi. Sua edição mais recente foi realizada por L. C. Mohlberg, com o título *Liber Sacramentorum romanae aeclesiae ordinis anni circuli*

(Roma: Herde, 1960). Ainda que tenha nome impróprio, pois não é de autoria do Papa Gelásio, acredita-se que esse pontífice tenha composto algumas partes de suas orações. Este sacramentário é formado por três livros:

1) *Parte I: Próprio do tempo*, que vai da Vigília de Natal até Pentecostes, e contém algumas outras orações (ordenações, catecumenatos, Batismo, penitência, consagração das virgens e dedicação da Igreja);
2) *Parte II: Próprio dos santos e Tempo do Advento*;
3) *Parte III: Cânon romano, domingos do Tempo Comum e outras celebrações*.

Nesse sacramentário encontramos duas ou mesmo três orações antes da oração sobre as ofertas. Nota-se que tem influência dos rituais galicanos e é simultâneo, em Roma, com o Sacramentário gregoriano, de onde se questiona sua verdadeira autoria de promulgação. É grande a riqueza desse sacramentário para os ritos catecumenais e batismais (*escrutínios, entrega dos Evangelhos, consignatio, Pai-Nosso*) e também para a celebração do Tríduo Pascal.

O *Sacramentário gregoriano* é uma família de sacramentários, pois inclui muitos manuscritos anteriores. Sua fonte originária é atribuída a Gregório Magno (580-604). Os tempos não estão separados dos textos consagrados aos santos e alguns domingos são dedicados aos santos romanos. Traz as orações para as celebrações sazonais, quando o papa visita as Igrejas romanas e celebra a Eucaristia naquela "estação".

Bem mais simples e mais reduzidos que o Sacramentário gregoriano são dois outros livros litúrgicos: o *adriano*, que o Papa

Adriano I (772-795) enviou a Carlos Magno; e o *paduano*, redigido em Liège e transladado a Verona. São textos bastante incompletos, considerando suas fontes. De fato, o Gregoriano Adriano foi complementado por Alcuíno ou, como se acredita, por Bento de Aniane. O complemento é denominado "suplemento" e traz a eucologia dos domingos depois de Pentecostes.

A terceira série de sacramentários, denominados anteriormente *Missalia Regis Papini*, são conhecidos posteriormente como "gelasianos do século VIII", que, segundo os estudiosos dos sacramentários, entre os quais o bispo polonês "Dom Andrea Suski", integram textos dos vários sacramentários anteriores, sobretudo o gelasiano e o gregoriano.

ANCILLI, E.; PONTIFÍCIO INSTITUTO DE ESPIRITUALIDADE TERESIANUM. *Dicionário de Espiritualidade*. São Paulo: Paulinas/Loyola, 2012. p. 2222-2224; LACOSTE, J.-Y. *Dicionário crítico de teologia*. São Paulo: Paulinas/Loyola, 2004. p. 1579; PEDRO, A. *Dicionário de termos religiosos e afins*. Aparecida: Santuário, 1993. p. 276; PETROSILLO, P. *O cristianismo de A a Z*. São Paulo: Paulus, 2012; SCICOLONE, I. Livros litúrgicos. In: DL, p. 684; SCICOLONE, I. *Livros litúrgicos*. São Paulo: Paulinas, 1992; SPANNEUT, M. *Os Padres da Igreja II*. São Paulo: Loyola, 2013. p. 330-340.

Sínodo

Na filologia grega, o conceito *synodos* significa "caminhar juntos" e é usado em muitas denominações religiosas, quando seus líderes realizam reuniões para tomar decisões, superar adversidades ou projetar linhas de ação para seus grupos. É bastante comum na Igreja primitiva, normalmente convocado por uma autoridade eclesiástica legítima. São *assembleias eclesiais* e os participantes ativos são estipulados pelas autoridades. Essas assembleias podem ser *regionais*, envolvendo vários patriarcados ou dioceses, *particulares*, envolvendo autoridades e leigos de uma mesma diocese, *continentais*, estendendo-se às Igrejas dos continentes, *temáticas*, envolvendo muitas dioceses para confrontar um tema específico, e *universais*, quando tais reuniões são convocadas pelo Sumo Pontífice.

Evolução dos sínodos. Normalmente são realizados pelas dioceses, convocados pelos seus ordinários e podem envolver sacerdotes, diáconos, religiosos e leigos para resolver questões particulares e, mais comumente, para rever seu processo evangelizador. Se for convocado pela conferência episcopal, terá caráter nacional e mesmo continental, caso haja uma organização eclesiástica dessa extensão.

As Igrejas orientais têm direito próprio, podem decidir seus assuntos mais elevados e até mesmo constituir novas eparquias. Seus líderes, normalmente patriarcas, arcebispos e metropolitas, escolhem e consagram seus prelados e seu líder, algumas vezes denominado "papa".

Na Igreja cristã primitiva, muitos sínodos foram realizados em várias áreas e algumas vezes foram identificados com os concílios, ainda que não fossem tidos como ecumênicos, sem jurisdição universal. Nas Igrejas bizantinas e orientais, os sínodos têm autonomia e tomam as próprias decisões, ao passo que no Ocidente são submetidos à aprovação pontifícia e não tocam em pontos que se sobreponham às decisões universais.

Concepções contemporâneas. Mesmo considerando a primazia papal, as Igrejas do Oriente, autônomas em relação à Igreja de Roma, realizam o "sínodo patriarcal" independente, pois essa instância tem autoridade suprema na Igreja local. No Ocidente, uma assembleia de caráter consultivo pode ser convocada pelo Sumo Pontífice, o qual pode convidar as Igrejas Católicas orientais que tenham plena comunhão católica. Conjuntamente, buscam aprofundar e refletir assuntos religiosos ou civis para seu aconselhamento. A decisão é depois promulgada por um documento magisterial. A modalidade de convocação, quanto à quantidade numérica e representatividade, compete ao próprio pontífice. O Sínodo em si mesmo não produz decretos, mas serve de matéria-prima para encíclicas ou exortações apostólicas. Assim define o *Catecismo da Igreja Católica* sobre o Sínodo dos Bispos: "Sendo uma reunião convocada pelo papa para tratar de assuntos doutrinais, morais ou pastorais, deve ser convocado pelo papa, designar o local e a estrutura do encontro, estabelecer o tema e sua ordem e mesmo presidir as reuniões ou delegar seu representante. É de sua competência ainda transferir, suspender, dissolver ou finalizar a reunião sinodal" (CaIC, 344).

BOGAZ, A. S.; THOMAZELLA, R. C. *Edificar a Igreja:* caminhos, protagonistas e a mística da Igreja na história. 1. ed. Campinas: Associação do Senhor Jesus, 2006. p. 22-23; EICHER, P. *Dicionário de conceitos fundamentais de teologia.* São Paulo: Paulus, 1993. p. 830-835; PEDRO, A. *Dicionário de termos religiosos e afins.* Aparecida: Santuário, 1993. p. 292-293; PETROSILLO, P. *O cristianismo de A a Z.* São Paulo: Paulus, 2012. p. 274; RAHNER, K.; VORGRIMLER, H. *Petit dictionnaire de théologie catholique.* Paris: Seuil, 1970. p. 83-85.

Sol invictus

A comunidade cristã sempre valorizou a encarnação do Logos divino, na pessoa de Jesus de Nazaré, mas os primeiros indícios

Sol invictus

dessa festa litúrgica se encontram no cronógrafo de 354. A data foi marcada sobrepondo a festa do "aniversário do sol invicto" (*dies natalis solis invicti*), dedicada ao deus sol, para comemorar as três divindades cósmicas. Também correspondia ao culto agrícola do "sol na terra" (*sol indiges*). O imperador romano Aureliano, também para impor esse culto aos cristãos em perseguição, decreta o culto oficial do "sol invicto" conjuntamente com outros cultos romanos. O imperador aplica a si mesmo este título, com suas características imperiais, "pio, feliz e invicto" (*pius felix invictus*). Analogicamente, o imperador se equipara ao deus sol, em suas características fundamentais e pela centralidade no sistema cósmico solar. Houve ainda outras tentativas de impor-se como "deus sol", como foi o caso do imperador Heliogábalo, morto em 222. Sempre assume características de deuses pagãos, como jovens iluminados dentro da figura do próprio sol. Mesmo o imperador Constantino traz no seu brasão a figura do "sol invicto". Depois do Édito de Milão, essa tendência desaparece no cristianismo, sendo que Cristo é considerado a luz e o sol da humanidade.

Fenômeno natural. No hemisfério Norte, a contagem dos dias segue o calendário lunar, mas também se pauta pelo ciclo das estações. Os dias são elencados seguindo a ordem cósmica, ao redor das estações do ano, primavera, verão, outono e inverno. Nessa estrutura, o dia mais longo do ano é 24 de junho, solstício de verão, no qual a trajetória do sol aparenta nem se deslocar; e o dia mais curto é 25 de dezembro, quando temos o solstício de inverno, considerando a iluminação do sol. Aí se tem a impressão de que o sol está desaparecendo, pois as noites e a escuridão são longas e os dias, sempre mais curtos. Nesse dia, o sol começa a assumir cada vez mais as horas e vai ganhando espaço. De fato, quando parece que o sol está mais tímido, a estação começa a inverter-se e os dias vão aumentando. Na ordenação do Ano Litúrgico, essa dinâmica é simbolizada no nascimento de João Batista, comemorado no dia 24 de junho, pois, depois disso, os dias começam a diminuir, até o dia 25 de dezembro, com o nascimento de Cristo. Confirma-se, então, o que o Batista disse: "É preciso que ele [Jesus] cresça e eu diminua" (Jo 3,30). A partir do nascimento de Jesus Cristo, a luz vai crescendo, pois ele é a luz do mundo.

Essa estrutura cósmica pertencia ao universo das religiões antigas, que tinham nos astros suas divindades, e é acolhida pelo cristianismo como símbolo para escolha da data do nascimento de Jesus Cristo, que é o *sol invicto* dos cristãos.

Cristo, sol do universo. Aos poucos, a celebração do nascimento de Cristo foi sendo feita com maior solenidade, sobretudo quando se discutia a real encarnação do Verbo divino. Os historiadores registraram a primeira celebração documentada do Natal em Roma (336 d.C.), mas existem hipóteses de que essa festa existia nas Igrejas da Anatólia desde o século II. A celebração da Epifania do Senhor, em 6 de janeiro, no Oriente, e a celebração do Natal, mais comum no Ocidente, intercambiaram-se. Foi João Crisóstomo quem transladou para Antioquia essa celebração, no século IV, e no próximo século encontramos testemunhos de sua celebração em Alexandria. Contudo, foi o Papa Júlio I quem proclamou a data pagã do "natal do sol invicto" como solenidade do nascimento do Senhor, a qual foi declarada por Justiniano (ano 529) como feriado nacional. De forma semelhante, o dia do sol semanal será convertido para celebrar o "dia do Senhor" (*dies Domini*).

A religiosidade popular acrescentou elementos simbólicos aos rituais, buscando até mesmo nas festas pagãs seus elementos festivos, suas cores e a troca de presentes. Cipriano de Cartago escreve sobre a importância da solenidade: "Quão maravilhosamente agiu a Providência divina quando, no dia em que o sol nasceu, Cristo deveria nascer". Essa concepção cósmica do sol é a metáfora mais elucidativa para a compreensão do próprio Senhor como luz do mundo, celebrado no 'primeiro dia da semana', assinalado como 'dia do Senhor'".

AUGÉ, M. *O domingo:* festa primordial dos cristãos. São Paulo: Ave-Maria, 1996; BERGAMINI, A. Ano Litúrgico. In: DL, p. 58; CASEL, O. *O mistério do culto no cristianismo.* São Paulo: Loyola, 2009. p. 93; CASTELLANO, J. *Liturgia e vida espiritual:* teologia, celebração, experiência. São Paulo: Paulinas, 2008; DONGHI, A. *A paz esteja convosco:* domingo, dia do Senhor. São Paulo: Loyola, 2008; RYAN, V. *O domingo:* história, espiritualidade, celebração. São Paulo: Paulus, 1997.

Theotókos

O Concílio de Éfeso (431) declara que: "Nosso Senhor Jesus Cristo, o Filho unigênito de Deus, perfeito Deus e perfeito homem, de uma alma racional e de um corpo gerado antes de todas as eras do Pai em sua divindade, o mesmo nos últimos dias, por nós e para nossa salvação, nascido da Virgem Maria, de acordo com a sua humanidade, um e o mesmo consubstancial com o Pai em divindade e consubstancial a nós na humanidade, pois a união de duas naturezas ocorreu. Portanto, nós confessamos um só Cristo, um Filho, um Senhor. De acordo com esse entendimento da união inconfundível, nós confessamos a Virgem santa como sendo a Mãe de Deus, porque Deus, o Verbo, se fez carne e se fez homem, e de sua própria concepção, unido a si mesmo, o templo, ele tomou dela". Estamos diante de um dos conceitos mais elevados da Patrística, que provocou longas discussões entre

Cirilo de Alexandria e Nestório de Antioquia, nada menos que duas grandes escolas de teologia patrística, com grande tradição de discussões e enfrentamentos doutrinais, motivadas por suas premissas filosóficas e exegéticas.

Fundamentos bíblicos. *Theotókos* é o título atribuído à mulher anunciada pelo anjo Gabriel para ser a mãe do Salvador (Lc 1,28); *Theós* significa "deus" e *tókos*, "parto", "genitora". Antes da discussão entre os dois grandes protagonistas do Concílio de Éfeso, outros padres importantes, como Orígenes († 254), Atanásio († 373), João Crisóstomo († 407) e Agostinho de Hipona († 430), apresentaram a doutrina em seus escritos. Maria é a mulher que "deu à luz Deus", e se traduz no latim com os termos *Genitrix Dei* ou *Mater Dei*.

A passagem do anúncio do Anjo Gabriel a Maria, convidando-a para acolher em seu ventre o Filho de Deus, é a fundamentação bíblica desse dogma mariano. No texto do Evangelho de Lucas (1,43) encontramos a saudação "mãe do meu Senhor", exclamada por Isabel quando recebe a visita de Maria. Isaías usa a expressão "Deus conosco" (Emmanuel), que é retomada por Mateus (1,23). A partir desses textos bíblicos, os Padres da Igreja usam o termo de forma espontânea, sem contraposições nem justificativas, mas repetindo o termo bíblico. De fato, o hino "À vossa compaixão, recorremos Santa Mãe de Deus" é do século III, e o título aparece explícito de forma oracional.

Dogmatização do Theotókos. A definição conciliar é proclamada no Concílio de Éfeso (431), depois de longas discussões. Combatendo a doutrina do *Christotókos* do patriarca de Constantinopla Nestório, sobre a Mãe de Cristo, restringindo a maternidade de Maria somente à natureza humana de Cristo, e não a sua natureza divina, seus adversários, liderados por Cirilo de Alexandria, o contestam, denunciando que Nestório estava

Theotókos

negando a união perfeita e inseparável das naturezas humana e divina do Filho de Deus encarnado. Afirmam os "alexandrinos" que "o Logos se fez carne" (Jo 1,14), e esse Logos é o próprio Deus que se encarna na pessoa do Filho, conforme estava definido nos Concílios de Niceia (325) e Constantinopla (381). Cirilo escreve: "Como podem alguns duvidar de que a Virgem Maria não pode ser chamada *Theotókos*? Uma vez que Nosso Senhor Jesus Cristo é Deus e a Virgem Santa o deu à luz, ela se tornou a *Theotókos*" (*Epístola 1, aos monges do Egito*, PG, 77, 13). A partir daí, após a definição conciliar de Éfeso e a condenação de Nestório, muitos hinos marianos passam a proclamar a maternidade divina de Jesus, particularmente o hino "sob tua proteção, recorremos, Santa Mãe de Deus" (*sub tuum praesidium*), como também a segunda parte do cântico do *Magnificat*, de Maria.

Percurso histórico. Depois de exilado, Nestório foi expatriado para a Arábia e após transferido para a prisão de Estado, em Panápolis, onde escreveu a própria defesa na obra *Livro de Heráclides*. Anos depois, em 433, as Igrejas do Oriente e do Ocidente assumiram a doutrina do *Theotókos*, em vista da unidade substancial da pessoa de Jesus Cristo. O Concílio de Éfeso retoma esse símbolo: "[...] porque a união das duas naturezas se realizou e é porque confessamos um só Cristo, um só Senhor. Neste pensamento, da união sem confusão, confessamos a Santa Virgem, Mãe de Deus, porque o Deus-Logos se encarnou" (PG, 77).

Professamos, finalmente, quatro dogmas marianos, que são: a Maternidade divina de Maria (Concílio de Éfeso, em 431); a Virgindade perpétua de Maria (Concílio de Calcedônia, em 451, e Concílio de Constantinopla II, em 533); a Imaculada Conceição, "a santa e sempre virgem e imaculada Maria" (Concílio Lateranense, em 649); e a Assunção de Maria, declarada por Pio XII.

BASÍLIO MAGNO. *Sobre o Espírito Santo*, 27, 66; DROBNER, H. R. *Manual de Patrologia*. Petrópolis: Vozes, 2003; HAMMAN, A. *Para ler os Padres da Igreja*. São Paulo: Paulus, 1997; KERKER, B.; STUIBER, A. *Patrologia*. São Paulo: Paulus, 2004; PADOVESE, L. *Introdução à teologia patrística*. São Paulo: Loyola, 1999. p. 107-116; ORÍGENES. *Contra Celso*, III, 39. São Paulo: Paulus, 2004; SPANNEUT, M. *Os Padres da Igreja I-II*. São Paulo: Loyola, 2013. p. 253-270.

Traditio reditio symboli

Na Igreja patrística, a *traditio reditio symboli* fazia parte dos rituais, pois o Símbolo Apostólico ou Credo pertencia à formação catecumenal e integrava o repertório litúrgico da "iniciação cristã". Dessa feita, na preparação para receber o sacramento do Batismo, os *electi* recebiam os ensinamentos do Símbolo da fé. Dentro do ritual, recebiam a "tradição" (*traditio*), que implica o conteúdo dos temas, conforme encontramos nas catequeses batismais, registrados nas obras de Tertuliano, Cirilo de Jerusalém e Basílio de Cesareia, e também em diversos compêndios, de forma dispersa e espontânea. O neófito, para ser acolhido nas fileiras do cristianismo, recitava diante do bispo sua profissão de fé, como uma devolução ou prestação de contas das doutrinas (*reditio symboli*). Aos poucos, sobretudo para que todos permanecessem fiéis aos ensinamentos dos apóstolos e não se desviassem em heresias, o Símbolo Apostólico foi integrado ao ritual da Ceia Eucarística, sendo recitado por todos os fiéis. Para combater a heresia do adocionismo, Carlos Magno ordenou a recitação do Credo no final da Liturgia da Palavra, para que fosse proclamado por todos que se aproximavam da Eucaristia.

Histórico do Símbolo Apostólico. O *Símbolo dos Apóstolos*, também denominado "Regra da fé" (*Regula Fidei*), por Tertuliano, se refere às verdades que constam nos manuscritos dos apóstolos. Segundo antiga tradição, trata-se de um compêndio conhecido pelos pastores e catequistas das primeiras comunidades. Seu conteúdo deve ser bem entendido pelos primeiros cristãos. Os neófitos, além de uma mudança radical da própria vida, têm a missão de conhecer as doutrinas da fé cristã, a serem professadas antes de consagrarem-se cristãos. Originalmente, é apenas uma tradição oral, transmitida pelas gerações. O testemunho escrito conhecido mais antigo é do século V, o qual, transladado na história, é uma coletânea dos fragmentos inscritos nos rituais das várias comunidades.

Segundo historiadores, esse *Symbolum Apostolicum* é composto de 12 artigos, os quais trazem as doutrinas cristãs para que os catequistas formem a consciência dos catecúmenos. Estão ali sucintamente representadas as verdades fundamentais, como gênese basilar para os seguidores do Nazareno, que se convertiam cada vez mais em maior número. Os passos desse ritual integrante da iniciação cristã, nos dias antecedentes ao Tríduo Pascal, tornaram-se conhecidos como *traditio reditio symboli*. Sem provas históricas, uma tradição legendária conta que os apóstolos, depois de Pentecostes e antes de partir em missão para as várias partes do mundo, se reuniram e elencaram os ensinamentos fundamentais a serem propagados em todos os lugares, a todos os candidatos ao cristianismo.

Evolução do Símbolo Apostólico. O Símbolo Apostólico foi aos poucos sendo elaborado com novos conceitos e precisões, a partir de controvérsias e de novos aprofundamentos de todos os elementos bíblicos que foram compondo a doutrina da fé cristã.

1) *Símbolo dos apóstolos que professa:* "Creio no Pai Todo-Poderoso, em Jesus Cristo, nosso Senhor, no Espírito Santo Paráclito, na Santa Igreja e na remissão dos pecados";

2) *Símbolo de Atanásio de Alexandria:* ainda que atribuído a este Padre da Igreja, sua divulgação é obra de Ambrósio de Milão. Neste símbolo, a preocupação maior é a explanação da Santíssima Trindade, para responder às controvérsias arianas;

3) *Símbolo de Niceia:* foi definido no primeiro Concílio Ecumênico da Igreja e convocado por Constantino para resolver as questões sobre a "segunda pessoa da Trindade", depois de longas discussões entre os opositores Ário e Atanásio. Na decisão fundamental, os 300 bispos professam sobre Jesus Cristo: "Deus de Deus, Luz de Luz, Deus verdadeiro de Deus verdadeiro, gerado, não criado, consubstancial ao Pai";

4) *Símbolo Niceno-constantinopolitano:* depois do primeiro Concílio, as discussões continuaram e os seguidores de Ário insistiram na sua doutrina. Desse modo, em 381 foi convocado um novo Concílio, dessa vez em Constantinopla, e reafirmou-se o Credo anterior, aprofundando a Terceira Pessoa da Santíssima Trindade: "Cremos no Espírito Santo, Senhor e vivificador, procedendo do Pai, que é adorado e glorificado juntamente com o Pai e o Filho, e que falou pelos profetas".

Depois desses símbolos apostólicos, vieram ainda outras formulações, sobretudo o Credo aprovado pelo Concílio de Calcedônia (451), que é recitado nas celebrações eucarísticas, alternadamente com o Símbolo Niceno-constantinopolitano, depois da homilia. O Símbolo Apostólico também é recitado nas celebrações sacramentais do Batismo, da Confirmação e da Ordem, normalmente em forma de interrogatório e confirmações.

Conteúdo fundamental. Os elementos fundamentais do Credo foram divulgados nas catequeses, nos rituais e nos documentos magisteriais, confirmando a tradição cristã. Tomás de Aquino profere um importante sermão, que faz parte da tradição até nossos dias, e elabora os 12 artigos dessa profissão de fé e seu entendimento. Podemos citar:

1) Creio em Deus Pai, Todo-Poderoso, criador do céu e da terra;
2) Creio em Jesus Cristo, seu único Filho, Nosso Senhor;
3) Foi concebido do Espírito Santo, nasceu da Virgem Maria;
4) Padeceu sob Pôncio Pilatos, foi crucificado, morto e sepultado;
5) Desceu aos infernos, ao terceiro dia ressurgiu dos mortos;
6) Subiu ao céu, está sentado à direita de Deus Pai, Todo-Poderoso;
7) Donde há de vir julgar os vivos e os mortos;
8) Creio no Espírito Santo;
9) Creio na Santa Igreja Católica;
10) Creio na comunhão dos Santos, na remissão dos pecados;
11) Creio na ressurreição da carne; e
12) Na vida eterna.

O Credo Apostólico é a forma litúrgica e canônica que congrega e unifica todos os fiéis, para que possam viver em unidade e comunhão de fé.

O conteúdo dessa tradição oral possui uma clareza impressionante, preparando as raízes para a elaboração sistemática da fé cristã ao longo dos próximos séculos.

Essa profissão destaca a *fé em um único Deus*, como ser absoluto, *criador* de todas as coisas e do ser humano. Esse Deus criador é *Senhor do universo*. Depois de professar a unicidade divina e a pessoa de Deus Pai, esse Credo revela que *Jesus é o Cristo*, que ele foi ungido por Deus e que *se encarnou* no coração da humanidade, no *ventre de Maria*. Depois de apresentar a identidade de Jesus Cristo, encontramos os seus passos históricos, como seu padecimento *sob Pôncio Pilatos*. Essa verdade mostra como Jesus Cristo assume a realidade humana até a sua *morte na cruz entre os pecadores* e a *descida à mansão dos mortos*. Sua morte exprime sua solidariedade com os seres humanos. Finalmente, essa profissão de fé ensina que *Deus ressuscitou Jesus Cristo dos mortos* e garante *a vida eterna* para todos os que professam seu Nome.

Por essa profissão de fé tão singela e antiga, reconhecemos que Jesus Cristo está presente na vida da comunidade. Nele nos tornamos santos, eleitos de Deus, formando assim seu povo escolhido, para viver e propagar seu Evangelho entre as nações.

BOGAZ, A. S.; COUTO, M. A.; HANSEN, J. H. *Patrística:* caminhos da tradição cristã. São Paulo: Paulus, 2014; COMBY, J. *História da Igreja:* das origens ao século XV. São Paulo: Loyola, 2001; CROSSAN, J. D. *O nascimento do cristianismo*. São Paulo: Paulinas, 2004. p. 421-440; LEWIS, C. T.; SHORT, C. *A Latin Dictionary*. Oxford: Clarendon Press, 1956 (1879); MONDONI, D. *O cristianismo na Antiguidade*. São Paulo: Loyola, 2014. p. 82-87; NOCENT, A. Batismo. In: DL, p. 109; NOCENT, A. Iniciação cristã. In: DL, p. 593; PADOVESE, L. *Introdução à teologia patrística*. São Paulo: Loyola, 1999; PETROSILLO, P. *O cristianismo de A a Z*. São Paulo: Paulus, 2012.

Vulgata

Jerônimo tinha grande conhecimento da língua grega e fez vários trabalhos de tradução, como das *Obras* de Eusébio de Cesareia, as *Homilias* de Orígenes e o *Tratado do Espírito Santo* de Dídimo, o Cego. Por seu conhecimento linguístico e rigor na filologia, foi um grande exegeta e crítico textual. Conhecia profundamente o hebraico, cujos textos bíblicos ele podia ler e traduzir nas bibliotecas antigas, sobretudo de Orígenes. Desse modo, estava habilitado a dedicar-se à obra mais importante de sua vida, que foi a tradução da Bíblia do grego e hebraico ao latim, consultando também outros textos antigos. De fato, várias são as traduções da Bíblia no mundo antigo, o que trazia muitas controvérsias na sua interpretação para as comunidades cristãs. Dentre elas, a *Vulgata* é o título abreviado de *vulgata editio, vulgata versio* ou *vulgata lectio*. Trata-se de uma edição, tradução ou leitura popular das Sagradas Escrituras.

No princípio do cristianismo, os Padres da Igreja se serviam da tradução grega da Bíblia, mesmo porque era bem conhecida a tradução denominada "Septuaginta", feita por 72 sábios judeus, a partir da Bíblia hebraica. Considera-se ainda o fato de que praticamente todo o Novo Testamento foi escrito na língua grega. Desse modo, como o grego era a língua acadêmica na Ásia Menor, os primeiros escritores, em grande maioria, escreveram nessa língua.

História da tradução. Foi um longo processo até a finalização do trabalho de tradução da *Vulgata*, que, como dito, é a tradução em língua latina das Sagradas Escrituras e se tornou o principal texto sagrado até nossos dias. Foi feita entre 391 e 406, com nova tradução de livros do Antigo Testamento e dos textos gregos do Novo Testamento. Para esse empreendimento, Jerônimo passou a morar em Jerusalém, procurando conhecer os nomes dos objetos, vegetais e animais dali, para que, a partir da realidade concreta, pudesse transpor seus nomes para o texto latino. Seu objetivo era também se servir das traduções para formar na Sagrada Escritura as consagradas que viviam em Belém e em outras regiões da Palestina.

Fontes da Vulgata. Existem muitas hipóteses referentes às fontes dos textos bíblicos antigos usados por Jerônimo para a edição da *Vulgata*. Com certeza, ele tinha em mãos as traduções precedentes, com muitos textos e variações linguísticas, denominados *Vetus Latina*. Além desse texto principal, dispunha ainda de textos em hebraico, naturalmente do Antigo Testamento, e sua tradução grega, a Septuaginta. Ainda que muitos textos de sua tradução não sejam *ex-novo*, sua apreciação e rigorosa revisão foram marcantes. Os estudiosos apresentam um esquema provável para tais fontes:

1) Do hebraico para o latim: tradução *ex-novo* de 38 livros do Antigo Testamento;
2) Salmos: três revisões de uma versão latina romana, primeira versão; de uma versão do Héxapla grego de Orígenes, que é a versão galicana; do texto hebraico, a terceira versão;
3) Livros de Judite e Tobias: *ex-novo* da Septuaginta;
4) Novo Testamento e Deuterocanônicos do Antigo Testamento: revisões das traduções latinas hodiernas, ainda que tenha buscado para os Deuterocanônicos a versão do aramaico.

Estas fontes, que serviram à grande obra de Jerônimo, permitiram que ele pudesse escrever uma obra fundamental para o cristianismo em todos os tempos. Jerônimo escreve seu entusiasmo ao realizar essa missão: "Dize-me agora, irmão caríssimo, viver no meio destes Livros Sagrados, meditá-los sem cessar e nada conhecer, nem procurar fora deles já não é habitar no Reino dos céus? [...] Não que eu leve a petulância e a estupidez a ponto de gabar-me de conhecer tudo o que nelas se encontra: seria pretender colher na terra os frutos de árvores cujas raízes estão no céu; mas confesso que o desejo e pretendo esforçar-me para isso. Estudemos aqui aquilo cujo conhecimento será para nós um bem adquirido no céu" (Jerônimo, *Lettre*, 53). Notamos a elevação espiritual de Jerônimo ao realizar a missão papal de proceder à tradução dos textos sagrados. Ele cumpriu a missão durante todos os anos da sua vida até a morte, fazendo dessa tarefa a razão de ser de sua existência.

Itinerário histórico. A *Vulgata* foi encomendada pelo Papa Dâmaso († 410), com o objetivo de tornar mais fácil a leitura e a compreensão da Palavra de Deus, uma vez que versões antigas não eram escritas em estilo e vocabulário popular. Essa *vulgata versio* (versão para o povo), intencionalmente deixa o latim clássico, de autores consagrados como Cícero e Ovídio, e serve-se de linguagem cotidiana. Foi a base de todos os textos litúrgicos nos séculos seguintes. Sua hegemonia ocorre com o Concílio de Trento, quando sua edição de 1532 foi consagrada pelos padres conciliares (1546). Ratificando os vários manuscritos, tornou-se a Bíblia oficial da Igreja, conhecida como *Vulgata Clementina*. O Papa Paulo VI ainda realizaria uma revisão dela, para ser usada nos rituais litúrgicos por ele promulgados depois do Concílio Vaticano II. Em nossos dias, é a Sagrada Escritura oficial da Igreja Católica, com todos os seus livros aprovados.

ADALBERT, G.; HAMMAN, A. *Para ler os Padres da Igreja*. São Paulo: Paulus, 1995; DROBNER, H. R. *Manual de Patrologia*. Petrópolis: Vozes, 2003; JERÔNIMO. *Lettre 53*; MORESCHINI, C.; NORELLI, E. *História da literatura cristã antiga:* grega e latina. São Paulo: Loyola, 2000. p. 382-398; SPANNEUT, M. *Os Padres da Igreja I-II*. São Paulo: Loyola, 2013. p. 175-196; VERBRAKEN, P. *Les Pères de l'Eglise*. Paris: Épi, 2002.

BIBLIOGRAFIA GERAL

AA.VV. *Pequeno dicionário de termos teológicos alemães, latinos e outros.* São Leopoldo: FTIECFB, 1967.

ADELUNG, J. C. et. al. *Glossarium Mediæ et Infimæ Latinitatis.* Paris: Nabu Press, 2010 (1883-1887).

ANCILLI, E.; PONTIFÍCIO INSTITUTO DE ESPIRITUALIDADE TERESIANUM. *Dicionário de espiritualidade.* São Paulo: Paulinas/Loyola, 2012. v. 3.

BOGAZ, A. S.; COUTO, M. A.; HANSEN, J. H. *Patrística:* caminhos da tradição cristã. São Paulo: Paulus, 2014.

BORRIELLO, L.; CARUANA, E. DEL GENIO, M. R.; SUFFI, N. *Dicionário de mística.* São Paulo: Loyola/Paulus, 2003.

COMBY, J. *História da Igreja:* das origens ao século XV. São Paulo: Loyola, 2001.

CROSSAN, J. D. *O nascimento do cristianismo.* São Paulo: Paulinas, 2004. p. 421-440.

DI BERARDINO, A. *Dicionário Patrístico e de Antiguidades Cristãs.* Petrópolis: Vozes; São Paulo: Paulus, 2002.

DI SANTI, C. *Liturgia judaica*. São Paulo: Paulus, 2004.

DROBNER, H. R. *Manual de Patrologia*. Petrópolis: Vozes, 2003.

EICHER, P. *Dicionário de conceitos fundamentais de teologia*. São Paulo: Paulus, 1993.

FIGUEIREDO, F. A. *Introdução à Patrística*. Petrópolis: Vozes, 2009.

FRANGIOTTI, R. *História das heresias*. São Paulo: Paulus, 1995.

_____. *Padres apostólicos*. São Paulo: Paulus, 1997.

FROEHLICH, R. *História da Igreja*. São Paulo: Paulus, 2002.

GAFFIOT, F. *Dictionnaire Illustré Latin-Français*. Paris: Hachette, 1934.

HAMMAN, A. G. *Para ler os Padres da Igreja*. São Paulo: Paulus, 1995.

HUBERT, J. *Concílios ecumênicos:* história e doutrina. São Paulo: Herder, 1961.

KELLY, J. N. D. *Patrística*. São Paulo: Vida Nova, 2019.

LACOSTE, J.-Y. *Dicionário crítico de teologia*. São Paulo: Paulinas/Loyola, 2004.

LATOURELLE, R.; FISICHELLA, R. *Dicionário de teologia fundamental*. Petrópolis/Aparecida: Vozes/Santuário, 1994.

LEWIS, C. T.; SHORT, C. *A Latin Dictionary*. Oxford: Clarendon Press, 1956.

LIÉBAERT, J. *Os Padres da Igreja*. São Paulo: Loyola, 2004.

LOPES, G. *Patrística pré-nicena*. São Paulo: Paulinas, 2014.

MARGUERAT, D. *A primeira história do cristianismo*. São Paulo: Loyola, 2004.

MEUNIER, B. *O nascimento dos dogmas cristãos*. São Paulo: Loyola, 2005.

MONDONI, D. *O cristianismo na Antiguidade*. São Paulo: Loyola, 2014.

MORESCHINI, C.; NORELLI, E. *História da literatura cristã antiga:* grega e latina. São Paulo: Loyola, 2000.

PADOVESE, L. *Introdução à teologia patrística*. São Paulo: Loyola, 1999.

PEDRO, A. *Dicionário de termos religiosos e afins*. Aparecida: Santuário, 1993.

PETROSILLO, P. *O cristianismo de A a Z*. São Paulo: Paulus, 2012.

RAHNER, K.; VORGRIMLER, H. *Petit dictionnaire de théologie catholique*. Paris: Seuil, 1970.

RUIZ BUENO, D. *Padres apostólicos*. Madrid: BAC, 1985.

SAMANES, C. F.; TAMAYO-ACOSTA, J. J. *Dicionário de conceitos fundamentais do cristianismo*. São Paulo: Paulus, 1999.

SARTORE, D.; TRIACCA, A. *Dicionário de liturgia*. São Paulo: Paulinas, 1992.

SPANNEUT, M. *Os Padres da Igreja I-II*. São Paulo: Loyola, 2013.

VON CAMPENHAUSEN, H. *Os pais da Igreja*. São Paulo: Vida Nova, 2015.

ÍNDICE REMISSIVO

C

Catecumenato 46, 48, 49, 50, 51, 52, 53, 55, 105, 113, 114, 144, 198, 203, 229, 244

Catequeses mistagógicas 54, 55, 56, 57, 59, 61, 62, 63, 200, 201, 202

Cenobitas 64, 65, 66

Christotókos 72, 74, 75, 100, 189, 261, 332

Cisma 77, 78, 80, 81, 83, 84, 85, 86, 96, 106, 164, 171, 174, 190, 205, 212, 261, 314

Collegium illicitum 87, 89, 91, 93, 144, 203, 231

Concílio 23, 24, 31, 32, 38, 42, 57, 61, 63, 72, 73, 74, 76, 82, 83, 94, 95, 96, 98, 100, 117, 120, 121, 166, 167, 170, 172, 173, 177, 192, 193, 194, 195, 196, 205, 211, 212, 223, 255, 256, 257, 261, 263, 267, 269, 270, 292, 302, 307, 309, 310, 311, 312, 313, 314, 315, 316, 317, 318, 323, 324, 331, 332, 333, 336, 341

Controvérsia pascal 104, 105, 283

Cristandade 85, 98, 101, 107, 110, 111, 112, 113, 114, 115, 188, 200, 249, 262

D

Dogma 62, 100, 117, 118, 119, 120, 131, 191, 192, 261, 332
Domus ecclesiae 122, 123, 125, 126
Doutrina social 130, 131, 132, 133, 135, 136, 138, 140, 142, 143, 167

E

Escolas teológicas 28, 36, 39, 156

G

Gnosticismo 35, 42, 57, 81, 116, 178, 179, 180, 181, 182, 183, 188, 225, 283, 320

H

Heresias 21, 22, 36, 59, 60, 80, 86, 110, 147, 164, 179, 180, 182, 186, 187, 188, 190, 195, 196, 250, 253, 254, 260, 261, 262, 265, 267, 268, 271, 272, 296, 320, 321, 334
Hipóstase 22, 32, 191, 197, 252, 254

I

Iniciação cristã 46, 48, 51, 55, 61, 102, 129, 132, 197, 198, 200, 201, 202, 334, 335

L

Lapsos 53, 82, 83, 86, 129, 145, 203, 204, 205, 206, 207, 208, 255

Libelli 208, 209, 210, 211, 323

Línguas patrísticas 213

Livros litúrgicos 209, 210, 211, 212, 323, 325

M

Martírio 21, 28, 53, 82, 83, 87, 91, 92, 93, 112, 129, 146, 149, 155, 206, 220, 228, 229, 230, 232, 233, 234, 235, 236, 237, 238, 239, 245, 247, 253, 259, 275, 277, 279, 283, 286, 305, 311

Migne Grega 175, 300

Migne Latina 175

O

Ortodoxia 32, 44, 57, 80, 82, 117, 166, 167, 168, 185, 207, 247, 251, 267, 268, 269, 270, 271, 272, 273, 275, 318

P

Padres apologistas 187, 246, 276, 277, 280, 300, 317

Padres apostólicos 108, 133, 178, 187, 246, 284, 285, 287, 289, 300, 317

Padres da Igreja 13, 24, 25, 26, 27, 28, 29, 33, 35, 38, 39, 40, 44, 55, 119, 131, 133, 136, 139, 142, 157, 175, 178, 182, 191, 223, 250, 251, 266, 271, 272, 273, 274, 276, 277, 294, 295, 296, 297, 298, 299, 301, 315, 319, 320, 332, 339

Patriarcado 44, 72, 73, 82, 215, 216, 264, 290, 291, 292, 293, 309, 310, 312, 313, 314, 318

Patrística 7, 8, 13, 27, 33, 35, 36, 38, 78, 79, 81, 82, 83, 87, 97, 101, 108, 119, 120, 130, 134, 140, 142, 174, 175, 176, 177, 187, 191, 201, 214, 215, 216, 228, 235, 244, 266, 267, 273, 275, 277, 284, 287, 288, 291, 294, 295, 297, 298, 309, 315, 316, 317, 318, 331, 334

Pax Christiana 94, 232, 304, 305

Pentarquia 269, 290, 291, 292, 293, 309, 310, 311, 312, 313

S

Sínodo 24, 31, 129, 169, 173, 205, 207, 263, 307, 326, 328

T

Theotókos 72, 73, 76, 77, 100, 261, 263, 331, 332, 333

Rua Dona Inácia Uchoa, 62
04110-020 – São Paulo – SP (Brasil)
Tel.: (11) 2125-3500
http://www.paulinas.com.br – editora@paulinas.com.br
Telemarketing e SAC: 0800-7010081